宋朝往事系列

耿元骊 主编

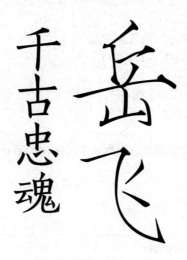

千古忠魂

岳飞

陈俊达——著

辽宁人民出版社

图书在版编目（CIP）数据

千古忠魂：岳飞 / 陈俊达著 . —沈阳：辽宁人民
出版社，2025.1
　（宋朝往事系列 / 耿元骊主编）
　ISBN 978-7-205-11144-1

　Ⅰ . ①千… Ⅱ . ①陈… Ⅲ . ①岳飞（1103—1142）—
传记 Ⅳ . ① K825.2

　中国国家版本馆 CIP 数据核字（2024）第 092663 号

出版发行：辽宁人民出版社
　　　　地址：沈阳市和平区十一纬路 25 号　邮编：110003
　　　　电话：024-23284191（发行部）　024-23284304（办公室）
　　　　http：//www.lnpph.com.cn
印　　刷：天津光之彩印刷有限公司
幅面尺寸：145mm×210mm
印　　张：10.5
字　　数：197 千字
出版时间：2025 年 1 月第 1 版
印刷时间：2025 年 1 月第 1 次印刷
责任编辑：赵维宁　段　琼
封面设计：乐　翁
版式设计：一诺设计
责任校对：吴艳杰
书　　号：ISBN 978-7-205-11144-1
定　　价：78.00 元

总　序

宋朝往事，如在眼前

后周显德七年，岁在庚申，公元纪年则曰 960 年。这一年的春节，就在公历 1 月 31 日。经过了数十年各方势力混战，天下仍大乱，百姓仍生活在苦难之中（当然，传统王朝盛世，百姓也在苦难之中，乱世倍增而已）。不过，古今一例，大过年的，百姓们假装也要假装一下，麻醉也要麻醉一下，大户小家都欢天喜地，撒旧符，换新桃，祭祖悬影，张灯结彩，宴饮欢唱。无论内忧外患如何，生活总要继续下去。可是，就在中原大地一片祥和的气氛之中，突然——可以说非常非常突然，大年初一，北境传报紧急军情！北汉勾结辽军攻打过来！开封城内，惊慌失措的百姓，惊慌失措的大臣，还有惊慌失措的小皇帝，焦急地一叠声：怎么办？怎么办？

大周，说起来总是中原正朔，且正处蓬勃之际，岂能坐以待毙！必须抵抗，必须派最富军事指挥才能的大将率军抵抗！不过，谁是具有这样能力的大将呢？当然，朝廷知道，百姓知道，只有赵匡胤一人而已。赵匡胤成竹在胸，也不推辞，安排妥当，于大年初三带兵北征。走了一天，来到陈桥驿，夜色降临，驻扎下来。接下来的故事，三尺孩童以上，便无人不知无人不晓了，"黄袍加身"的"陈桥兵变"成为古今耳熟能详的"往事"。显德七年飞速变成了建隆元年，开启了一个全新朝代：宋朝。由此，也就进入了我们想重新回忆的"宋朝往事"。

在中国历史上，"宋"之魅力，独树一帜，让人不停地想起它。提起宋朝往事，很多人都感觉历历在目。那么，以后见者之明，再观察宋代，到底该如何认识宋呢？陈寅恪先生讲"华夏民族之文化，历数千载之演进，造极于赵宋之世"，就已经为它定性定向，成为我们认知宋朝的一个基底性叙述了。不过晚清民国以来，学者与世人在外敌入侵的背景下，看待宋朝总是觉得它"积贫积弱"，几乎只有陈先生独具慧眼，但是随着世界变化，研究逐步深入，观念多轮更新，世人越发理解了陈先生先见之明，发现宋朝既不贫也不弱，乃至更多强调宋朝有趣又有生机的那一面了。在当代中国人看来，这是一个有意思、有故事的风雅时代。

宋朝文化，偏于"雅致"气象，已经有无数学者指出过了。虽然"西园雅集"其事本身未必完全符合史实，但是"雅集"精神却是宋代真实的"文化心理"。他们吟诗词而唱和，他们抚琴听音，他们绘山水而问禅风，"宋型"文人风貌就显现其中。从对"西园雅集"千年反复阐释与模仿当中，足见其影响之深远。而"雅集"所体现出来的"极简"美学，是宋代高雅文化全部核心所在。扬之水先生说："抚琴、调香、赏花、观画、弈棋、烹茶、听风、饮酒、观瀑、采菊、绘画和诗歌，携手传播着宋人躬身实践和付诸想象的种种生活情趣。"当然，这种风雅文化，也深深影响到市井文化，推动了市井文化与风雅文化同步大放异彩。甚至或者可以说，在宋人那里，市井文化就是风雅文化的变身。

宋朝经济，以工商流转增值为主要经济运行模式，初步迈向了现代经济门槛。又因为总掌控区域大幅度缩小，外部军事压力过大，财政供给压力倍增，不得不开拓在传统农业经济之外的财政来源，竟有意外收获，也就是发现了一条新经济之路：由工商业繁荣，进而推动生产力提高。手工业和商业贸易，对比前朝，都有了大幅度进步。作为衡量经济发展的一个重要指标，宋常年铜钱铸造数量，比唐代鼎盛高峰期还多出数倍，更不用提出现"交子"这样具有现代化性质的纯信用货币了。当然，受限于诸多因素，并未能或者说完全没可能实现从传统经济向现代经济的惊险一跃。

宋朝政治，在传统时代政治大势中堪称特例。皇帝与士大夫共治天下，不因政治斗争因素随意诛杀大臣，都是宋朝独有特殊之处，因而建立了一种相对开明的政治局面。虽然我们完全了解，宋代政治也有诸多问题，党同伐异，文字狱，争执与整肃似乎也都没少过，但是在整体上观察帝制时代政治进程，完全可以确认，宋朝相对偏于宽松。从整个王朝政治史上观察，两宋还都可以说是独特的存在。而科举取士，更是奠定了读书人在政治上的进取之心，社会流动开了一个虽不宽松但也绵绵不绝的上下交通渠道。有志者，可以通过考试进入统治阶层，自认对天下有责任，亦有担当，"先天下之忧而忧，后天下之乐而乐"。

无论从哪个角度看，宋朝都是奠定中华文化最终形成的重要一环，无宋则不足以言中华文化。不过，普通读者对宋朝的印象，在经历了长期看低之后，则有近180度大转弯。最近数年，欣赏宋朝、研读宋朝、描绘宋朝生活成为影视、阅读、游戏等各类市场的新宠。各类时新或传统媒体，时不时地就弄出个宋代专题，制作了各种各样的音频课、视频课，坊间也在学术著作大批出版的同时，出现了无数种关于宋朝的通俗著述。在关于宋朝叙述大繁荣之时，在这无数种关于宋代的讲述中，为什么我们还要再增加新一种呢？这大概就是因为，宋之魅力势不可当。虽然名家大作珠玉在前，但我们还是想试图提供更多维度给读者进行参考和对比。

如何提供更多维度？孟浩然诗句"人事有代谢，往来成古今"最能代表我们的心情和缘起之思。就是想通过人和事两方面，与读者诸君讨论宋朝独特之处。宋之风雅、政事、富庶，都体现在人和事之中了。没有那些特立独行之人，风雅不可见；没有那些风雅之士行动，政事不可知；没有那些百姓努力创造，富庶无可求。想要全方位观察宋、了解宋，欣赏大宋之美，就请和我们一起来回首"宋朝往事"。

面对浩瀚宇宙，面对苍茫大地，面对漫漫人生，我们内心常常涌起一种深远庄严之感，不由得想去探究和思考。这就是人之所以为人的根本，只有人类才渴盼了解自身，试图了解自己的过往。而有着世界上最长久、最多历史记载的中华民族，算得上是最愿意了解自身历史的族群之一。与历史人物、事件建立起属于我们自身的沟通管路，唯一渠道和办法，就是读史。读其书，想其人，念古人或雄壮或卑微的一生，感慨万千，油然而生一种复杂情绪弥漫胸间。这大概也是想了解历史、阅读历史的普通读者之常有心境。不过世易时移，学有专攻，不可能让有阅读愿望的各行各业读者，都能重新从工具书层面开始入手研读，所以回首"宋朝往事"，十人十事，纵横交织，就是我们所提供的优质的精神快餐。

宋代人物纷繁，我们选择了赵匡胤、赵普、寇准、范仲淹、包拯、狄青、沈括、岳飞、陆游、文天祥十位代表性人物。相信以读者诸君的敏锐度，已经明了我们的选择用意。赵匡胤，开国之君，没有他的布局和冒险一搏，不会有大宋的建立；没有他所奠定的基础，宋朝也许就是那个"第六代"了。赵普是宋朝开国元勋，也是宋初文臣之中较为有名的那一个。他一生三次入朝为相，影响很大。世人知道他，多以那句"半部《论语》治天下"的典故。他长于吏道，善于出谋划策，"智深如谷"，开国大政，多依赖于赵普策划。寇准，评书演义中的最佳人物，一句"寇老西儿"牵动了多少我辈凡夫俗子之心！可以说，他就是那个有棱角有缺点的最佳演员。范仲淹，相信没有人不知道其千古名句"先天下之忧而忧，后天下之乐而乐"。几乎每个当代中国人都会反复学习那千古名篇，没有他，宋朝就缺失了一点什么。包拯，明清以后，已经成为中国古代清官杰出代表，是为政清廉、公正执法、断案如神的象征，民间呼为"包青天"。以他为主角衍生出的历史演义、戏剧、小说、影视剧为数众多而历代相传。戏说虽然于史无征，却激起我们窥探历史上包拯究竟是何种模样的极大兴趣。狄青，从一名基层农家子弟应征入伍，出身低微，一无权二无势，通过自己精湛的武功、高妙的指挥能力和优良的人品，以及在国家危难之际奋不顾身的突出表现，成长为接近权力巅峰的枢密使，是底层小人物逆袭的典型，后代小说家甚至以他为主角写成了诸多小说演义作品。传说狄青是武曲星下凡，与文曲星下凡的"包青天"一起享誉天下。沈括，我们了解大书《梦溪笔谈》，更了解他记述下来的活字印刷术。他是那个时代文人的典范，虽然后人未必赞同他为官为人之道，但是都欣赏他作为文人士大夫而能关注普通人技术进步的开放心态。岳飞，更是无数传奇小说中的最优榜样。千百年来，不知道影响了多少英雄豪杰！陆游是伟大的诗人和伟大的爱国者，大多中国学生都学习和背诵过他那首千古名诗《示儿》。一辈子渴望北伐中原，收复失地，但是时代没有给他机会。从宋金和战历史大背景观察，我们才能发现一个真实的陆游。文天祥，更是我们常常耳闻的伟大人物，为了匡扶南宋这座将倾大厦，妻离子散，家破人亡，但依然志向不改、视死如归。伟大的人格力量，在中华历史上铸就了一块无与伦比的正气丰碑，内化为中华优秀传统文化不可分割的一部分。纵观文天祥一生，无负于"人生自古谁无死，留取丹心照汗青"的铮铮誓言。

因人而成事，宋代历史上，几乎每天都有大事发生。这些大事如何走向，以后见之明来看，在历史上就更有关键节点作用了。我们同样选择了十件大事作为代表，算是尝一脔而知一鼎之味。东封西祀、女主临朝、宋夏之战、熙丰新政、更化与绍述、靖康之难、三朝内禅、开禧北伐、襄阳保卫战、崖山暮光是我们选定的若干"大事"。读者诸君当然更明了这十件事在宋代历史上的关键性作用。宋真宗不甘平淡，又缺雄才大略，导演了一场天书降临的闹剧，东封西祀，营造太平盛世，将宋朝引到了一条歧路上，带坏了政治风气，无谓消耗财富积累，导致社会出现重大方向调整。宋真宗的章献明肃刘皇后，最著名的传说就是"狸猫换太子"，而这只是个谎言。事实上，刘皇后作为宋代第一位垂帘听政的太后，她身上的故事远比"狸猫换太子"更加精彩。自宋建国起，宋朝与党项李氏一直保持着友好关系，西部边界也一直处于相对稳定的局面，直到李继迁公开与宋朝决裂。党项李氏逐渐壮大，并建立西夏，发展到足以抗衡辽、宋，三足鼎立，宋朝西部边患不断，几无宁日，漫长曲折的战争故事也陆续上演。宋神宗继位之后，梦想成为一个大有为的君主，强烈想要改变现状。与王安石一遇即合，君臣相得，开启了一条"改革之路"。不过这改革既艰难又复杂，在宋人眼里更如乱来。千载之下，评说仍未有完结之期。宋哲宗继位之后，新法逐渐由改善民生、行政、财政、兵政等大目标，转而成为清除异己与聚敛钱财的工具，丧失了正当性，而这一切还在继承神宗之志旗帜下进行。借着更化到绍述之名，大宋这一艘漏水的航船驶入了更加风雨飘摇的末路。靖康之难，更是一段伤心之史。在繁华富足当中突然崩溃，亦是千年少见之事。再建南宋，久居钱江之畔，临安临安，已再无临意。不过相对长期稳定的政治局面之下，皇位继承这个中国传统政治大难题，在南宋前半期又成为难上加难的超级难题。南宋前四帝，总共见过了四次内禅（高宗为皇子时，见徽钦之禅）。王朝体系下，就没有真正的家事与国事的分别，这一家事国事大难题，搅得政局翻覆，影响极大。再到开禧北伐，只好说它是虚假反攻。韩侂胄大冒险，最终把屠刀留给了自己。而由此导致的政局动荡，让后人感觉平添了几分萧瑟。更不幸的是，蒙古崛起，应对失当，为最终的没落埋下了种子。宋元之间，襄樊大战则是南宋灭亡的关键。让我们一同进入宋末历史世界，看看舞台上主角人物如何抉择，观其言，察其行。在13世纪末欧亚大舞台上，从全球视角看看襄樊之战前因、后果、始末、影响与结局。襄樊大战失败之后，元军继续南下，宋人多路义军闻风而动，试图收复故土，好不热闹。但元军一路直下，鏖战50年，四川最终陷落。宋廷退守崖山，张世杰摆一字长蛇阵，决战一日，十万军民漂尸海上，南宋彻底灭亡。大宋忠臣遗民，以生命为国尽忠，为国招魂。只留待我们后人唏嘘南宋往事，或叹或悲或感慨。以此十事，可见宋朝历史脉络的大关节之处。

以上十人十事，共同构成了"宋朝往事"。知人论世，读人读事，把"人"和"事"立体组合起来，这是我们设想的一种新尝试。希望读者诸君与我们携手，一起走进宋朝，欣赏大宋往事，感慨世事变迁，回到大宋场景中，感受历史长河的孤独前行，回味大宋的波澜壮阔。

本人供职于坐落千年古都的河南大学，日常所居之处，每日教学相长之所，就在开封东北角，宋代遗存的"铁塔"之下。这个位置，大概也是王诜"西园"附近。无论"雅集"是不是真的存在，作为宋文化的象征，早已经名垂千古。在西园与宝绘堂旁，走在千年铁塔之下，不由得会生发出思宋之情，悬想宋人生活之景之情，与二三同志研读宋史，更体悟得"雅集"之趣。也是在这个宋文明萌生的一处所在，在辽宁人民出版社蔡伟先生的盛情邀请下，本人虽不敏，但勇于任事，担下了组织撰写"宋朝往事"工作，幸不辱使命，丛书出版后得到了广大读者好评，故有精装版重印之举。希望我们12人通力合作，能以"轻学术"方式，既保有学术上的严谨厚重，又去掉严格脚注带来的束缚与阅读限制，带给大家一点不一样的阅读体会。感谢陈俊达（吉林大学）、黄敏捷（广州南方学院）、蒋金玲（吉林大学）、刘广丰（湖北大学）、刘云军（河北大学）、刘芝庆（湖北经济学院）、仝相卿（浙江大学城市学院）、王淳航（凤凰出版社）、王浩禹（云南师范大学）、张吉寅（山西大学）、赵龙（上海师范大学）等一众优秀青年学者（以上按姓名拼音排序）接受我的邀请并鼎力支持，一起完成了这项大工程。

我们也知道，坊间已经有很多种宋史普及读物，我们新增这一丛小草，希望它也有长久的生命力。我们贡献全力，虽然通俗，但不媚俗，文字尽量有趣，但是绝不流于戏说，希望能为您的读书生活增添一点真正的趣味。当然，高人雅士，亦望教导指出书中不当之处。您开卷展读之时，希望我们12人没有辜负您，也没有浪费您宝贵的时间，更愿读者诸君与我们一起走进宋朝，知宋，谈宋，理解宋。

耿元骊

2024年3月25日于开封开宝寺塔旁博雅楼

目　录

引　子

　　自从张博泉、费孝通等提出"中华一体"及"中华民族多元一体"的观点后，女真族是中华民族大家庭中的一员，金朝属于中国，金朝和之前的辽朝与五代、两宋的南北对峙是中国历史上第二次南北朝的观点已为学界所接受。在此基础上审视金宋关系，金朝与宋朝在当时作为敌对的民族与国家进行战争，在今天看来，则是兄弟家里打架。如果说金宋战争一开始从主要方面看是掠夺战争，同时具有一定的统一战争因素，那么"绍兴和议"后，金宋战争已不是掠夺与反掠夺的战争，而是由谁来实现南北统一的问题。

　　近年来，社会上不仅出现了岳飞不是民族英雄的观点，甚至有一些人试图为秦桧等人翻案，所以此处有必要强调一下金宋关系的性质与岳飞的地位。其实，金宋之间兄弟阋墙、家里打架的性质，并不能影响岳飞民族英雄的地位。在以岳飞为代表的宋人心中，金朝与宋朝在当时就是敌对的民族与国家，岳飞抗金，正是保家卫国的行为。同时岳飞"精忠报国"的精神照耀古今、影响深远。岳飞去世后，受到了历代尊崇与怀念。不仅官方与民间借修建岳飞庙、岳飞祠寄托对岳飞的哀思，而且关于岳飞精忠报国及追思岳飞的文学作品也不计其数。据傅炳熙教授辑录的《宋元明清咏岳飞广辑》一书记载，南宋时期咏怀岳飞的诗共有71首，元朝时期共87首，明代多达近900首，清代达到了近1500首。元代还有很多关于岳飞的杂剧，明朝又涌现出如《宋大将岳飞精忠》《岳武穆王精忠录》等文学作品。至清代，岳飞题材的文艺作品达到顶峰，其中《说岳全传》的影响最大。千百年来，人们借文学作品宣扬岳飞精忠报国的精神，歌颂爱国主义，痛斥投降派。

岳飞精忠报国的精神被各民族所继承弘扬。蒙古族建立的元朝所修《宋史》中给予岳飞高度评价："西汉以降，像韩信、彭越、周勃、灌婴等名将，代不乏人。但是像岳飞这样文武全才，道德和智慧皆堪称楷模的人，世所罕见。史称关云长精通《左传》，却未尝见其文章传世。岳飞北伐至朱仙镇，朝廷下诏班师，岳飞亲自撰文回复，忠义之言，发自肺腑，真有诸葛孔明之风。可惜岳飞最后竟死于秦桧之手。岳飞与秦桧势不两立，岳飞得志，则可以复仇金朝，洗雪宋朝国耻；秦桧得志，岳飞唯有一死而已。昔日刘宋刘裕杀害大将檀道济，道济下狱之时，怒斥刘裕'自坏万里长城'。宋高宗放弃中原，杀害岳飞，呜呼冤哉！呜呼冤哉！"

满族建立的清朝同样给予岳飞高度赞誉。乾隆四年（1739），清高宗爱新觉罗·弘历撰写《武穆论》一文，称赞岳飞："像岳飞这样用兵驭将、勇敢无敌者，韩信、彭越等名将也能做到。但是如岳飞一般文武兼备、仁智并施、精忠无二，则即便是历代名将也难以做到。只考虑君主而不考虑自身，只知道保护君主的生命而不知道爱惜自己的生命。知道班师之后必为秦桧所害，但是君命在身，不敢久握重权于千里之外。呜呼！岳飞虽死于秦桧之手，让后人扼腕叹息，但是岳飞的精诚之心，却能与日月争辉。"乾隆十五年（1750），乾隆皇帝南巡路过汤阴之时，特派礼部右侍郎彭启丰前往岳庙祭奠，乾隆皇帝亲自撰写祭文。

近百年来，中华民族在面对外国列强入侵时，各民族爱国儿女，在岳飞"精忠报国"精神影响下，前赴后继，抛头颅、洒热血，岳飞精神具有了超越时空、超越地域、超越民族的永恒价值。岳飞"精忠报国"的精神，对近千年中华民族发展产生了深远影响，是中华民族生生不息的精神源泉。故孙中山先生称"岳飞魂，是中华民族的精神代表，也就是民族魂"。岳飞的民族英雄地位不容撼动！不容一丝一毫的怀疑与动摇！基于此，本书力图还原岳飞"精忠报国"的一生，与诸君共同怀念和追思这位"千古忠魂"！

第一章
家境贫寒，生逢乱世

北宋徽宗赵佶崇宁二年（1103）二月十五日，在河北路相州汤阴县（今河南安阳汤阴）的一户岳姓农家中，伴随着一只鹄鸟从院落上空飞鸣而过，一名男婴呱呱坠地，取名为"飞"。至行冠礼以表示成年之时，又取表字"鹏举"，与其名"飞"相互照应。自此，岳飞、岳鹏举的威名，开始出现在历史的舞台上。

一、少年经历，文武兼习

岳飞祖上世代务农。从曾祖父岳成、曾祖母杨氏一辈，到祖父岳立、祖母许氏一辈，再到父亲岳和、母亲姚氏一辈，皆为自耕农。至岳和这一辈，时逢北宋后期，奸臣当道，官府赋税沉重，土地兼并频出，民不聊生。再加上天灾不断，使得自耕农的生活更加举步维艰。影响较大的一次天灾，据《鄂王行实编年》记载，是岳飞出生未满月时遇上的黄河决堤，失控的河水奔涌到汤阴，房屋村舍被毁，农田被淹，夺走了成千上万人的生命，岳飞母亲姚氏抱着未满月的岳飞躲在一口大瓮中，随水漂流，直到遇到高地搁浅，才被救上岸。

天灾人祸令岳家的经济情况陷入困境，即使在平常年份，全家人辛苦耕种一年，收成所得也不能使一家人吃饱、穿暖，甚至连养育孩子也成问题。岳飞的乳名唤作"五郎"，出生时岳母姚氏已有三十六七岁。这样看来，岳飞之上应有四个哥哥，只是不见于史书记载，大概皆早夭了。岳飞之后姚氏又生下一子，取名岳翻。两兄弟之外，从岳飞的外甥女婿高泽民后来在岳家军中担任主管文书事宜的官员一事推断，岳飞还应该有一个姐姐。也就是说，岳和夫妇至少生养过七个孩子。令人惋惜的是，可知的这七个孩子当中，仅有三个长大成人，可想而知岳家当时生活的困窘程度。

为减轻家庭负担，岳飞自小便开始参加各种体力劳动，放羊牧牛、割草拾柴、烧火煮饭成为他生活的常态。过早经历了生活磨炼的岳飞，身体素质超出常人，在武术上的天赋也逐渐显现出来。

南宋人华岳撰写的兵书《翠微先生北征录》中曾记载，弓是宋代最为重要的武器，位列三十六种军器之首。在宋代，衡量一个人的武艺高低多以臂力作为第一标准，即能拉开弓弩的力度，时称"武艺一十有八，而弓为第一"。岳飞尚未成年之时，便已经能够拉得开吃力 300 斤（约合今 360 斤）的硬弓，能够引发吃力八石（约合今 800 斤）的腰弩。而宋朝军制中，担任皇帝侍卫需要满足的条件为"弓射一石五斗"，即挽弓约合今 150 斤。两相比较，足见岳飞天生之神力，臂力之超群。

拥有出色的体魄，但倘若后天缺乏系统的学习和训练，依旧难成大器。岳飞没有将一身气力白白浪费掉，少年之时便拜于当地有名的神射手周同门下，学习射箭。一次，周同当众演练，连发三箭皆直中靶心。到岳飞试射之时，不仅射中靶心，竟然还射破了周同的箭筈。周同见岳飞身体素质如此出众，悟性又高，便十分看重他。这以后，周同不但将自己掌握的射箭技艺倾囊相授，连同两张珍藏已久的弓也一并赠予岳飞。经过锲而不舍的训练，岳飞果然不负所望，不仅箭法能够百发百中，还可以自如地做到左右开弓。射箭之外，岳飞的外公又寻得一位名叫陈广的著名枪手来教授岳飞枪法和马术。依靠天资聪颖与勤奋练习，不久，岳飞的枪法在汤阴县已经难寻对手。岳飞从小的学艺经历，成为他日后投身军戎的优势条件，也为以后岳家军的组建和自成体系的岳家枪法的形成奠定了基础。

学习武艺的同时，岳飞兼顾学习文化知识。虽然在当时的社会环境下，农家子弟出身的岳飞不可能接受正规系统的文化学习，但岳飞的父母有远见，尽可能地培养岳飞在这方面的能力与品格。母亲姚氏对岳飞进行"鞠育训导"，结合自己的生活经历，教会岳飞最基本的为人之道。耕作之余，父亲岳和则坚持教岳飞读书识字，一有空闲就给岳飞讲述历史上一些英雄人物的事迹。岳飞有着超群的记忆力与理解力，凡是他读过的书和听过的故事，都能够牢牢记住，还不忘细细体会其中的道理。历史英雄人物中对岳飞影响最大的当数三国时期的关羽和张飞。关、张二人义薄云天、尽忠尽责的精神，深深吸引并引导着岳飞自幼就立志要成为一个文武双全、忠义报国的有用之人。

为人父母者，对于子女最有效的教导就是以身作则。岳飞父母不仅重视子女的教育，更注重通过以身示范来培养他们的品格。岳飞出生以来，家里的生活一直不太富裕，但如果遇到灾年，岳飞的父母宁愿自己每日用小米掺着野菜，熬成稀粥，一日只吃两顿饭，也要省下来一点口粮接济灾民。平时邻居有侵占岳家耕地的行为，他们也不计较。在家庭的熏陶下，岳飞拥有了善良、淳朴、知恩图报的品德，这些美好品德伴随了岳飞的一生。岳飞的弓箭老师周同去世后，他每逢初一、十五，都要前往周同的坟前祭奠。在当时家庭拮据的情况之下，岳飞甚至不惜典当自己的衣服，也要在周同坟前酹酒埋肉。

在家庭的熏陶和自身不懈的努力下，岳飞迅速成长起来。转眼间，至宋徽宗重和元年（1118），岳飞已长至16岁。这一年岳飞迎娶了一个刘姓女子，她成为他的第一任妻子。次年，即宣和元年（1119）六月，岳飞的长子岳云出生。天降麟儿本来是喜上添喜，但此时岳家人的心情却难以言喜。连年的涝灾，收成锐减，岳家瘠薄土地上的粮食产量，已经不能供养岳和、姚氏、岳飞、岳翻、刘氏、岳云一家六口。岳云的出生使得岳家经济负担愈加沉重。在这样的情况下，迫于生计，岳飞只能收拾行囊，背井离乡，外出前往相州的州治所在地安阳县谋生。

相州州治安阳县有一户世家大族——韩琦家族。韩琦（1008—1075），字稚圭，自号赣叟，相州安阳（今河南安阳）人，是北宋时期著名的政治家、词人。历任宋仁宗、宋英宗和宋神宗三朝宰相。曾奉命救济四川饥民，治理蜀地，率军抵御西夏，并与范仲淹、富弼等人一同主持庆历新政，为北宋的政治与社会发展做出了突出贡献，被欧阳修称赞为"措天下于泰山之安，可谓社稷之臣"。韩琦长子韩忠彦在宋徽宗初年（1101）担任宰相，韩琦五子韩嘉彦为宋神宗的女婿。凡此种种，无不体现出韩琦家族在宋朝的显赫地位。

按照宋朝的法律规定，官员一般不允许在家乡任职。宋朝为了显示对韩琦家族的特别恩宠，韩琦及其长孙韩治、长曾孙韩肖胄先后担任相州知州。据王曾瑜先生考证，韩肖胄大约是在宣和元年（1119）接替父亲韩治，担任相州知州。就是在韩肖胄四年任期内，岳飞自汤阴县来到安阳县，成为韩府的一名佃客。所谓佃客，是指对佃入土地进行耕种的农民。他们租种地主的土地，向地主缴纳实物地租，有的还需为地主服劳役。宋朝佃农的地位十分低贱，地主不仅通过征收高地租进行剥削，还使用高利贷等各种手段巧取豪夺。法律上甚至明文规定："佃客犯主，加凡人一等。"佃客侵犯地主利益，罪加一等。而地主杀害佃农，却不必偿命。

宋朝佃农的悲惨境遇决定了岳飞外出谋生的结局。虽然岳飞辛勤劳作，但生活状况并没有多大改善。在岳飞到韩家当佃客时，河北地区盗匪四起，身为世家大族的韩氏一族随时可能受到盗匪的攻击，因此，岳飞在韩家除了农业劳动外，同时也要肩负起保卫韩家的任务。在这种情况下，一次偶然的机会让岳飞展示了自己高超的武艺。当时相州出现贼匪，匪首张超率领数百名匪徒包围韩府，企图抢夺财物。岳飞爬上院墙，张弓搭箭，只一箭便射穿了匪首张超的咽喉，张超当场死亡，数百名匪徒瞬间溃散，四处奔逃。不过，岳飞救韩府于危难之中，并未能改变韩家子弟对岳飞的看法，优待更是无从谈起。相反，岳飞成为一代名将后，韩氏子弟却在官场中有意无意地宣传岳飞曾在韩府担任佃客的经历，这是后话。在经历了一段佃客生活之后，岳飞终于清楚地认识到，佃客无法解决生存问题，也无法改变自己的命运，于是他离开安阳，重返汤阴，思考接下来的人生。

二、首次从军，才能初崭

北宋统治末期，国内外形势愈见紧张。内部起义不断，外部北界契丹人建立的辽朝出现动荡，波及宋朝。在内外不稳定的背景之下，岳飞一身的武艺得以有用武之地，初显军事才能。

宋朝在北方先后有两个劲敌，分别为辽朝和金朝。从宋初以来，辽宋之间战争不断，至宋真宗景德元年（1004），辽宋签订"澶渊之盟"，宋朝以辽宋约为兄弟之国，宋每年送给辽岁币银10万两、绢20万匹等条件，换来了两国长期的和平相处。岳飞就生于、长于辽宋和平相处的末期。辽宋和平关系的打破与辽朝内部民族的叛乱有关。辽朝天祚帝统治后期，对其统治下的东北民族实行残酷的剥削和压迫政策，一时间激起了女真等民族的激烈反抗。宋徽宗政和四年（1114），岳飞12岁。这年九月，辽朝统治下的女真人在首领完颜阿骨打的率领下起兵反辽。次年（政和五年，1115）正月，完颜阿骨打称帝，定国号为大金，建元收国，建都皇帝寨（今黑龙江阿城，后改为上京会宁府），完颜阿骨打是为金太祖。阿骨打建国后，大败辽朝末代皇帝天祚帝的亲征军，连下辽朝黄龙府（今吉林农安）、东京辽阳府（今辽宁辽阳）等军事重镇。金军一路势如破竹，辽军则节节败退，此时的辽朝已经是奄奄一息，苟延残喘。至政和六年（1116）时，辽朝辽西及其以东地区已经全部归金朝所有。

女真起兵反辽后，北宋十分关注辽金战事的发展变化，宋徽宗君臣眼见辽朝即将被新兴的金朝灭亡，便意欲采取联金灭辽的战略，以图收复燕云十六州之地。燕云十六州也称幽云十六州，包括幽州（今北京）、蓟州（今天津蓟州）、瀛州（今河北河间）、莫州（今河北任丘）、涿州（今河北涿州）、檀州（今北京密云）、顺州（今北京顺义）、新州（今河北涿鹿）、儒州（今北京延庆）、妫州（今河北怀来）、武州（今河北宣化）、蔚州（今山西灵丘）、云州（今山西大同）、朔州（今山西朔县）、应州（今山西应县）、寰州（今山西阳原）十六州。后晋天福元年（936），后晋开国皇帝石敬瑭（后唐河东节度使）反唐自立，向契丹求援。辽太宗出兵帮助石敬瑭建立后晋，并与石敬瑭约为父子。天福三年（938），石敬瑭按照契丹的要求把燕云十六州割让给契丹，辽国的疆域扩展到了长城沿线。自此，燕云十六州入辽，成为中原诸政权的一个心结。后周世宗柴荣曾率领水陆两军攻辽，收复了莫、瀛等少数几个州，但因为柴荣病重等原因收兵回营。北宋太宗曾经两次组织北伐，也未达到收回燕云十六州的目的。辽宋和盟之后，收回失地的想法在宋朝并未消失，宋神宗仍然想筹集兵费以备收回燕云之地。长期以来，燕云十六州易主于辽朝一直无法收复，已经成为北宋君臣内心挥之不去的伤痛。

于是，在宋徽宗宣和二年（1120），岳飞年18岁之际，宋廷作出了一项重要的决策：联金灭辽。当年，宋朝派遣使者自山东泛海赴金朝谈判，与金朝达成"海上之盟"，正式确立联合灭辽方针。双方约定由金朝攻取辽朝的中京（今内蒙古赤峰宁城西大名城）、西京（即云州，今山西大同）一线，宋朝攻取燕京（即幽州，辽朝南京）一带。灭辽之后，燕京一带土地归宋，准确地说，宋朝可得的仅包括燕京及其下辖顺、檀、涿、易（今河北易县）、蓟、景（今河北遵化）六州土地，并不包括燕京以西的云州等地以及燕京以东的平州（今河北卢龙）等地，即南宋人李心传在《建炎以来系年要录》中所言"金主许燕京七州，而不许云中及平、滦地"。盟约中关于地域的划分显然与宋徽宗君臣试图收复整个燕云十六州的战略目标差距甚远。不仅如此，盟约还规定宋朝将每年给辽朝的 50 万岁币转送于金，仅这一条便体现出"海上之盟"中宋金地位的不对等。

然而，宋徽宗与童贯等人，不仅没有意识到"海上之盟"的不平等性及辽朝灭亡后唇亡齿寒的结果，相反他们却认为建立盖世奇功的最佳时机已经到来。宣和四年（1122），岳飞 20 岁，北宋集结时称战斗力最强的陕西军准备北伐。这时的辽朝已经分裂，末代皇帝天祚帝退守夹山，耶律淳退守燕京。耶律淳君臣仅依靠燕京蕞尔之兵，两次大败宋朝童贯率领的大军。宋朝没有办法，不得不请求金朝出兵攻燕。宋朝攻打辽燕京失败，而金军却顺利攻破辽上京、辽中京，还代替宋朝攻下燕京。战争结束后，金朝以宋朝未能如约攻陷辽燕京为理由拒绝归还燕云。金宋双方经过交涉，最终北宋以 20 万两银、30 万匹绢给金，并纳燕京代租钱 100 万贯，金朝才同意交还燕云六州（景、檀、易、涿、蓟、顺）及燕京。但金军撤出城前已将城内财物和人口搜刮一空，宋朝花了重金，接收到的只是一座座空城。

在宋朝当时的外部形势如此不利之时，宋徽宗君臣还对内大肆搜刮民脂民膏，将各种苛捐杂税转嫁到百姓身上。最为人们所熟知的就是"花石纲"。为了满足宋徽宗对奇花异石的喜好，各地官府加紧对百姓进行搜刮，但凡百姓家中有一木一石、一花一草可以赏玩的，官府立即派人搜刮而来，进奉给宋徽宗。运输花石的船队所过之处，当地百姓不仅要提供劳役和钱谷，为让船队顺利经过，还要拆毁桥梁，凿坏城郭。位于战争前线的北宋河北等路，不仅要面临征辽军队过境时的骚扰和抢掠，还需负担繁重的军事后勤供应，加之各种苛捐杂税，百姓苦不堪言。

岳飞大约是在童贯两次伐燕失败后自安阳返回到汤阴。面对这样一个兵荒马乱、民不聊生、鸡犬不宁的光景，农业生产已无法正常开展，岳飞一家人的生活入不敷出，愈加困顿。全家人经过再三商议，认为岳飞凭借一身好武艺，选择参军应当是较为明智的一条谋生出路，且投身军中报效国家，也与岳飞的人生理想相契合。随后，岳飞第一次进入军营，加入真定府（今河北正定）知府刘韐招募的部队，开启了自己的戎马一生。

刘韐大约在宣和四年（1122）十月前后，即童贯第二次率军进攻幽州之时担任真定府知府，兼任真定府路安抚使，负责真定府、相州等六个州府的军务。童贯伐燕失败的消息传到真定府，刘韐害怕辽军乘胜进攻，便临时招募了一支军队，用于防备辽朝。刘韐在检阅军队时，发现队列中的岳飞气宇轩昂，气度不凡。现存传世画像中的岳飞也是方脸大耳，眉宇开阔，双目炯炯有神，身高中等偏上，身材壮硕，一身正气。刘韐上前询问岳飞参军的原因，岳飞随之慷慨道出自己保家卫国的理想。刘韐听后让岳飞向自己展示武艺，岳飞又当众演练了枪法与箭术，展现出高超的水平。刘韐见之大喜，难得一好儿郎勇于报效国家，当即便任命岳飞担任小队长一职。

担任小队长后，岳飞恪尽职守，时刻防范辽军来袭。不过，此时辽朝国运已日薄西山，行将亡国，击败了宋军进攻仅仅是因为宋军统帅无能、军队腐朽，并不能改变辽朝灭亡的命运。辽朝击败宋军后不久，金太祖亲自率军征燕，驻守燕地的辽军统帅连夜遁逃，其余辽朝大臣开门迎降，刘韐临时组建的军队失去了意义。

眼见岳飞所在军队即将解散，恰逢相州附近出现了一股为害地方的"剧贼"，匪首一个名叫陶俊，一个名叫贾进。这股盗贼进攻县镇，烧杀抢掠，为害一方，无恶不作。官府屡次派兵征剿，不仅未能成功，相反，陶俊等人在屡败官军的过程中逐渐做大。岳飞得知这一消息后，主动请缨，希望知府刘韐给予部分人马，助其保卫乡土，为民除害。由于来自辽朝的威胁已经解除，刘韐同意了岳飞的请求，并拨给岳飞200余名士兵，命其即刻前往相州，平灭这股盗匪。

岳飞抵达相州后，对如何平灭贼匪制定了严密的方案，并迅速着手实施。他先让手下 30 余名士兵化装成商人，携带货物前往陶俊、贾进的势力范围，任由贼匪抢掠而不作抵抗。然后，岳飞又将手下 100 余名士兵埋伏在贼窝附近，约定信号后出击。准备工作做好后，岳飞亲自率领几十名士兵，声称要剿灭贼匪，引得陶俊、贾进出战。岳飞一战即溃，佯败逃跑。陶俊、贾进不知是计，率众追击，被诱至岳飞提前设置的埋伏圈。见时机成熟，岳飞号令伏兵出击，率众反击，加之此前被掠去贼窝的 30 余名士兵一起，里应外合，打败贼匪。陶俊、贾进被俘，他们的余党作鸟兽散。岳飞的军事指挥才能在这次作战中展现得淋漓尽致。

在相州的小试牛刀，令岳飞在当地一战成名。接替韩肖胄的新任相州知州王靖保举他担任从九品的承信郎一职。不幸的是，正当王靖向上司申报之时，噩耗传来，岳飞的父亲岳和积劳成疾，一病不起，由于家庭贫困，无钱医治，最终撒手人寰。祸不单行，北宋朝廷此时财政匮乏，为了节省开支，下令解散不属于朝廷正规军的地方部队。岳飞隶属的军队在裁撤之列，按照朝廷的指示，军队被就地解散。王靖的保举状，转眼间也成为一张废纸，岳飞以"无业游民"的身份返回家乡给父亲奔丧。就此，在相州初露锋芒之后，岳飞的首次从军在朝廷的一纸诏令下戛然而止。

三、再次从军，国势危急

宣和四年（1122）冬，岳飞回到汤阴县。按照中国古代的规矩，父母去世，儿子须守孝三年。岳飞自宣和四年（1122）冬至宣和六年（1124）冬，一直在汤阴老家守孝。守孝期满后，为养家糊口，岳飞前往离家不远的集镇上担任一名"游徼"，职责类似于今天的巡警。游徼的工资极其微薄，穷困潦倒的生活，加之岳飞空有一身高超的本领却没有机会报效国家，使得年轻的岳飞每日借酒浇愁，试图以此来驱散生活带来的困顿和压抑。一次，岳飞由于酗酒，导致酒后滋事。岳飞之母姚氏得知后，对岳飞大加训斥。岳飞自幼十分孝顺，当即郑重向母亲保证：发誓从此以后再也不借酒浇愁，要重新振作起来。

事实证明，担任游徼与岳飞自身的能力、理想相距甚远，投身军戎才是唯一的正途。宣和六年（1124），宋朝河北等路发生水灾，人民流离失所。北宋自太祖赵匡胤时期开始，便实行每逢灾年招兵的政策。这类政策实施的目的自然是统治者出于维持安定的考虑。将流民中适合当兵的青壮年招募进军队，既可以防止他们由于无法谋生而落草为寇，又可以在一定程度上增强朝廷的军事力量，维护社会稳定，可谓一举两得。忧国为怀的岳飞抓住了这次机会，告别了母亲和妻儿，第二次投身军营。

宋朝政府规定，被招募进军队者需要在脸部、手臂、手背等处刺字，以表明军队番号和军人身份，目的是防止士兵逃亡。需要在脸部等较为明显部位刺字的军队往往鱼龙混杂，战斗力较弱，地位和待遇也低。岳飞虽然出身低微，但凭借自己高超的武艺，成为一名高级士兵，宋代称之为"效用士"。"效用士"不仅待遇优于普通士兵，并且不用在脸上刺字，只在手背上刺字。被征用后，岳飞成为驻防宋朝河东路平定军（今山西平定）禁军（正规军）中的一员。依靠过人的骑射技术，岳飞在军中成为一名骑兵，不久又升任"偏校"（不入品的小武官）。

此次岳飞从军后的几年中，宋朝外部形势变化之快，令人难以想象。

宣和六年（1124）至宣和七年（1125）十月，宋金两国间关系表面上看起来风平浪静，实则暗涛汹涌，处于山雨欲来之时。金朝在灭亡辽朝后进攻北宋的原因有许多，其根本原因当是宋朝在与金朝联合攻辽以及在燕云地区交涉过程中暴露出的腐朽无能。宋朝的外强中干完全暴露在金人面前，使得金朝的一些贵族开始轻视宋朝，甚至不将北宋放在眼中，进而产生灭宋之意。导火索则为宋朝招纳叛臣张觉、招诱旧辽民户等行为。

张觉亦作张毂，辽朝平州义丰（今河北滦县）人。当辽朝即将灭亡之时，张觉占据平州，割据一方。金朝攻占燕京后，张觉以平州投降金朝。后首鼠两端，又据平州叛金。当初宋徽宗君臣在联金灭辽之时，便希望通过金人得到平、滦等地，无奈金人不答应，宋朝也没有收复平州地区的能力。此时宋徽宗听说张觉叛金，难掩心中欢喜，认为这是得到平州的最佳时机，于是便不顾宋金盟约，许以张觉高官厚禄，诱降张觉。张觉叛金之后，本就有意投降宋朝，眼下宋徽宗提出如此诱人的条件，张觉二话不说便率众纳土归宋。

宋朝诱降张觉的行为，违反了宋金盟约中双方互不招纳叛逃者的条款。此时金太祖已经病逝，金太宗完颜吴乞买继位。张觉降宋的消息令吴乞买大为震怒，当即率军讨伐张觉。张觉大败，逃入燕京。宋人对于自己招降和接纳张觉之事自知理亏，为了平息金人的怒气，杀了一个长相酷似张觉的人送予金朝，结果被金朝识破。宋徽宗害怕金人将事情闹大，只得斩杀张觉，将其首级交付金人。但是金朝对于宋朝斩杀张觉并不满意，仍然步步紧逼。

除去张觉事件，北宋君臣怀着投机心理，不顾宋金"海上之盟"中关于双方不能随意招诱对方民户的条款，多次吸纳原辽朝民户逃入宋境者，甚至还做出招诱辽朝末代皇帝天祚帝的蠢事。宋徽宗一度许诺辽天祚帝归宋后，待之以皇兄之礼，位列诸王之上，并许诺给予天祚帝豪宅千余间，女乐 300 人。

宋徽宗君臣种种鼠目寸光、投机取巧的行为，给予金朝统治者充足的伐宋理由。宣和七年（1125）十月，金太宗在女真贵族以及降金辽人的鼓动下，以宋人招纳叛臣张觉、招诱旧辽逃亡人户、不按期交纳岁币以及贡物质量不合格等理由，下达了进攻北宋的命令。为了加强对攻宋战争的领导与指挥，金朝设立元帅府，分东、西两路大军，南下攻宋。西路军以左副元帅完颜宗翰为统帅，领兵六万，自云中府（今山西大同）南攻太原（今山西太原）。东路军由右副元帅完颜宗望率领，同样领兵六万，自平州（今河北卢龙）向西进攻燕山府（燕京，今北京）。

北宋驻守太原的守将童贯，本就是贪生怕死之徒，听闻金人来攻，立即仓皇逃回东京（今河南开封）。完颜宗翰率领的西路军势如破竹，连下朔州（今山西朔县）、武州（今山西神池东北）、代州（今山西代县）、忻州（今山西忻州），越过石岭关，包围太原府。不过，令完颜宗翰没有料到的是，西路军虽一路所向披靡，如入无人之境，但在太原城下却遭受到宋军的顽强阻击。太原府在宋将王禀率领下，誓死守城，多次击退金军的进攻，阻击宗翰大军月余。宗翰见太原城一时难以攻破，只得采取长围久困的办法，将太原城团团包围。金军采取的这种长期战略，致使东西两路大军会师开封的战略部署化为泡影。

与西路军遭受宋军的顽强阻击不同，完颜宗望率领的东路军进展极为顺利。北宋驻守燕山府的军队为原辽朝降将郭药师率领的"常胜军"。"常胜军"建立于金朝攻占辽朝辽东全境以后，天祚帝召集辽东饥民所建。最初番号为"怨军"，表达对女真人的怨恨之意，后改番号为"常胜军"。宋金签订"海上之盟"后，出师伐燕，郭药师感知到辽朝必然灭亡，便率领手下8000余人投降北宋。宋朝花重金赎回燕京地区后，令郭药师进驻燕京，希望依靠郭药师长期以来与金朝的斗争经验，帮助宋朝守卫北部边疆。然而郭药师原本便是反复无常之徒，当金人来攻之时，郭药师一触即溃，又临阵倒戈，当即囚禁北宋燕山府知府蔡靖等人，投降金朝。不仅如此，由于郭药师熟悉宋朝内情，完颜宗望任命郭药师为攻宋先锋并担任金军向导。在其带领下，金朝东路军自宋朝河北路长驱直入，兵锋直指北宋都城开封。

宋徽宗听闻金朝大军进逼开封的消息后，立即传位于长子赵桓，即宋钦宗，自己逃往南方。宋钦宗同样畏金如虎，在完颜宗望完成对东京开封府的包围后，宋钦宗慌忙与完颜宗望订立了城下之盟。宋钦宗称金太宗为伯，金宋两国间关系由此前名义上平等的兄弟之国变为无论是名义上还是实质上皆不平等的伯侄之国。完颜宗望同意宋朝提出的不以黄河为界的请求，但宋朝需要将太原（今山西太原）、中山（今河北定县）、河间（今河北河间）三镇及其以北地区全部割让给金朝。宋朝要将燕云及其以北地区逃亡至宋境的民户全部遣送到金朝。同时遣送亲王一人、宰相一人作为人质，待金军撤军且交割完全部三镇以北领土后再予放还。此外，宋朝每年还需缴纳巨额岁币等。宋朝不仅全盘接受了完颜宗望提出的条件，且第一时间以皇弟康王赵构及少宰张邦昌为人质，遣送金营，并奉献大批金银。

宣和七年（1125）在不知不觉中过去了，完颜宗望接收着北宋朝廷奉献的物资，却始终未等来完颜宗翰率领的西路军。相反，宋朝各地勤王之师不断向开封靠拢，为防止陷入宋军合围的不利境地，完颜宗望在宋朝没有完全兑现城下之盟要求的情况下，于靖康元年（1126）二月撤军北返，北宋东京暂时解围，宋朝渡过了一次险些亡国的危机。

四、河东抗金，血战平定

靖康元年（1126）二月，金军撤离东京，北宋暂时解除了灭亡的危机。宋徽宗以为万事大吉，返回东京开封府，继续骄奢淫逸的生活。北宋王朝虽然在与金朝的条约中将太原（今山西太原）、中山（今河北定县）、河间（今河北河间）三镇割让给金朝，但是否如约割让这三镇，北宋朝廷内部仍争论不休。令宋廷感到欣慰的是，三镇的军民不甘心就这样落入金朝的统治之下，自发集结起来抵抗金朝军队。宋钦宗在宋朝军民抗金呼声的感召下，也来了精神，遂不顾与金朝签订的和约，下诏拒绝割让三镇，并命令种师中、姚古、刘韐等人率领大军救援太原。同时，听从一些大臣和太学生的进言，贬杀了王黼、李邦彦、梁师成、童贯、蔡京等祸国殃民、妄开边衅的奸佞。

宋钦宗如此大快人心之举，引起朝堂内外一片欢呼。可惜身为一国之君的钦宗满腔的抗金热情竟纯属是头脑发热，救援太原的军队兵力本就不集中，更不要说协同作战了，被以逸待劳的金军轻松地各个击破，时称宋朝军队中战斗力最强的陕西军主力损失殆尽、全军覆没。不仅如此，宋钦宗更没有认真进行战守准备，反而罢免了抗金将领李纲等人，各路勤王大军也全部被遣返原驻地。

反观此时的金军一方，则又出现了新动态。完颜宗翰率领的西路军在第一次攻宋之时，被长期阻击在太原一带，本就没有建立多少军功，好不容易等来宋朝割让太原的消息，太原守将王禀、知府张孝纯等人却拒不接受宋钦宗的割地诏书，拒绝向宗翰交割太原。宗翰暴跳如雷，憋了一肚子火无处发泄。完颜宗望本来包围开封，逼迫宋朝签订城下之盟，为金朝获得了土地、财宝，一时风光无限。结果宗望率军北返后，却无法按照和约得到中山、河间等地，同样大为不满。于是，金朝在得知宋朝不仅撕毁和约，且暗中试图策反辽朝降将耶律余睹，联结西边的耶律大石共同反金后，恼羞成怒，于靖康元年（1126）八月，再一次兵分两路，正式展开了对宋朝的进攻。

西路军一线，完颜宗翰吸取第一次攻宋教训，集结重兵，猛攻太原。太原府自宣和七年（1125）被金军包围，王禀率领军民在弹尽粮绝、外无援军的情况下，坚守孤城250余日之久。守城将士基本全部阵亡，几十万百姓亦大都饿死、战死。最终在靖康元年（1126）九月，太原城破。守将王禀宁死不做俘虏，背着宋太宗御容（画像）投汾水自杀。东路军一线，完颜宗望率军自保州（今河北保定）出发，大破种师道军于井陉（今河北井陉），越中山下真定（今河北正定）。太原和真定的陷落，标志着金朝东、西两路大军会师灭宋基本已成定局，完颜宗翰与完颜宗望计划于平定军（今山西平定）会面，商讨灭宋的具体方略，一场围绕平定军的大战即将来临。

　　宋朝平定军毗邻太原，太原陷落后，此军成为抗金的最前线。早在靖康元年（1126）六月，为了配合太原守军作战，驻守平定军的军事长官曾派遣一支百余名骑兵组成的侦察小队，深入太原府下辖的寿阳县、榆次县一带，进行武装侦察。而率领这支侦察小队完成侦察任务的重任，就落到了岳飞的肩上。

　　岳飞率领小队行军途中，突然遭遇一支金军。岳飞手下的士兵此前没有与金军对战的经验，顿时慌作一团。唯有岳飞临危不乱，告诫手下士兵不用害怕，自己提枪在手，单骑突入金军队伍中，仅一个冲锋便杀死了几名冲在最前面的金军骑兵。余下的金军见状，不敢迎战，慌忙逃走。岳飞并不急于追击敌人，而是命令手下打扫战场，将金军的器甲、马匹带走。当天夜里，岳飞和手下换上金军的装甲，潜入敌营。遇到金军士兵盘问，岳飞不慌不忙，用提前学到的几句女真话应对，将金军营寨彻底地探查了一遍，圆满地完成了侦察任务，为宋军提供了重要的军事情报。返回平定军后，岳飞升任进义副尉。虽然仍为不入品的小武官，但通过这次侦察，充分证明了岳飞不仅武艺超群，同时还有着胆大心细、遇事不慌的优秀心理素质。

　　靖康元年（1126）九月，完颜宗翰攻克太原后，旋即出兵进攻平定军。宗翰本想乘攻克太原胜利之势，一鼓作气拿下平定军这座不大的军城，不料平定军军民严阵以待，顽强抗击。岳飞与驻防平定军的军民共同阻击金人进攻，与金人进行殊死搏斗。双方在平定军城下血战数日，直到完颜宗望派遣东路军一部支援宗翰，才最终在靖康元年（1126）十月以损失高达 13000 人的代价拿下平定军。平定军失陷后，岳飞带着妻子刘氏、长子岳云以及出生仅 7 个月的次子岳雷向故乡撤退。

金军占领平定军后，完颜宗翰与完颜宗望于平定军会面，商讨下一步的作战计划。这之前，金朝始终没有确立灭亡宋朝的总目标。金人第一次攻宋之时，宗望最初只是想收回燕京一带土地，宗翰的胃口大一些，希望与宋朝划黄河为界。宗望在包围北宋东京后，也只是希望与宋朝以黄河为界，攫取尽可能多的利益。平定军会面则首次将灭亡宋朝定为东西两路金军总的战略目标。之后，宗翰和宗望分别率领西路军和东路军，向宋朝发起了更加凌厉的攻势。

靖康元年（1126）十一月，宗望率领的东路军进攻至宋朝东京附近。闰十一月，宗翰率领的西路军也进逼开封。金朝东、西两路大军对东京形成了合围之势。宗翰与宗望不再理会宋钦宗割地求和，向东京开封府发起一波又一波潮水般的进攻。

最为滑稽的是，宋钦宗将李纲等抗金官员排斥殆尽后，又以朝廷无法提供粮饷为由，勒令各地前来支援开封的军民返回原地。宋钦宗不仅不组织东京军民进行东京保卫战，反而相信一个名叫郭京的骗子，依靠所谓的"神兵"去击退金人。郭京在东京的市井无赖中按照生辰八字拼凑了 7777 人，组成了所谓的"六甲神兵"，又招募了一群"六丁力士""北斗神兵""天阙大将"等。郭京声称依靠他的这群"神兵"可以轻松活捉完颜宗翰、完颜宗望，甚至可以直接消灭金人。此时的开封城除了皇城宿卫及城中弓箭手，已无可以抵挡金兵的力量。在这些地痞流氓组成的所谓"神兵"的闹腾下，东京开封府如同儿戏般地落入金人手中。

靖康元年（1126）十二月，东京城破，宋钦宗向金人投降。金军进入开封城以后，在城内肆意搜刮财产、掠夺人口，将居住在开封城内的居民近3000人全部扣押在金军营寨之中。靖康二年（1127）四月，金军掳获宋朝徽、钦二帝及后妃、皇族、官员等近3000人北去。临行前还册立了北宋前宰相张邦昌为"大楚皇帝"，建立伪楚政权，令其作为傀儡皇帝统治黄河以南地区，而河北、河东地区已然完全落入金朝的统治之下。至此，享国160余年的北宋王朝走向灭亡。

北宋王朝灭亡之时，岳飞方25岁，正是年轻有为、血气方刚，时刻准备着为国家抛头颅洒热血的年纪。可是，这一腔热血，这拳拳报国之心还未真正展现就受到了家国破碎的打击。"靖康耻，犹未雪。臣子恨，何时灭？"多年以后的一首《满江红》道出了岳飞内心无限的痛惜。靖康之变，恐怕只有经历过的人才能体会这当中有多少屈辱，又有多少憾恨。

第二章
尽忠报国，初露峥嵘

　　历经一朝最后的灭亡时刻，又迎来新朝的建立，岳飞从戎报国的心境在变幻莫测的时局中几经磨砺。早在公元1126年平定军失守，被迫带着家人重返故乡之时，岳飞的内心就已经开始发生变化。返乡途中，岳飞目光所及之处，百姓流离失所，良田荒草丛生，屋舍破败不堪，道路堆满了无人掩埋的尸骨。遭受兵燹的州城已不见往昔的繁华与安定，只留下一片残败的景象。看到山河破碎、生灵涂炭的悲惨画面，岳飞暗自下定决心要找准机会再次投身于军戎，更加坚定恢复故土、保境安民的信念。

一、三次从军，保家卫国

平定军失守，岳飞与妻儿历尽千辛万苦，终于回到相州，但是相州在靖康元年（1126）正月金军第一次攻宋之时，就已经历了一场战乱。岳飞老家汤阴县，地处相州通往开封的必经之路上，自然会成为金军攻打的对象。金军东路军统帅完颜宗望曾命部将完颜宗弼率军进攻汤阴。完颜宗弼，女真名完颜兀术，为金太祖完颜阿骨打第四子，后世演义小说、戏曲中以"金兀术"的名号为人所熟知。完颜宗弼轻松攻取汤阴县城，俘获宋军3000人。大概从此时起，岳飞宿命中的劲敌金兀术便与岳飞的军旅生涯紧密地联系在了一起。

金军限于兵力不足，攻占相州、汤阴县后并未分兵驻守，而是继续南下进军东京开封府，相州、汤阴重新回到宋军手中。岳飞见到劫后余生的母亲姚氏，全家人抱头痛哭，不由得感叹终得相聚，更痛惜家国不幸遭难。身处乱世战火之中，苟且偷安已然不可能。在河东抗金、血战平定的过程中，岳飞已经意识到，唯有抗金才能获得一线生机，唯有抗金才能守护家园，才能恢复往日安宁的生活，才能光复山河，重建大宋的荣光。

然而，岳飞唯一放心不下的是年过六旬的老母亲。战争年月，兵荒马乱，母亲体弱多病、年老力衰，生活起居不能无人照拂。母亲姚氏察觉出岳飞的顾虑，不愿因为自己而耽误儿子实现理想抱负，于是积极勉励岳飞"从戎报国"，亲自在岳飞背上刺下"尽忠报国"四个大字。姚氏此举意在鞭策岳飞为国尽忠，不必牵挂自己。母亲的深明大义为岳飞免去了后顾之忧，母亲所刺"尽忠报国"不仅镌刻在岳飞的身体上，更深深刻在了内心之中。岳飞含泪将照顾母亲的重任交给了妻子刘氏，毅然拜别母亲，又一次告别故土，投身军营。此后的军旅生涯中，岳飞用生命践行着"尽忠报国"的誓言。后来，宋高宗赵构亲赐岳家军的军旗上书有"精忠"二字，也是对岳飞尽忠报国的肯定。经过岁月的流转与传承，"精忠报国"不仅成为岳飞、岳家军的旗帜，还成为千百年来中华儿女爱国精神中一面屹立不倒的旗帜。

如果说之前的两次从军，岳飞是为生计所迫，那么这次从军，岳飞则完全是出于保家卫国的情怀，是出于对国破家亡、人民流离失所感伤的民族大义。此时的岳飞已经淬炼成一名伟大的爱国战士。一个焕然新生的岳飞开始奔赴血雨腥风的抗金战场。

靖康元年（1126）冬，相州城中，武翼大夫（正七品）刘浩正在收集残兵，为再一次抗击金兵做准备。岳飞此次从军所投奔的正是刘浩麾下的这支军队。

是时，相州附近有一群盗匪，匪首名为吉倩，刘浩了解到岳飞早先有过平定盗匪的经历，便欲命岳飞率军前去征剿。岳飞接到任务以后，并不急于出兵征剿，而是向刘浩提议可以先尝试着收编这群盗匪入伍，团结一切可以团结的抗金力量，收编不成时，再予以剿灭。征得了刘浩的同意，岳飞趁着夜幕降临，只带了四名骑兵前往吉倩的营寨，向吉倩等人晓以民族大义，规劝他们加入抗金队伍。吉倩等人本来也是良民，为生活所迫不得已才落草为寇，在得到收编后官府不会加害、报复的承诺后，当即表示愿意归附。招降期间还有一个小插曲，吉倩有一个手下不服岳飞，仗着自己身强力壮，趁岳飞不注意猛扑过来，岳飞立即出手还击，一掌击中其面部，将其打翻在地，又顺势拔出佩剑，抵住对方咽喉。吉倩等人见势不妙，急忙向岳飞道歉求免。岳飞只小试身手便压服众人，吉倩和手下380余人心服口服，再无异议，跟随岳飞归顺了朝廷。岳飞率领新收编的队伍顺利返回相州，因此次出色的行动升任从九品的承信郎。

与此同时，后来的南宋高宗赵构开始戏剧性地登上历史舞台。康王赵构是宋钦宗的九弟，在宋金签订城下之盟时，作为人质前往金朝军营，后被金人放还。金军二次攻宋之时，赵构又奉命前往完颜宗望军中求和。但在金军主力渡过黄河南下，兵锋直指开封之时，赵构却临阵脱逃，背道而行，逃避北上，于靖康元年（1126）十一月二十日抵达磁州（今河北磁县）。时任磁州知州的，便是赫赫有名的抗金将领宗泽。

宗泽（1060—1128），字汝霖，婺州义乌（今浙江义乌）人。两宋之交杰出的政治家、军事家，宋朝抗金名将。宋哲宗元祐六年（1091）进士。靖康元年（1126）临危受命，出任磁州知州。

建炎元年（1127）六月，任东京留守。后因南宋朝廷畏金如虎，宗泽壮志难酬，抗金方略均未被采纳，忧愤成疾，临终三呼"过河"而死。

赵构在磁州期间，已被金人吓破了胆，一度到了闻"金"色变的地步，与主张坚决抗金的宗泽多次发生矛盾。磁州位于抗金前沿，当时附近到处都是金朝骑兵，曾有数百名金军骑兵一路追踪赵构的行踪来到磁州城下，吓得赵构每日心惊胆战、寝食难安。心理上的折磨使得赵构急于逃离磁州，一刻也不想多留。恰逢相州知府汪伯彦得知赵构在磁州，便准备将其接到相州。

担任相州知州的汪伯彦（1069—1141），是南宋初年有名的奸臣奸相秦桧的老师。汪伯彦得知赵构的消息后，认为康王赵构奇货可居，马上派人携带帛书面见赵构，请赵构前往相州。赵构正苦于城外金军与城内主战的宗泽带来的双重困扰，接到汪伯彦书信后，自是喜出望外，连忙应允。于是汪伯彦命令刘浩率领两千名士兵，务必将康王赵构平安接到相州，自己则亲率手下，在黄河边迎接赵构。惊魂未定的赵构大喜过望，对汪伯彦说道："待我面见圣上，一定推荐你做京兆尹。"汪伯彦凭借此事深得信任，从此成为赵构的心腹。

赵构在相州安稳度过了闰十一月，而此时的北宋王朝却处于风雨飘摇、大厦将倾之际。宋钦宗得知赵构在相州的消息后，随即命其在相州开设元帅府，组织兵马赴东京勤王。十二月一日，赵构遵承上意，开设元帅府，自任河北兵马大元帅，任命中山知府陈遘为元帅，汪伯彦和宗泽为副元帅，刘浩为前军统制。岳飞当时仍隶属刘浩麾下。

按照宋钦宗的命令，元帅府设立后，应立即驰援开封。然而已经患上"恐金症"的赵构无论如何也不敢冒这个险。于赵构而言，更要紧的是保命，没有任何一件事比这更重要。为保证以后可以顺利逃跑，赵构没有立即派兵前往开封救援，而是找借口先派出多支侦察部队，四下探察金军的动向。

刘浩率领的前军负责侦察北京大名府（今河北大名县东）方向。北宋时期，为拱卫东京开封府，陆续设置西京洛阳府（今河南洛阳）、南京应天府（今河南商丘）与北京大名府。刘浩命岳飞率领 300 名骑兵，前往北京大名府魏县（今河北魏县东北）李固渡侦察。在一处叫作侍御林的地点，岳飞率领所部击败了一支金军小队，并击杀敌方一名将领，圆满完成了侦察任务。岳飞率军胜利归来后，因功升任正九品的成忠郎。

赵构与汪伯彦等人从岳飞搜集回来的情报中得知，北上北京大名府的路线中只有李固渡处有金朝的军队驻扎，只要避开李固渡，就可以神不知鬼不觉地进入北京大名府。面对大好的逃跑机会，又有汪伯彦的竭力怂恿，赵构全然不顾自己身负组织元帅府兵力支援开封的重任，只求金兵的矛头不要指向自己。于是，赵构与汪伯彦密谋，派遣刘浩率领前军 2500 人南下濮州（今河南浚县西北）和滑州（今河南滑县），扬言要出兵解东京开封府之围，实际上是要吸引金军主力，掩护自己出逃。

刘浩接到任务准备率军南下前，先命岳飞率领一百骑兵前往滑州侦察敌情。岳飞率军一直深入到滑州南部与开封府交界处，完成侦察任务准备返回时，在冰冻的黄河冰面上，与金军再次发生遭遇战，大批的金朝骑兵从黄河对岸冲锋而来。面对敌众我寡的局面，岳飞当机立断，一马当先，杀入敌阵，砍杀一名金军将领。然后率领手下将士乘胜追击，将数倍于己的金军击退。对于岳飞来说，两次与金兵短暂交战都能够取得胜利，也算是自己的抱负在一点点实现，但这与抗金大业相比，实在是杯水车薪。

当刘浩的前军向濬州、滑州挺进吸引金军之时，靖康元年（1126）十二月十四日，赵构和汪伯彦也开始了他们的北逃计划。赵构向手下将领及士兵宣称，将南下汤阴县，进而驰援开封。到大军真正开始出发之时，改从相州北门出，向临漳县（今河北临漳）方向进发。由于此前岳飞侦察查明了沿途金军的布防情况，赵构、汪伯彦率军顺利避开李固渡的金朝军营，秘密进入了北京大名府。从设立元帅府到北逃大名府，仅仅时隔半月。自始至终，赵构、汪伯彦等人都没有打算营救开封，而是打着"勤王"的旗号，对外声称北上只是为了迷惑金人。可叹赵构与汪伯彦当时的真实想法，刘浩、岳飞这种低级军官又何从知晓。

二、初隶宗泽，南宋立国

赵构、汪伯彦等人成功北逃至大名府，终于松了一口气。相州却在赵构逃离 11 天之后被金军包围。城内无人主政的危急关头，前相州通判、宗室赵不试挺身而出，代替逃之夭夭的相州知州汪伯彦，死守相州城。守城期间赵不试屡次请求救援和突围都没有结果，金军随时有可能攻破城池。为了保全一州官民性命，赵不试尝试与金军交涉出城投降。在得到金军答应投降便不屠城的许诺后，命令手下按照约定打开城门迎金军入城。为了维护宗室的最后一点尊严，金军进城之前，赵不试带领全家老小投井自杀。相州城内的其他大族，或选择仓皇逃窜，或选择向金军俯首称臣。

随着相州被金军攻破，岳飞的故乡汤阴县也落入金军之手。妻子刘氏不能守节，撇下岳飞的母亲姚氏和岳云、岳雷两个尚未成年的孩子，先后两次改嫁。年迈的姚氏只身带着两个孙子，生活愈加困苦。此时岳飞尚不知晓家中变故，其隶属的刘浩所率前军同样处于危险境地，随时都有可能全军覆没。

前文说到，刘浩率领的前军 2500 人作为掩护康王赵构北逃的诱饵，孤军深入，虽有忠勇如岳飞般的将领，无奈敌我力量悬殊。濬州城外，刘浩部将丁顺率领的五百士兵被金军击溃。经过几次这样的遭遇战，刘浩前军的有生力量所剩无几。可能感到形势的严峻，南下已经不能再推进了，如不撤军随时都会被金军消灭，刘浩再三思量，决定率领剩余人马往北撤退，向赵构、汪伯彦率领的元帅府主力军靠拢。眼见驰援开封成为画饼，岳飞虽心有不甘，无奈人微言轻，只得跟随刘浩撤往大名府。

不久，刘浩率领剩余军队顺利回归主力。赵构非常满意刘浩圆满地完成了掩护自己撤离的任务，开始论功行赏。岳飞因滑州的战功，升为从八品的秉义郎。岳飞也成为当时与金兵交手少有的全胜战绩保持者，从此在元帅府声名鹊起，享有"敢死"的名号。

康王赵构在北京大名府站稳脚跟后，北宋河北路的军队陆续向大名府集中，另一位副元帅宗泽首先率军从磁州赶来。然而赵构与宗泽早在磁州之时，就因驰援开封还是逃跑北上的问题争论得不可开交，此番会面，宗泽依旧力主营救东京，最后与赵构闹得不欢而散，依旧未能达成共识。

赵构和汪伯彦私下商议，发现可以照搬此前命令刘浩率军南下吸引金军的方案，利用宗泽的抗金热情，再次为自己逃跑创造机会。于是，赵构表面上答应了宗泽驰援开封府的计划，命宗泽率军南下，并对外扬言，康王赵构亲率南征大军前去"勤王"，企图利用宗泽所率军队作为诱饵，吸引金兵的注意力，从而保全自己的性命。一切都是熟悉的剧情，赵构象征性地拨给宗泽1万名士兵，但元帅府以及北宋河北路军队主力依旧由赵构亲自掌管。以 1 万名士兵去解开封之围，无异于以卵击石。然而，年近古稀的老将军宗泽毅然接受了这个"不可能完成的任务"。赵构拨给宗泽的 1 万名士兵中就包括刘浩率领的前军，岳飞作为刘浩的部将，首次隶属宗泽指挥。此一去虽道途凶险、危机四伏，但是跟随抗金名将宗泽一起保家卫国，岳飞心中难掩激动。

靖康元年（1126）十二月下旬，按照赵构的指令，宗泽率军南下开德府（今河南濮阳），一路与金军大小十三战，每战皆捷。岳飞奋勇杀敌，在靖康二年（1127）正月的一次战斗中，金军阵前两名执旗兵摇旗呐喊，气焰嚣张，岳飞怒从中来，箭无虚发，两箭便将两个执旗兵射杀，随着执旗兵的倒下，金军顿时阵脚大乱。岳飞当即率军冲锋，击溃金兵，缴获辎重、军械无数，正式升为正八品的修武郎。

此次战役的胜利，对宗泽所率部队产生了巨大的鼓舞，士兵们个个摩拳擦掌，誓要击退金兵，复我河山。宗泽在此次战役后立即书信通知赵构，希望赵构能够集结元帅府的兵力，向开封进发。然而，众人万万没想到，此时赵构已经在汪伯彦、耿仲南蛊惑之下，心怀称帝之心，欲对宋钦宗取而代之，根本无心救驾。所以接到宗泽的求援之后，赵构故意选择无视，将求援信搁置一旁。在求援无果的情况下，宗泽部不得已陷入孤军奋战状态，向开封进发。

靖康二年（1127）二月，刘浩奉命率领前军转战曹州（今山东菏泽南部），岳飞所在的前军又一次遭遇了金兵。面对金兵的来势汹汹，岳飞毫不畏惧，决心与金军决一死战，一马当先率先杀入敌阵，带领众将士以近身白刃大败金军。在岳飞的鼓舞之下，士兵们气势高涨，无不奋勇杀敌，大破金军，并追杀金军数十里。这一战后，军中论功行赏，岳飞升为从七品的武翼郎。

宗泽率军一路过关斩将，金人难以抵挡，节节败退，但这些胜利也成功地掩护了赵构、汪伯彦等人的逃跑计划。赵构命宗泽率军南下后，自己则亲率主力大军向东逃窜。第一站先从大名府东逃至东平府（今山东东平），在东平府居住了一段时日，仍觉得惶恐不安，生怕金军随时来袭。第二站又从东平府南逃济州（今山东巨野）。起初赵构非常满意宗泽对金军的牵制，但当他发现宗泽军势如破竹，屡败金军之时，唯恐一旦宗泽"勤王"成功，将会威胁到自身地位，急忙下令削减宗泽的兵权。赵构取消了宗泽对刘浩所率前军的指挥权，将刘浩的前军划归原河间知府、高阳关路安抚使黄潜善指挥。

黄潜善与汪伯彦一样，皆为政治投机之徒。赵构从大名府东逃至东平府时，黄潜善率兵前来护卫，由此得到赵构宠信，被任命为副元帅之一。此时赵构手下已集结近8万兵马，归黄潜善指挥者多达36000人，而归宗泽指挥者不过26000人。试想如果黄潜善能够配合宗泽的军事行动，必然能够扩大战果。可惜黄潜善同样畏敌如虎，只知自保，却对抗金事业漠不关心。宗泽孤军奋战，苦苦支撑，虽取得一定战果，但也损失惨重，营救东京开封府的军事行动，最终以失败而告终。

刘浩率领的前军划归黄潜善指挥后，岳飞逐渐远离抗金一线战场，其间仅参加了一场保护西京洛阳附近赵宋皇家陵寝的战役，与金军在汜水关进行厮杀，射杀一名金将，斩敌无数，大破金军。在划归黄潜善部下的时间里，岳飞大部分时间只能是空怀一腔热血，却不能报效国家。

靖康二年（1127）四月，金军俘获宋徽宗、宋钦宗二帝，连同宗室、后妃、大臣等北撤，北宋灭亡。金人另立原北宋大臣张邦昌为傀儡皇帝，国号楚，企图通过伪楚政权来控制北宋的统治区域。

张邦昌被金人提名为伪楚皇帝之时，坚决拒绝，甚至以自杀相威胁。金人无奈，只能以张邦昌不就任伪楚皇帝便屠城相威胁，张邦昌才勉强答应下来。张邦昌自知绝不会为宋人所拥护，因此他不用天子礼仪，不立年号，只有金人来时才换上皇帝的服装与金人见面，敷衍了事。张邦昌还拒绝了金人驻军、留下部分女真贵族协助处理政务等建议。金人撤军后，张邦昌立即向康王赵构献上御玺"大宋受命宝"，并于靖康二年（1127）四月十日迎立宋哲宗废后孟氏入居延福宫，恢复元祐皇后名号，由其垂帘听政。张邦昌仅仅当了33天伪楚皇帝，便自动下台了。即使如此，张邦昌也并没有因为拥立康王赵构而逃脱制裁，很快就被下诏赐死了。

金军在进入开封后几乎把北宋王朝所有的宗室成员掳去，估计连赵构自己都没有想到，由于金人攻陷东京之时，自己不在东京，机缘巧合地成为金人俘虏赵氏皇子中唯一的漏网之人。金军北撤以后，宋朝遗老遗少纷纷上书赵构，请他做皇帝，以复兴大宋王朝。宗泽深知康王赵构胆小怯懦、畏敌如虎且安于享乐，但在宗室成员无一幸免皆被金军掳走的情况下，宗泽别无他法，也只得上书劝进。只是在劝进书中，怀着对宋王朝的担忧，宗泽对康王赵构提出五点建议：一要近刚正而远柔邪；二要纳谏诤而拒谀佞；三要尚恭俭而抑骄侈；四要体忧勤而忘逸乐；五要进公实而退私伪。然而以后的事实证明，赵构完全辜负了宗泽的一番苦心。

接到张邦昌献来的传国御玺，靖康二年（1127）四月二十一日，康王赵构离开济州，前往南京应天府（今河南商丘）即皇帝位。出发之前，赵构将元帅府下辖军队重新编组，其中张俊担任中军统制，刘浩担任中军副统制。岳飞作为刘浩麾下的一名武将，隶属中军，开始归张俊节制。新编组的宋军，护送着康王赵构，浩浩荡荡地向南京应天府进发。

靖康二年（1127）五月一日，康王赵构在南京应天府即位，改年号为建炎，成为南宋的开国君主，后庙号高宗。

赵构即位之时才21岁，之前一直养尊处优，耽于享乐，无治国之长，便起用了声望很高的李纲担任宰相。南宋政权建立之初，宋高宗在以李纲为首的抗金派大臣的鼓励下，虽然一度表示愿意抗金，但他的"恐金症"已到达晚期，无可救药。不仅不思考如何收复失地，相反，赵构思考的却是如何换取金人的支持，允许其充当金人的傀儡。为了获取金人的承认，即位伊始，赵构忙派遣使者出使金朝以试探金人对自己的态度，请求金朝承认其所建立的南宋政权。

令赵构没有想到的是，金朝坚持不承认赵宋政权，无论如何也不答应赵构的称臣请求，金朝方面，完颜宗翰等人已开始着手进行灭亡南宋的准备。

宋朝方面，抗金派以李纲、宗泽为代表。李纲（1083—1140），字伯纪，号梁溪先生，常州无锡人，祖籍福建邵武。靖康元年（1126），组织东京保卫战，击退金兵，旋即为投降派所排斥。宋高宗即位伊始，一度被起用为相，但仅75天便遭罢免。曾多次上疏陈述抗金方略，均未被采纳。绍兴十年（1140）病逝。

李纲主张坚守中原，建议宋高宗暂幸南阳（今河南南阳），在原有四京之外，以长安（即京兆府，今陕西西安）为西都，襄阳（即襄阳府，今湖北襄阳）为南都，建康为东都。不设置固定的首都，使金人找不到攻击的具体方向，以便更好地抗击金人。宗泽则主张仍建都东京开封府（今河南开封），力请宋高宗前往东京，亲自主持恢复中原、复兴宋朝之大计。

而投降派以黄潜善、汪伯彦等人为代表，听说金军已开始着手准备南下，早已吓破了胆，力劝宋高宗南逃，迁都东南，试图以东南半壁江山苟延残喘。赵构更是畏金如虎，根本听不进李纲、宗泽等人的意见，黄潜善、汪伯彦等人的提议才正中其下怀，遂不顾李纲、宗泽等人的劝阻，以巡幸东南为名，于建炎元年（1127）十月，自南京应天府南逃扬州（今江苏扬州）。

三、越级上奏，改投张所

自从岳飞不再隶属宗泽，就逐渐远离了抗金一线。已连续几个月未赴战场厮杀的岳飞，整日闷闷不乐，心中的忧虑难以释放。官卑职小的岳飞没有资格了解和参与南宋朝堂内部抗金派与投降派之间的争议、论战，无从直接知晓当中的真实情况。但凭借敏锐的洞察力，岳飞分析，当今天子从一开始自相州北逃至北京大名府，又从北京大名府南逃至南京应天府，元帅府的主力部队始终远离抗金一线，只有大将宗泽孤军与金人奋战，朝廷似乎并不想收复失地，皇帝好像也并没有抗击金朝的决心。究竟什么时候才能够迎回二圣，光复我大好河山？岳飞心中不禁疑惑重重，煎熬至极。

纸终究包不住火，宋高宗准备"巡幸"扬州等地的消息一经传出，岳飞内心便更加五味杂陈，不知是何种滋味。此时岳飞终于明白朝廷确实没有抗击金兵、收复失地的意图，只是一味地拖延，消极畏战。虽然没有经历过正规系统的文化教育和国家政治的讨论，但岳飞明白一旦苟安东南，收复失地将彻底化为泡影，甚至将面临再次亡国的危机。此时的岳飞再也无法保持沉默，根据他在坊间的听闻，结合亲身经历的军事行动，鼓足勇气向皇帝上书进言。

在宋朝崇文抑武、文尊武卑的时代背景下，武将参与军政大计，本身就是一种越轨的行为。作为一个仅从七品的下级小武官，上书规谏皇帝，指责宰执，评议时政，无疑需要一定的胆识和魄力。在谏言中，岳飞痛斥黄潜善、汪伯彦等人根本无意收复故土，迎还徽、钦二帝，每天总想着退避到长安、襄阳、扬州等地。这种鼠目寸光的苟安行为，难成大事。如果任由黄潜善、汪伯彦等人胡作非为，会使天下有志之士失望，令故土百姓寒心。朝廷如果不作为，前线将帅无论怎样拼死杀敌，也不会恢复大宋往日的荣光。这是岳飞第一次对朝廷的妥协投降政策提出抗议，他请求高宗皇帝改变主意，取消"巡幸"诏令，亲临东京开封府主持大计。趁金军懈怠之时，率军亲征，渡河北伐。只有这样，恢复故土、迎回二圣，才能指日可待。

岳飞在谏言中已敏锐地注意到，朝廷中弥漫着妥协、退让的投降气氛，黄潜善、汪伯彦等人正是投降派的代表。同时，北上还是南逃，进驻开封还是退避扬州，这正是当时抗金派与投降派斗争的焦点，李纲、宗泽等人在坚决反对南逃的问题上，据理力争、寸步不让。岳飞此时年仅 25 岁，便能在谏言中直接切中投降派的要害，针砭时弊，如此的真知灼见，一方面要归功于岳飞天赋异禀、天资聪慧，另一方面还是由于岳飞后天的刻苦努力、自学成才。

当然，通过上书我们可以发现，岳飞作为低级武官，毕竟没有资格参与朝廷议事，获得消息的途径多为坊间传闻，道听途说，不可能知晓朝廷内部政治斗争的全部内容。之前李纲建议以长安为西都，襄阳为南都，建康为东都，只是为了分散金军注意力，仅作为万不得已的撤退地点，并不是让高宗逃跑退避。李纲始终坚持高宗皇帝应亲幸中原，亲临抗金一线，主持对金人的反攻以鼓舞士气。岳飞在谏言中将李纲的建议与黄潜善、汪伯彦混为一谈进行指责，正是由于受身份限制，不能完全了解实际情况所导致的。

也是因为身份级别的问题，岳飞的越级上书并未送到高宗皇帝面前，而是落到了投降派代表黄潜善和汪伯彦手中。黄、汪二人看到岳飞的进言，怒不可遏，不敢相信自己竟然遭到了下层军官的抨击，还一针见血地指责两人的计谋。黄潜善与汪伯彦当即下令，批评岳飞越职进言、胡说八道、扰乱军心，立即革除全部官职，削除军籍，赶出军营。这对于岳飞来说是一个极其沉重的打击，无法投军从戎，自己的抱负也就没有了实现的途径。

被赶出军营的岳飞连生计都没有了着落，幸而岳飞迅速调整心态，将对投降派的怒火化作抗击金军的动力。经过认真分析，岳飞认识到只有前往抗金前线，才能真正实现"尽忠报国"，只有跟随真正的抗金志士，自己的本领才真正能有用武之地。明确了目标之后，岳飞带好随身的武器，孑然一身直奔河北抗金前沿，离开了充满政治斗争与妥协投降氛围的南京，向着与投降派截然相反的方向奔去。

建炎元年（1127）八月，岳飞北上到达北京大名府。此时北京大名府设有两个重要机构：一个是杜充的北京留守司，负责守城；一个是张所的河北西路招抚司，负责收复失地。

张所（？—1127），宋朝抗金名将，青州（今山东青州）人。宋徽宗朝进士，累迁监察御史。在任监察御史时，张所曾向高宗上书反对南逃，并痛斥黄潜善为奸佞之人，绝不可重用，因此得罪黄潜善，被贬为凤州团练副使。李纲入相后，担任河北西路招抚使。李纲仅仅当了75天的宰相，便被高宗罢免，张所随即被贬黜岭南，在留居潭州（今湖南长沙）地界时，为叛军钟相、杨幺所部刘忠杀害。

对于岳飞而言，他的理想是收复失地，迎还二圣，自然选择投奔抱负与自己相同，且同受到黄潜善迫害的张所。岳飞曾前后三次请求面见张所本人，但张所毕竟有所顾虑。一则岳飞被革除军籍、削除官职，张所身为一方军事长官，同意接见这样身份的岳飞似乎不太合适。二则张所自己也是刚刚通过李纲的力荐才得以复官，如果接见同样得罪黄潜善的岳飞，很容易被黄潜善等人再次抓住把柄，扣上一顶私下联络获罪武官的罪名，甚至可能牵连到李纲，带来不必要的麻烦。或许是岳飞三次请见展现出的锲而不舍的执着精神打动了张所，又或许是张所泛起了"同是天涯沦落人"，都是一心为了保家卫国而受到投降派打压之人的感触，最终张所同意接见岳飞，安排岳飞充任帐前的一名效用兵。自此，岳飞又开启了新的军旅之路，开始为自己的抱负奋斗。

张所手下一名叫赵九龄的幕僚善于发现人才，同岳飞短暂接触后，大为赞赏岳飞的见识和本领，毫不吝惜地称赞岳飞是"天下奇才"，极力在张所面前举荐。恰好此时张所已经仔细了解过岳飞的经历以及获罪的经过，本来就有意找机会测试一下他，听闻赵九龄的推荐，顺势令赵九龄安排时间，自己要亲自考察岳飞。

岳飞进入军帐后，张所问道："你以前隶属宗泽元帅帐下，听闻你勇冠三军。你自己估计一下，你一次最多能对付几个敌人？"岳飞行礼回答道："为将者，勇猛只是一个方面。只依靠匹夫之勇，难成大事。行军作战前，真正应该考虑的是智谋。制定了正确的战略、战术，这才是决定战争胜负的先决条件。所以我认为，身为一名战将，不怕他没有盖世的武艺，最怕他没有谋略，故《孙子兵法·谋攻篇》中写道：'上兵伐谋，其次伐交。'

用兵的上策，是以谋略取胜，从而达到不战而屈人之兵。其次才是运用外交手段孤立敌人，迫使其臣服。"

岳飞言罢，张所大吃一惊，他万万没有想到，眼前这个并没有接受过正规系统文化知识学习的岳飞，竟有如此见识。急忙令岳飞坐下，继续畅谈当下的军事形势。

岳飞继续说道："由于大宋定都于开封，周围平川旷野，无险可守，所以黄河以北地区就显得格外重要。如果不能收复黄河以北，不仅黄河以南无法守御，甚至江淮地区都会直接暴露在金人的兵锋之下，生死难卜。想当初童贯'联金灭辽'，仅得到了一座幽州空城，却不知道派兵守卫金坡关（即河北易县紫荆关），使得金人南下，如入无人之地。童贯这些鼠目寸光之人，只为了得到一点虚名，而使国家遭受重大灾祸，实在是教训惨痛。"说到此处，想起靖康国耻，岳飞不由得悲愤不已。张所听完岳飞的慷慨陈词，回想往日国家罹难，小人作祟，也不由得老泪纵横。

张所没有想到能遇到志向如此相投之人，随之与岳飞大方谈论起眼前的战争形势。张所指出金军只占领了河北和河东路的部分州县，河北失守的只有怀州（今河南沁阳）、卫州（今河南卫辉）、濬州和真定府，其他的府、州、军目前还是掌握在宋军手中，固守待援。根据这样的战局，张所计划先收复怀、卫、濬、真定四州府，再解除金军对中山府的包围，从而一鼓作气，全面收复河北失地。

　　了解完张所的战略计划，岳飞瞬间热血沸腾，当即再三表明自己不在乎是否可以升官发财，只要能够"尽忠报国"，收复失地，迎回二圣，一雪靖康之耻，必定万死不辞。本来是一次对人才的考察，经过交流，变成了岳飞与张所惺惺相惜的坦诚而谈。这一次交谈，坚定了两人共同的理想抱负。岳飞认定张所就是能够与之共进，实现兴复国土之人。而张所也同样认可岳飞是复兴大宋急需的人才，短时间内破格提拔岳飞为从七品的武经郎。

　　然而，张所收复失地的理想刚开始实施，就被投降派无情地击碎。黄潜善、汪伯彦等人不断从中作梗，极力破坏抗金大计，连存放在北京大名府内的兵器和甲胄都不允许张所调用，对张所召集士兵所需的粮草、军饷，也是百般掣肘。面对如此困顿的局面，建炎元年（1127）九月，张所终于勉强拼凑了一支装备简陋的7000人的队伍，命王彦率领这支军队前去收复卫州，岳飞由此划归王彦指挥。

　　正当岳飞跟随王彦雄心满满地执行收复失地战略部署的第一步时，后方的张所遭到了投降派的报复。岳飞出征后不久，李纲在政治斗争中失利，被罢黜相位。他的抗金措施也相应地被全部废弃。与李纲交好的张所随即被免职罢官，直接以莫须有的罪名贬黜岭南，永不复用。时政昏暗至此，令人唏嘘。类似于李纲、张所的悲剧，在南宋初年还在不断上演。

　　张所作为岳飞一生中遇到的首位伯乐，对岳飞的抗金生涯起到了重要的转折作用。两人虽然相处仅有一个多月，但张所在岳飞落难之时，向岳飞伸出援手，积极提拔岳飞，岳飞才得以坚定步伐，继续在"尽忠报国"的道路上走下去。张所的知遇之恩令岳飞终生感激不尽。多年以后，岳飞身居高位，花费了很大的力气找寻到张所的儿子张宪（字宗本）。岳飞像对待自己的亲生儿子一样照顾张宪，使其接受系统的文化教育。不仅如此，岳飞还上书为张所正名，又替张宪求得了荫补。滴水之恩当涌泉相报，岳飞将张所对自己的恩情，全部报答在张所的下一代身上。

四、血气方刚，苦战太行

张所被革职之时，岳飞正跟随王彦率领的七千军队前往收复卫州的行军途中。

王彦（1089—1139），南宋抗金名将，字子才，河东上党（今山西长治）人，后徙家怀州（今河南沁阳）。曾两次跟随种师道征讨西夏，屡立战功。靖康之变后，为河北西路招抚使张所部下都统制，入太行山创建"八字军"，部众十余万，屡败金军，名震河朔，率军转战各地。后为朝中投降派排挤，高宗收其兵权，改任州府官员。绍兴九年（1139）病逝，时年50岁。

张所被革职，河北西路招抚司被撤销的消息一传到军中，王彦心中一紧，他知道，这意味着自己率领的7000名士兵成了断线的风筝，失去了大后方，自然也不会得到后援。但是作为一代名将，王彦有丰富的作战经验，很快便恢复了镇静。王彦依托太行山南麓一带的险要地形，与金军展开了游击战。同时向周边各抗金义军传送榜贴，团结一切可以团结的力量。发动百姓，壮大群众基础，号召百姓响应和支援抗金大业。在百姓和各支抗金队伍的支持下，王彦屡屡击败金军，声势不断壮大。

王彦抗金的节节胜利，引起了金朝的警觉。金朝调集军队主力，准备围剿王彦军。当王彦率军驻扎到卫州新乡县（今河南新乡）石门山下时，与金军主力遭遇。面对危机形势，王彦认为应采取稳妥持重的方针，继续与金军进行山地游击作战，不断消耗金人的有生力量，在运动战中歼灭敌人，不宜与金军展开正面的阵地攻坚战。而此时比王彦年少 13 岁的岳飞，面对金军主力，血气方刚，希望与金军正面展开决战，一举歼灭金军主力。对于王彦的游击战策略，岳飞十分不满，认为王彦是畏惧金人，产生了妥协投降的念头，怒斥王彦道："徽宗、钦宗二帝被金人掳走，敌军占据河朔，身为臣子，应该主动出击，拼死杀敌，消灭敌寇，迎回二圣，还我河山，然而将军现在却不敢与敌军交战，坐山观望，难道您也准备投降敌人吗？"

岳飞的此番言论虽完全出于忠君报国，却深深地伤害到了王彦。王彦一生，与岳飞一样，报效祖国、为民谋福、孝顺亲人、为官清廉，被岳飞当众怒斥自己投敌叛国，犹如一把尖刀捅入心窝。但王彦器重岳飞，理解岳飞杀敌心切的心情，只默不作声，任由岳飞发泄心中的不满。岳飞言辞激烈地抨击主将引起了他人不满，王彦手下一位刘姓幕僚屡次在手心写下一个"斩"字，给王彦示意，意为岳飞如此桀骜不驯、以下犯上，应及时除之以绝后患。王彦也只是摇了摇头，仍然一言不发。

岳飞越说越激动，热血上涌，见王彦始终不表态出击，一怒之下，竟然率领部下擅自出战。岳飞身先士卒，亲自夺取了金军的大旗，拼命挥舞以激励士气。岳飞的部下越战越勇，金军不断后撤。王彦其他部下见状，不顾王彦的将令，全军出击，一鼓作气收复新乡县，生擒金军千夫长阿里孛。接着，宋军又大败金朝援军，打得金军万夫长王索的军队丢盔弃甲、落荒而逃。

金军两战两败的消息传到金军指挥部，金人分析当前面对的应是宋军主力，不敢怠慢，急忙集结数万大军，全力反击。王彦统辖的几千孤军，很快被金军四面合围。在金军一轮又一轮的猛烈攻势下，王彦军队难以抵挡，只得突围。突围过程中，王彦仅有的几千军士被金军击溃，元气大伤。

王彦冲出重围后，转战数十里，收得残部700余人，且战且退，退守到卫州共城县（今河南辉县）西边的山中。为表示誓死报国、宁死不屈的精神，王彦及其下属将士，皆在脸上刺下"赤心报国，誓杀金贼"八个字，人称"八字军"。周围的抗金义军纷纷响应，经过一段时间的恢复、发展之后，"八字军"兵力多达10万余人，前后与金军大小战役近百次，收复失地百余里。

金军屡次进行围剿，却屡战屡败，始终无法完成对河朔地区的全面占领，王彦率领的"八字军"有力地牵制了金军南下，自此"八字军"的威名传遍天下。

反观岳飞率领的这支军队，突围后在侯兆川（今河南辉县境内）与金军再次遭遇。虽然最终击退了敌军，但损伤惨重，岳飞自己也身受重伤，伤口多达十余处。在金军的打击下，岳飞所部基本丧失了战斗能力，只能在南太行山的深山老林之中休养生息。进入寒冷季节，军队没有后勤供应，钱粮皆尽，处境十分艰难，岳飞不得已杀掉自己的战马充饥。绝境之中，岳飞反思自己当初冒犯王彦，实在是太过莽撞，才会落得今日的境遇。他由衷地意识到敌我双方对战应像王彦一样深谋远虑、稳扎稳打，根据有生力量作战略部署，十分后悔没有听从王彦的指挥。

思考再三，岳飞决定放下倔强，正视自己的错误。听闻王彦已在共城县西山中站稳了脚跟，岳飞立刻前往王彦的军营中负荆请罪。本来按照当时的军纪，岳飞擅自率军出战，不服从指挥，已是一项极其严重的罪名，但王彦仍然选择接见了岳飞。王彦的部将对岳飞此前的言行耿耿于怀，一些人甚至建议王彦乘机杀掉岳飞，以解心中之恨。王彦虽对岳飞的倔强痛惜不已，却也极为爱惜他的才华。对于部下的建议，王彦严词拒绝了，说道："岳飞此前的行为依照军律应当被处斩，但是他离开我这么久，今天仍敢独自一人前来见我，他的胆识值得我们尊敬。何况今日国运艰难，像岳飞这样的人才，天下罕见，正当国家用人之际，我们怎么能置国家大计于不顾而计较私人恩怨？"

王彦的一番话表明了他对岳飞的肯定，但人总要为自己的错误承担责任。王彦也意识到，岳飞正处于年轻气盛之时，性格就像难以驯服的野马，日后难免还会与自己发生冲突，冲突事小，影响抗金大业事大。综合考虑之下，王彦决定不再收留岳飞，令其在外独立发展。于是，王彦敬岳飞一杯酒，挥挥手便让他离开了。

在王彦处的碰壁没有令岳飞心灰意冷，回到部队后，岳飞继续率领将士与金兵死战。在一次战斗中，岳飞率领所部俘虏了金朝将军拓跋耶乌，夺取战马几十匹。数日后，岳飞所部又侦察到一支金军的大部队将要路过自己的防区。岳飞提前部署，待到大军过境之时，命令几十名士兵占据险要之处，摇旗呐喊，制造声势，自己则提枪在手，以迅雷不及掩耳之势飞马冲下山冈。数万金兵猝不及防，连岳飞的人影还没看清，带队的金朝黑风大王便被一枪刺死。霎时间，金军无首，慌作一团，以为中了埋伏，急忙撤退。

岳飞所部诸如此类攻击金军的作战，有效打击了金军的嚣张气焰。在这段单独与金军作战的日子里，岳飞沉下心淬炼自己的性格，不断地提升自身的军事能力与军事格局。

第三章

保卫开封，转战江南

随着岳飞所部几次三番打败金军，渐渐引起了金人的注意，开始征讨岳飞的军队。由于缺乏外援，物资短缺，岳飞率部取得一个又一个胜利的同时，自身的损耗也越来越严重。长此下去，后果不堪设想。就在此时，他迎来了人生中继张所之后的第二位伯乐——宗泽。此后，岳飞开启了军旅生涯的又一阶段。

一、再隶宗泽，知遇伯乐

建炎元年（1127）冬，岳飞率领部队抵达东京开封府，投奔东京留守宗泽。岳飞心潮澎湃，回想一年前自己第一次成为宗泽的属下时，血战沙场，英勇杀敌，还立下过战功。近一年过去了，自己却因年轻气盛，与上司王彦不欢而散，此次前来投奔宗泽，实不知前景如何。

按照宋朝军法规定，军中没有主将的命令，部下擅自下达作战命令，或改隶其他部队者，依法当斩。擅自脱离军队者，依法当斩。岳飞擅自脱离王彦指挥，引起东京留守司掌军律官员的重视。东京留守司详查岳飞与王彦发生矛盾的原因、经过和结果。经过核实，岳飞负有主要责任。留守司官员将相关情况上报给宗泽，并给出处理意见，认为按照宋朝军律，应处斩岳飞。

作为一京留守的宗泽自建炎元年（1127）六月到任之日起，就积极修缮损毁的城防设施，沿河建立连珠寨。密切联系两河、燕云等地的抗金义军，从抗金大计出发，招收各地义军，收编民间武装、散兵游勇。在宗泽的努力下，东京城防焕然一新，不但积足了够半年使用的粮草，还编组近百万大军。按照常理可能会认为一方长官绝不会姑息岳飞这种私自带兵出走的行为，但宗泽却不以为然。由于早前已经知悉岳飞在战场上的骁勇善战，宗泽认为岳飞是一个难得的将才。同为保家卫国，宗泽理解岳飞是抗金心切才会脱离主将，何况国家值此危难之际，需要的正是岳飞这样的军事人才，最后还是决定给岳飞戴罪立功的机会。故而宗泽力排众议，将岳飞降级留用，以将功补过。如此看来，能够重新获得赏识，进入宋朝正规军队参与作战，投奔宗泽的这个选择确为明智之举。

岳飞重新入编之时，恰逢金军对南宋发起了更加凌厉的攻势。建炎元年（1127）十二月，完颜宗翰以宋高宗废弃张邦昌为借口，出兵南下。此次攻宋，金朝几乎全军出击，分为东、中、西三路大军。完颜宗翰亲自率领中路军主攻河南一带，完颜宗辅率领东路军主攻山东一带，完颜娄室率领西路军主攻陕西等地。金朝计划以中路军实施中央突破，在东、西两路大军的策应下，一举攻破东京开封府，进而灭亡南宋政权，一场围绕东京开封府及其毗邻州县的拉锯战即将爆发。

当月，金军进攻孟州（今河南孟州）境内的军事要地汜水关。宗泽命令岳飞率领五百骑兵前去侦察。临行前，对岳飞强调道："你此前的罪过，依法当斩。但我爱惜你是一个人才，不作追究，现在到了你戴罪立功的时候。此番前去侦察敌情，只许成功，不许失败。遇事多加谨慎，不要轻易与敌军发生交战。"岳飞借此机会在宗泽面前立下军令状，发誓定会圆满完成任务。岳飞此次奉命在汜水关一带侦察，不仅查明了金军的战略意图及军事部署，还抓住战机，身先士卒，率领五百骑兵消灭金军一部。岳飞率部胜利返回东京开封府后，宗泽立即任命岳飞担任统领。

汜水关受敌的同时，宋金双方围绕东京开封府的北方门户滑州展开激烈争夺。宗泽先后四次派遣部将率军增援滑州，宋朝军将为此付出了惨重代价，终于死守住滑州城。岳飞率部返回东京开封府后，于建炎二年（1128）正月开始，也投入到滑州保卫战中。岳飞接连在胙城县（今河南延津东北）、卫州汲县西黑龙潭、龙女庙侧的官桥等处战胜金军，并俘虏一个姓蒲察的女真千夫长，创造了在宗泽麾下每战必胜的纪录，名声大震。

宋军在宗泽的指挥下，抵抗住金军的三板斧后，宋金战势陷入胶着状态。此时各地义军纷纷配合宗泽，袭扰金军后方。至建炎二年（1128）四月，金军攻势衰竭，开始撤退。宗泽审时度势，下令宋军反击，各路宋军乘胜收复一些州县。至此，宗泽的抗金措施初见成效，在与金军的血战中，宗泽展现出非凡的大智大勇，抵挡住了金军的进攻。建炎二年（1128）正月，开封城内张灯结彩，市民过节一如往日，庆祝这来之不易的和平时光，一扫一年前金军破城带来的劫难。在抵御金军过程中立下汗马功劳的宗泽受到宋朝抗金志士的广泛尊崇，金人同样十分尊敬、忌惮宗泽，尊称宗泽为"宗爷爷"，而不敢直呼宗泽名讳。

金军撤退后，宗泽复盘历次战役的成败得失，以备再战。见证了岳飞在抗金战场上的出色发挥，宗泽越发器重岳飞，专门抽出时间与岳飞谈心，并送给岳飞几张作战用的阵图，以便岳飞回去研习。宗泽语重心长地对岳飞说："经过这段时间对你的考察，我发现你现在拥有的才智、胆量、武艺等个人素质，即使是古代著名的将领，也不一定具备。但是你太喜欢没有阵法的野战，长此下去，作为一员神将尚且可以，有朝一日你成为主将，不足以应对纷繁复杂的战争局面。"对于宗泽指出自己在作战方面的不足，岳飞铭记于心。同时，岳飞也将自己的想法提出来，他认为两军交战列阵非常重要，但是更重要的是出其不意，使敌人无法预测作战意图，趁机获取胜利。宗泽对此表示认同，岳飞在宗泽心目中的地位进一步提升。两人的谈话可见宗泽对岳飞的期许和器重。国家危难、兵荒马乱之际，南宋政权需要的不仅仅是一个只会冲锋陷阵、奋勇杀敌的将军岳飞，更需要一位决胜于千里之外、能够指挥部署大军团作战的战略家岳飞。

岳飞体会到了宗泽的良苦用心，返回营帐之中，仔细阅读、思考宗泽给他的阵图。几天之后，宗泽再次将岳飞叫到近前，考察他对阵图的看法。岳飞回答道："我回去之后，把您给我的阵图反复看了许多遍，又仔细思考阵法。恕晚辈直言，古人传下来的阵图，基本上都是他们对自身实战经验的总结，后人在作战时，只可以参考，一定不能生搬硬套。因为古今形势不一样，各地的地势、面临的敌军态势都不一样，必须要具体问题具体分析，布阵必须结合实际情况。"

宗泽听后，点头赞许，反问道："那你觉得古人的这些阵图已经没有价值了？"

岳飞回答道："我们目前与金军交战，主要是在平原旷野上与金人展开厮杀，地形对敌人的骑兵极为有利。一旦猝然遭遇，哪有时间去布置战阵？况且我作为一员裨将，军力有限。如果我每战都按照阵图布置战阵，然后出击，敌人便可以根据战阵的规模，了解我的虚实。况且我军以步兵为主，仅依靠战阵很难抵挡住金军骑兵的冲击。因此，属下认为，古人的阵图应该学习，作为部署兵力的基础知识。然而更为重要的是，我们应理论联系实际，随机应变。只是一味地照搬古人的经验，只会落得损失惨重、后悔莫及的结果。"

岳飞最后总结道："作战的关键在于出奇制胜，让敌人摸不到头脑，方可取胜。先排兵布阵，然后发起战斗，这是用兵的基础。但是灵活运用的奥妙，只存在于主将心中。""兵家之要，在于出奇，不可测识，始能取胜。""阵而后战，兵法之常，运用之妙，存乎一心。"这些话不仅成为著名的军事格言，同时也是岳飞一生用兵如神军事思想的精髓。

宗泽听后，不禁赞叹岳飞为可塑之才，当即将岳飞升为统制，并参与处理东京留守司的军务。宗泽坚信，只要有岳飞这样的年轻军人在，复兴大宋，收复失地，指日可待。

二、宗泽去世，形势恶化

建炎二年（1128）四月，金军退兵后，宗泽认为随着天气逐渐炎热，女真人不耐酷暑，正是宋军北伐的大好时机。宗泽先后向宋高宗上奏表24份，恳请高宗回銮坐镇东京开封府，鼓舞军民抗金士气，亲自主持收复失地、洗雪国耻之大计。但此时的南宋朝廷，自李纲罢相后，抗金派被排挤殆尽，黄潜善和汪伯彦专擅国政。宋高宗自南京应天府南下扬州后，自认为远离金军兵锋，在行宫纵情声色、肆意行乐。宗泽的奏表到达南京应天府或扬州后，换回的只有敷衍、嘲讽和呵斥。黄潜善、汪伯彦等人命令宗泽不要轻举妄动，擅自出兵者，杀无赦。宗泽的北伐计划，全部作废纸处理。

面对朝廷的腐败无能，年近古稀的宗泽内心痛苦不已。面对大好的战局形势，却连收复失地的机会都没有，更何况迎回二圣、洗雪国耻。宗泽忧愤成疾，一病不起。当岳飞和其他将领、官员前来探望时，宗泽依旧振奋精神，号召大家一定要恢复故土，完成自己未竟的事业。弥留之际，宗泽仍然想着自己尚未付诸实施的北伐计划，大声疾呼："过河！过河！过河！"一代抗金志士宗泽，背负着沉甸甸的期望，永远地闭上了眼睛，幸而他临终的遗愿、为国家而战的精神留了下来，被岳飞等人铭记心头。

在岳飞的一生中，对其影响最深的人生导师无疑是宗泽。在宗泽的影响下，岳飞毕生以收复故土、复兴大宋为矢志，贯彻宗泽"联结河朔"的北伐战略，在治军、律己等方面，无不体现着宗泽的遗风余烈。故宋人赞曰：宗泽"虽身不及用，尚能为我宋得一岳飞"。宗泽虽然自身没有得到重用，"出师未捷身先死，长使英雄泪满襟"，却为大宋发掘出一代名将岳飞，为大宋保留了复兴的火种。

宗泽逝世的消息传出后，南宋军民极度悲伤。宗泽离世后，金宋战局形势也迅速恶化。建炎二年（1128）七月，金太宗下达诏令，命令全军南下，追袭逃往扬州的宋高宗。七月十五日，按照宗泽生前部署，岳飞率部进驻西京河南府（今河南洛阳），负责保护北宋的皇陵。西京河南府此前已遭受金军三次破城，金军不仅将城内的居民强行迁徙至黄河以北，而且放火焚城，西京河南府基本已丧失了防守的可能性。

八月，岳飞奉命前往汜水关御敌。由于一年前对汜水关进行侦察，岳飞对这一带的地形、地貌等情况较为熟悉，得以在最短的时间内完成了兵力部署。当金军来犯时，两军对垒，岳飞一箭击毙一员金军骁将，宋军乘胜出击，杀退金军。不久之后，岳飞又奉命移师汜水县东的竹芦渡，抵御来犯之敌。由于后勤补给困难，岳飞和手下军士皆饿着肚子与敌军对峙。一日深夜，岳飞派300名精兵埋伏在山下，每名士兵携带两大捆柴草作火炬之用。岳飞一声令下，众士卒皆点燃柴草，一时火光冲天，杀声撼地。金军以为宋朝主力前来增援，急忙撤退。岳飞乘金军慌乱，率部突击，又取得胜利。岳飞凯旋后，升任从七品的武功郎，至此，岳飞历经周折，官阶终于重回隶属张所时的从七品。然而品级的高低并非岳飞最在意的东西，收复失地、驱赶外敌才是其矢志不渝的奋斗目标。

岳飞虽然取得了一些军事上的胜利，但依旧无力扭转抗金全局走向恶化的整体态势。建炎二年（1128）十月，金朝完颜宗翰率领的中路军与完颜宗辅率领的东路军会师濮阳（今河南濮阳），由河南进军山东，相继攻取濮州（今山东鄄城北）、东平（今山东东平）等地，宋朝济南府知府刘豫献城投降。随后，宗翰率军又攻取徐州（今江苏徐州），并派遣轻骑自徐、泗（今江苏盱眙北）奔袭扬州。宋高宗听闻金军来袭，吓得魂飞魄散，慌忙从扬州逃往瓜洲（今江苏扬州南）、镇江（今江苏镇江）、建康（今江苏南京），一路南逃，直至杭州。

建炎二年（1128）岁末，岳飞奉东京留守司命令，率军返回开封。此时接任东京留守、开封府尹的，为原北京留守杜充。杜充是相州安阳人，为人喜好功名，生性残忍好杀，缺少谋略。时人评价杜充为：“有志向却没有才干，追求功名却没有实际行动，骄傲自负却仍希望得到好名声，如果让他担当重任，不会有好结果。”这句话成为杜充一生最形象的写照。

早在靖康初年，杜充担任沧州知州时，面对金人南侵，大量流民寄居在沧州城内的情况，杜充担心他们是金人的内应，于是将流民不论男女老幼全部杀害，手段极其残忍。继任东京留守后，杜充与黄潜善、汪伯彦等人成为一丘之貉。

杜充表面上自诩“帅臣不得坐运帷幄，当以冒矢石为事”，似乎兼具诸葛亮与关羽的本领于一身，不仅能够运筹帷幄，决胜千里之外，还能够亲自带兵上阵杀敌，百万军中取敌上将首级。不过，现实中杜充贪生怕死，自上任之日起，便打着宋高宗要求他更正前任宗泽错误的旗号，废止宗泽制订的一切北伐计划。一面讨好宋高宗，迎合其投降心理，一面又谨小慎微地处理与金朝相关的事务，唯恐见罪于金朝。当他得知金军即将发起新一轮攻势之后，吓得魂飞魄散，不敢交锋。金军此次南下的目的是生擒北宋最后一颗火种宋高宗赵构，夺取更多的土地和人口。面对此番来势凶猛的金军，杜充手足无措，唯一的应对办法是下令开决黄河河堤，引黄河水自泗水入淮，企图以此延缓金军的进攻势头。黄河于建炎二年（1128）十一月改道入淮，结果肆虐的洪水非但没能阻止金军进攻的步伐，却使沿途民众的生存状况变得更加艰难，被洪水冲走、淹死者多达 20 万人以上，加之流离失所、饥寒交迫、瘟疫疾病，又造成近百万人死亡，更有千万人无家可归，沦为难民。

面对金人的进攻，南宋朝廷顿时慌作一团，危难之际，朝廷起用了大将刘光世，但刘光世的军队遇到金军立刻作鸟兽散。面对金人的刀锋，宋高宗只能继续南逃，不久之后，扬州陷落，金军所到之处到处烧杀抢掠，扬州城出现了大量灾民，民不聊生，哀鸿遍野。而宋高宗在逃至南京后，竟还有心情观赏美景，如此荒诞行为对全国军民的抗金热情产生了严重的消极影响，最终导致了"苗刘兵变"的爆发。"苗刘兵变"虽被镇压，但民众对于宋高宗妥协退让的不满与日俱增。

同样，杜充这边的消极避战，对战局也产生了极其恶劣的影响。由于孤立无援，河东和河北最后一批州县，包括北京大名府，全部被金军占领。加之杜充断绝了与各地义军的联系与支援，义军陆续被金军镇压。金军稳定了后方，得以倾尽全力，南下攻宋，东京开封府的陷落只是时间问题。

与此同时，杜充排挤宗泽此前收编的各地方武装，把他们当作潜在的敌人加以排斥。杜充猜忌、刚愎自用、对属下苛刻等劣性，使得开封府内乱作一团。自从失去了抗金这个总目标后，各支军队离心离德，完全成为一盘散沙。杜充不思考如何团结一心、众志成城保卫开封，相反，却想着排除异己，剿灭不服从他管制的军队。

建炎三年（1129）正月，岳飞率领本部两千人马抵达开封。结果，尚未见到杜充的面，便接到杜充要求其消灭驻守在开封南城外张用等部的任务。张用也是岳飞的同乡，曾担任汤阴县弓手（类似于今天的巡警）。张用手下有几万兵马，且与驻扎开封东城外的王善部互为声援。岳飞不想自相残杀，让抗金力量白白损失在内战之中，以自己兵力不足为由，婉言拒绝杜充的命令。杜充气急败坏，强令岳飞必须出战，否则立即军法处置。

岳飞没有办法，只能率部与驻守开封西城外的各支军队一起，向南城外的张用军发起攻击，双方在开封南薰门一带展开激战。不久，王善闻讯率军救援张用，张用、王善等部合计20万之众，兵强马壮，声势浩大，杜充派去的军队渐渐不敌。岳飞见状，率领手下八九百名士兵奋勇冲杀，直击张用、王善中军。张用手下有一员悍将试图阻挡岳飞进攻，岳飞单骑向前，举起大刀奋力一劈，直接将来将自头顶至腰部劈成两半。张用、王善军大乱，岳飞乘胜追击。时人称赞岳飞"以八九百人破王善、张用二十万之众，威震夷夏"。杜充以岳飞平灭张用、王善有功，升岳飞为正七品的武经大夫。

王善、张用在开封城下被岳飞击溃后，收拾残兵，转攻淮宁府（今河南淮阳）。杜充派军前去征剿，被王善、张用击败。张用因淮宁府久攻不下，与王善分道扬镳。杜充命令岳飞二次征讨王善。岳飞先后在淮宁府附近清河、开封府太康县（今河南太康）崔桥镇等地多次击败王善军。王善所部损失惨重，在岳飞的追击下东流西窜，最后没有办法，向金军投降。

岳飞在大败王善、张用的过程中取得了一系列的军事胜利，受到了时人的赞许与上司杜充的嘉奖和提拔，但岳飞始终心情压抑，难言高兴。他心里明白，王善、张用在宗泽将军在世时，都是抗金的虎将，正是由于杜充排斥异己，才将抗金的军事力量白白葬送在内耗之中，最后甚至为金人所用。这场内耗本可以避免，无奈自己人微言轻，军人以服从命令为天职。想起自己曾因不听王彦军令，以及擅自脱离王彦部队所带来的一系列教训，岳飞尽管对杜充强烈不满，也只能继续执行其命令。

三、撤离开封，率军南下

击溃王善和张用之后，国内形势仍然不容乐观。宋朝君臣不断地妥协和逃避，使得南宋疆土上充斥着浓厚的投降氛围，受此影响，岳飞的抗金抱负再次受到阻碍。

宋高宗自即位之始，便惶惶不可终日，一味地对金妥协求和，遣使赴金，希望得到金人的承认，以图苟安一隅。在与金朝的关系中，赵构起初还自称大宋皇帝，致书金朝元帅府称"大宋皇帝构致书大金元帅帐前"。到了建炎三年（1129）逃窜至扬州后，主动去掉皇帝尊号，改用康王的名义向金朝左副元帅完颜宗翰致书，自称"宋康王赵构谨致书元帅阁下"，主动向金人表示，愿意去掉皇帝称号，使用金朝年号，甘愿做金朝的藩臣。

建炎三年（1129）八月，宋高宗又致书完颜宗翰，卑微乞怜到了无以复加的地步。宋高宗叙述自己"自汴城而迁南京，自南京而迁扬州，自扬州而迁江宁，建炎三年之间无虑三徙，今越在荆蛮之域矣"。被金朝大军追赶得已经"所行益穷，所投日狭，天网恢恢，将安之耶"！到了上天无路、入地无门的地步。只能祈求金朝看在自己"是以守则无人，以奔则无地，一并彷徨，蹐天踏地，而无所容厝"的悲惨境地上，可怜自己，"惟冀阁下之见哀而赦己也"。宋高宗强调，"是天地之间，皆大金之国，而无有二上矣"，此时的宋高宗已经不是向金人乞和，而是反复表示愿意向金人投降了，这封所谓的"国书"不过是一封"投降书"而已。

宋高宗对金人摇尾乞怜的态度严重打击了抗金士气，躲在开封城中的杜充，本就是贪生怕死之徒，听闻皇帝向金人投降的意图，更加无意守城。杜充既想逃离东京开封府，又不愿意承担弃城逃跑的罪责，于是便使用投降派惯用的伎俩，打着保护宋高宗的名义，率领东京留守司主力部队南撤，责成副留守郭仲荀负责开封防务。不久，郭仲荀如法炮制，命令留守判官程昌寓留守开封，自己逃往南方。程昌寓上行下效，自己逃之夭夭，将守城的责任推给了上官悟。如此三番，宗泽生前辛辛苦苦布置的开封城防形同虚设，东京开封府最终于建炎四年（1130）陷落。

岳飞就是在杜充离开开封之时被勒令跟随南下的。建炎三年（1129）六月下旬，岳飞击溃王善、张用的军队后率军返回开封府。部队刚刚驻扎下来，便接到东京留守司的命令，要求岳飞所部必须随杜充南撤建康府（今江苏南京）。岳飞闻听忍不住怒发冲冠，深知杜充此举，无疑是要将长江以北的土地与百姓拱手让与金人。所幸岳飞已经不再是当初的莽撞少年，他了解杜充刚愎自用、小肚鸡肠，听不进去任何反对意见，如果自己贸然与杜充大吵一场，不仅解决不了问题，相反自己可能会落得像王善、张用一般的下场。岳飞只能强压怒火，苦心规劝道："中原大地寸土必争，一寸土地都不应该让与金人。何况大宋的宗庙、社稷均在东京开封府，皇宋祖先的陵寝均在河南，河南之地尤为重要，非其他地区可比。留守大人手握重兵，如果大人不守卫河南，其他人谁有这个能力？大人如果撤退，则金人乘虚而入，河南之地就再也不在大宋的版图之内了。日后再想要收复，没有几十万大军难以成功。希望留守大人衡量利害关系，谨慎作出决定。"

杜充如此鼠辈，规劝的结果自然也可想而知。不过，杜充的聪明之处在于善于识人。杜充深知岳飞的军事本领，必须要依仗岳飞保护自己，故面对岳飞的进言不作斥责，只是静静地听他讲完。杜充与岳飞的关系较为特殊，一方面两人是同乡，另一方面杜充曾提携岳飞，因此，岳飞对于杜充的命令一般都照常执行。可能正是因为这个，最后才出现了岳飞为杜充"爱将"这样流传广泛的说法。这无疑是对岳飞的一种"侮辱"。岳飞与杜充之间无论是在军事主张，还是在人生志向上都格格不入。即使是当下受杜充节制，然而正邪不能两立，两人也迟早会划清界限。

苦心劝告杜充不成，建炎三年（1129）七月，岳飞不得不随同东京留守司的主力部队南下，进驻建康府。东京主力部队的南下使得宗泽苦心经营的抗金暨收复失地计划被破坏殆尽。最为讽刺的是，由于金军专注于解决宗泽生前部署的各抗金武装而迟迟未发动新一轮南下攻势，宋高宗君臣却认为这是杜充坚守东京开封府近一年的功劳。在给杜充的升迁诏书中，将杜充吹嘘得神乎其神，盛赞杜充"徇国忘家，得烈丈夫之勇；临机料敌，有古名将之风。比守两京（指东京与西京），备经百战，夷夏闻名而褫气，兵民矢死而一心"。将杜充视作宋朝中兴的希望，宋朝的擎天博玉柱、架海紫金梁。其实，宋朝是赞许杜充躲避金朝兵锋，没有进一步激化宋金关系的"明智"之举，想借杜充守住摇摇欲坠的小朝廷。

　　对于杜充，宋朝先是升任其为同知枢密院事，官至执政。杜充嫌官太小，一个枢密院副长官，怎能配得上自己的盖世奇功，于是以病推辞。宋高宗理解杜充的心意，破格任命杜充为尚书右仆射同平章事，即右相，官职仅在左相之下，以体现出对这位"天下奇才"的重用。杜充见此，不再装病，上任并兼江、淮宣抚使，镇守建康。杜充勉强拼凑了十多万人，稀疏部署在漫长的沿江防线上。除了东京留守司的主力部队尚有一定的战斗力外，其他各军基本上都是一触即溃的乌合之众。宋高宗命杜充全权负责长江防务，将国家存亡安危系于杜充一人，最终的结局可想而知。

　　戍守沿江最为需要的应当为水军，早在两年前李纲任宰相时，就曾建议朝廷建立一支强大的水军。如果南宋君臣听从了李纲的建议，那么此时凭借长江天险便足以抵挡金军的进攻。然而那些高官目光短浅，高宗等人对李纲的建议置若罔闻。杜充负责长江防务后，只安排为数不多的水军布防于江上，除日常的巡逻外，没有任何战斗力。

　　被委以重任的杜充仍然没有意识到自己的责任有多么重大，简单安排完长江防务后，便深居简出，每日饮酒作乐，除了诛杀无辜之人立威外，连部将也不接见，更谈不上应敌的对策了。岳飞见杜充如此不作为，整日忧心忡忡。金军即将发起渡江作战，岳飞每每请求面见杜充，讨论战局形势，杜充都毫不理会。

　　一日，岳飞实在忍受不了杜充沉迷于花天酒地，不思报效国家的行为，强行进入杜充的内宅，泪流满面，慷慨陈词道："大敌当前，金人已经逼近淮南，窥伺长江，随时会发起渡江作战。生死存亡的关键时刻，比其他任何时候都需要卧薪尝胆，做好战备。然而大人却每日沉迷于宴会，深居简出，不处理军务。万一敌人得知我军防备松懈，趁机发兵渡江，大人不亲自领兵作战，能保证到时候诸将舍命杀敌吗？如果诸将不奋勇杀敌，金陵（建康府别名）一旦失守，大人还能够高枕无忧吗？虽然我一定会以孤军杀敌，至死不渝，但对国家、对整体局势也于事无补啊！"岳飞凭借自己杜充"爱将"的身份，尚有资格对杜充进行劝谏，杜充需要依靠岳飞保护自身安全，强装和蔼，未对岳飞发怒或惩罚，只是敷衍搪塞一番。岳飞苦谏，希望杜充能够亲自视察江防，鼓舞士气，振奋人心，杜充答道："过几天我必将亲自前去视察。"可直到金军渡江进攻，杜充仍旧每日深居宅院，闭门不出，饮酒行乐。

面对金军即将发起的渡江作战，南宋不仅在正面长江防务上漏洞百出，后方也同样问题不断。在淮南滁州（今安徽滁州）一带，出现了一股巨匪，匪首名叫李成。李成勾结南下的金兵，在淮南攻城略地，严重影响了南宋的后方稳定。

建炎三年（1129）十一月，杜充派军进攻李成盘踞的滁州，命岳飞率领本部兵马策应。岳飞率军抵达真州六合县（今江苏南京六合区）宣化镇后，得知李成派遣500名轻骑，前来偷袭六合县下长芦镇。岳飞下令急行军前去救援。在九里冈，与李成军遭遇，岳飞率军迎战，全歼敌军，活捉敌将一员，夺回大批财物，并营救多名被李成军俘掠的百姓。九里冈一战，拉开了岳飞江南抗金的序幕。

四、江南抗金，自成一军

前文说到，金朝完颜宗翰与完颜宗辅率领的大军在连败宋军的形势下，得知宋高宗逃往江南，宗翰与宗辅认为金朝的骑兵一时还难以渡过长江，便于建炎三年（1129）七月率军北返，令完颜昌、完颜宗弼等人继续率军南伐。完颜昌负责淮南战场，完颜宗弼负责江南战场。

完颜宗弼所率部队为金军的精锐部队，在这次侵宋中又掳掠大量汉人充当"签军"。江南战场宗弼所率的金军分两路，西路由完颜拔离速、完颜殻英、耶律马五率领，于建炎三年（1129）十月，由黄州（今湖北黄州）渡江，屠洪州，劫掠江南西路、荆湖南路、荆湖北路（今长江中游的湖北、江西一带）。由于驻守江州（今江西九江）的刘光世军望风逃窜，使得完颜拔离速等人率领的西路偏师横行几千里，如入无人之境，长驱直入，仅仅遭遇到一些民众零星的顽强抵抗。

东路则由完颜宗弼亲自率领，目标直指临安。建炎三年（1129）十一月，宗弼军伙同盗匪李成所部，击败宋朝江、淮宣抚司水军，俘获大批舰船，具备了渡江作战的能力。宗弼起初选定在太平州（今安徽当涂）的采石和慈湖过江，但在进攻太平州时，遭遇到宋军的激烈抵抗，攻击失利，为了不影响制订的奔袭临安的战略计划，宗弼决定改由建康府西南的马家渡过江。

当宗弼率军至马家渡时，发现江面之上宋军竟然只有一艘战船进行抵抗，金军轻松取得胜利，宋军惨败，仅艄公就身中17箭。战后宗弼得知，进行抵抗的宋军将领叫邵青，手下仅有18名水手。当时马家渡附近还有一支郭吉率领的宋朝水军，但郭吉畏惧金军，不战而逃，未作抵抗。

长江天险，竟然只有一艘宋朝战船和不到20名士兵抵抗金军，南宋的腐败和懦弱，连金军都感到瞠目结舌。赢得此战后，金军得以顺利渡江。金军共有20艘战船，每艘战船载50名金军，每次载1000名金军渡江。首先登岸的是金朝渤海万夫长大臭，大臭登岸后，当即率军驱逐守岸的零星宋军守御部队，建立阵地，宗弼军顺利登陆长江南岸。

听到金军渡江的消息后，杜充慌乱不已，却只派遣都统制陈淬率领岳飞、戚方等17名将官统兵2万出战，实际上此时杜充麾下尚有6万余人，但杜充为了保证自己的安全，不敢下令全军奔赴马家渡驰援。后在众将的压力下，才被迫又派出13000人进行策应。

陈淬（？—1129），字君锐，福建路兴化军莆田县（今福建莆田）人。宣和七年（1125），金军入侵真定，时任忠州团练使、真定府路马步副总管的陈淬以孤军抵抗，部下多达3000人殉国，妻儿八人被金军杀害。建炎元年（1127），在抵御金军进攻恩州的战斗中，陈淬的长子陈仲刚战死。国仇家恨，使得陈淬在此次抗金中义无反顾，身先士卒，冲杀敌阵。岳飞同样奋勇杀敌，率领士卒与金朝汉军万夫长王伯龙部对阵，双方激战十多个回合，未分胜负。

然而，除了原东京留守司的主力部队尚保留了宗泽统兵时期的战斗作风，能打硬仗，其他各支宋军皆一触即溃，甚至不战而溃，随着战斗的深入，形势开始对宋军不利。更严重的是，杜充派遣策应陈淬、岳飞等部的 13000 名士兵不战而逃，金军趁此良机，一举击溃宋军。陈淬被金军团团包围，犹且力战不屈，最终势穷力尽被俘。金人企图劝降陈淬，陈淬大骂不绝。金人又把大刀架到其胸前，陈淬神色自若，不为所动。金人见威逼利诱皆无果，下令杀害陈淬和他的儿子陈仲敏。陈淬至死神色不变。

宋军被击溃后，岳飞一方仍坚持战斗，率军力战，且战且退，直至深夜。在其他各支宋军皆"鸟骇鼠窜"的情况下，岳飞只得整军退守建康城东北的钟山。

杜充在金军渡江之前，就已经开始深居简出，与部将见面甚少，一派逃避的作风，毫无应敌之策。杜充接到陈淬、岳飞等部在马家渡战败的战报后，慌忙率亲兵 3000 人弃城逃命，渡江逃到江北的真州（今江苏仪征），躲进真州长芦寺。建康城中的居民见杜充弃城逃跑，纷纷大骂杜充是无耻小人。完颜宗弼得知后，令已降金的杜充友人唐佐写信劝降，并派人对杜充说："如果投降，就把中原封给你，让你做第二个张邦昌。"杜充听闻金人允许其组建傀儡政权，二话不说立即叛变了。

宋高宗赵构得知杜充投敌后，几天吃不下饭，愤然说道："我待杜充不薄，将他从庶人擢升到宰相，可称得上是厚恩了，杜充为什么要背叛我呢？"这真是对宋高宗的极大嘲讽。其实，将杜充、黄潜善、汪伯彦之流的投降派、投机派视作复兴大宋的仰仗，而对李纲、宗泽、张所等忠臣义士视而不见，甚至刻意打压，这才是最讽刺的"黑色幽默"。

杜充自继任东京留守至投降金人，短短两年的时间里，对南宋军民抗金大业造成了毁灭性的影响。宗泽去世前，宋、金争夺的区域主要在黄河以北，黄河以南基本是宋朝领土，金军需要渡过黄河南下攻宋，且金人对黄河以北的占领也不牢固，存在多支抗金武装袭扰金军，如王彦的"八字军"、河北的五马山起义军等。

五马山起义军是靖康元年（1126）河北西路庆源府（今河北赵县）赞皇县民众组织的抗金义军，他们以县内五马山为抗金据点，由宋将马扩、赵邦傑指挥，以宋高宗之弟信王赵榛统领诸军。河北、山西等地人民闻风加入，各地义军纷纷响应，队伍迅速扩展至几十万人。正当五马山起义军与时任东京留守的宗泽建立联系，相约收复失地之时，宗泽去世，五马山起义军以信王赵榛做号召，引起了宋高宗君臣的猜忌，杜充继任后断绝了与义军的一切联系和支援，五马山起义军陷入孤立无援的境地。建炎二年

（1128）九月，金兵攻破五马山寨，信王赵榛下落不明。十月，马扩领兵进攻清平（今山东临清），寡不敌众，被金军击溃，退至扬州，被宋廷解除兵权，轰轰烈烈的五马山起义军宣告失败。

至杜充叛国时，黄河以南，汉水、长江以北成为宋、金激烈争夺的区域，长江以南才是宋朝的领土，金军甚至可以渡过长江千里奔袭追击宋高宗。金朝彻底稳定了对黄河以北占领区的控制，河东、河北的原宋朝州县，完全被金军占领，各地义军被金朝残酷镇压。直到绍兴和议，宋、金停战，双方以淮水中流为界，淮水以北、黄河以南的北宋故土，再也没有回归宋朝。

天理昭昭，杜充最终也没落得善终。杜充投敌后，全家被流放岭南，金人也蔑视他，更别提立他做傀儡皇帝了。当杜充的孙子从流放地逃到金朝境内投奔杜充时，杜充的副手乘机给金人进言，说杜充暗通南宋。完颜宗翰不仅撤了杜充的职，还严刑拷打杜充，问道："你难道打算重新回归宋朝吗？"杜充哀求道："即使元帅让我回去，我也不敢啊。"宗翰才相信所谓杜充私通南宋是不可能的事。绍兴十一年（1141），宋、金签订《绍兴和议》。同年，杜充在郁郁中死去。

杜充面对金军时的不作为，最终投敌叛国的行为令人感到羞耻。如果说这一过程中还有可能算作一件幸事的，恐怕就是岳飞在伤心之余得以摆脱杜充的掣肘，独立成军，最终开启了岳家军独当一面的抗金大业。

第四章
克复建康，苦战淮东

　　完颜宗弼占领建康府后，急于活捉宋高宗，只留下数千人镇守建康，便急匆匆南下。建炎三年（1129）十二月初，完颜宗弼亲率大军经广德军（今安徽广德）、湖州安吉县（今浙江安吉东北），奔袭临安府（今浙江杭州）。宋高宗见金人不但不接受投降，还一路追击而来，担心临安也无法保全，便采纳宰相吕颐浩的建议，先从临安前往越州（今浙江绍兴）至明州（今浙江宁波），再从明州乘船航海南逃。在高宗君臣心中，海上纵有惊涛骇浪，也比在陆地上被宗弼追缉安全得多。在金军与宋高宗的追逐拉锯之中，岳飞所部独立成军，并逐渐开始进入高宗君臣的眼帘。

一、南下广德，进驻宜兴

建炎三年（1129）十一月二十日马家渡之战后，岳飞率军退守钟山。这期间，岳飞曾数次与金军交战，但由于军心涣散，主帅失德，宋军想要取胜已无望。面对强大的金军，岳飞心急如焚，深感凭一己之力难以改变局势。杜充的愚昧无能，令身后的建康城失守成为定数，要守护大宋，必须重新选择。岳飞知道只要大宋朝廷在，克复建康甚至收复东京也必可期。于是，经过两日的休整，岳飞决定摆脱尚在建康城中的杜充，南下寻找南宋朝廷。

建炎三年（1129）十一月二十二日，岳飞率领孤军离开钟山，且战且退。途中，岳飞的军队与刘经、扈成部会合，驻扎于建康府句容县（今江苏句容）东南的茅山。岳飞向刘、扈二人提议南下广德军，继续追寻高宗君臣。刘经表示赞同，扈成心中则害怕在南下途中会遭遇金军，表面上假装答应。待岳飞、刘经率军出发后，扈成便带领手下前往镇江府金坛县（今江苏金坛），后死于与当地盗匪的火拼中。

岳飞、刘经率军从建康府南下广德军，在行军过程中，前后与金军六战，歼敌1200余名。然而，当岳飞一众军将抵达广德军钟村时，传来了高宗君臣南逃入海，杜充叛国投敌的消息。一时间，军中士气浮动，人心涣散，有的趁着深夜逃离军营，有的干脆落草为寇，有的甚至联合其他散兵游勇，上书岳飞，希望岳飞带领他们投降金人。

面对前方投奔无主，后方失守无所依，军中乱象突起的复杂形势，作为一军之主，经历了大小多场战争的岳飞懂得如何绝处逢生，他知道此时只有稳定军心，才能维持住这支军队。岳飞当机立断，下令召集所有士兵集合，向众将士慷慨陈词道："我等蒙受国家恩典，应当以忠义报国，建立功勋，将自己的名字镌刻在史书之上，这样死了才有意义，才能为后世所铭记。如果我们投降金人，与夷狄为伍，或者落草为寇，打家劫舍，的确可以苟且偷生，但是至死也不会被他人记住，相反，只会受到人们的唾弃，你们的家人也会蒙羞。建康府，控扼长江，虎踞龙盘之地，金人占据建康，大宋则何以立国！眼下的形势，只有以死报国，没有其他任何选择，今天胆敢有人走出军营投敌，或者落草为寇者，杀无赦！"

岳飞的一番陈词满含着威严与激昂，众将士听罢受到感染，都陷入了沉思。其实，在当时的环境下，南宋军民并非不想杀敌报国，只是缺少如岳飞这般坚定不移、杀身成仁的忠臣义士来领导。这也就是为什么同样的人群，宗泽在世，盗贼可以成为抗金的战士，而杜充继任后，抗金的将士却成了盗贼。如此看来，没有一个坚强有力、矢志不渝的领导者，抑或领导者缺少了为家国而战和抵御金兵入侵的决心和魄力，再多的士卒也只会是一盘散沙。

慷慨陈词之外，对于前来相约降金的散兵游勇，岳飞并没有马上进行武力镇压，而是凭借个人能力降服他们。待这些散兵按照约定日期抵达后，岳飞全副武装，只带了三五名亲兵与他们会面。岳飞命前来集合的各军选派武艺高强的人与自己比武。比武过程中，岳飞场场必胜，一连击败了几十人。正当众人拜服于岳飞精湛的武艺之时，岳飞突然严肃说道："以你们高超的武艺，为朝廷建立盖世奇功，恢复中原，亲自得到皇上的奖赏，然后荣归故里，你们的亲人都会以你们为荣。如果你们不能摒弃前嫌，共同抗敌，仍要一意孤行，投降金人，那你们必须先把我杀掉，因为我是绝对不会和你们一起叛国降金的。"

关键时刻岳飞的义正辞严，高尚的人格与勇武绝伦的武艺，令在场众将士钦佩不已，纷纷表示愿意唯其马首是瞻。就连刘经也表示愿意率军归附岳飞麾下，听从岳飞调遣。至此，历史上令金人闻风丧胆的"岳家军"独立成军，初具雏形。在种种困难接踵而至的情形下，岳飞巧妙地化解了一个又一个难题，为保家卫国、收复失地的目标奋勇前行。

岳飞在为众人确立了抗金报国这个总目标后，紧接着进行整军备战工作，除了增强部队的战斗力外，最重要的一点就是在全军树立"冻死不拆屋，饿死不掳掠"的军纪。岳家军实力不断壮大，却得不到朝廷的援助，军队粮草供应不济。为了节省粮食，岳飞以身作则，每次进餐都与士兵一起，仅吃着和最低等士兵一样的粗粝之食。岳飞强调，越是在供给困难之时，越是应该维护严明的军纪，只有这样才能得到百姓的支持，才能战胜金军，收复故土。岳飞规定：全体将士即使忍饥挨饿，也必须在营寨内安心操演，决不准私自出去侵扰百姓，违令者以军法处置。

经过一段时间的休整和操练，岳家军重新整军备战，恢复了战斗力，并决定小试牛刀。军队的侦察兵探察到溧阳县内的敌人兵力薄弱，守备松弛，便命刘经率领一千人马前往。刘经深夜奇袭溧阳县，斩杀 500 余名金兵，并生擒金朝任命的溧阳县副贰、渤海太师李撒八。岳家军成军后，首战告捷，大大鼓舞了士气。

转眼到了建炎四年（1130）初春，岳飞军中的物资已匮乏到了极致，已经无法为士兵提供最低限度的食物和衣物。在饥寒交迫的情况下，有的士兵不惜违反军令私自出营抢掠食物和御寒衣物。岳飞手下的小吏李寅建议移师常州宜兴县（今江苏宜兴）驻扎，以解决物资短缺的问题。

为解决粮草军需问题，岳飞采纳了李寅的建议，移师常州宜兴县。宜兴知县钱谌素闻岳飞忠义神勇，也致书岳飞，希望岳飞率军保护县境。宜兴县东临太湖，北通常州，西面控扼建康府通往临安府的交通要道。不仅进可攻、退可守，同时作为鱼米之乡，可为岳家军提供充足的粮草补给。

建炎四年（1130）二月，岳飞统兵进驻宜兴县，驻军宜兴县西南的张渚镇。岳家军纪律严明，对当地居民秋毫无犯。在宜兴县，百姓口耳相传着"父母把我们生下来很容易，岳将军能从金军手中把我们解救出来，能让我们活下来，这太不容易了"。"父母生我也易，公之保我也难"，寥寥十余字，表达出当地百姓对岳飞的拥护与爱戴之情。为了表达感激和敬仰之情，百姓们将岳飞的画像镌刻于碑石之上，为岳飞建造生祠以供尊奉。在兵荒马乱的岁月里，岳家军在宜兴保境安民，宜兴俨然成为一个远离战火的世外桃源，外地人争先恐后地前往宜兴避难。

进驻宜兴县的岳家军还为当地百姓解决了严重的匪患。战乱后，宜兴县内逐渐有多支土匪队伍盘踞，岳飞先后收编了原江淮宣抚司水军统制郭吉为首的匪军和以马皋、林聚为首的其他两支土匪队伍。对于不肯接受收编者，岳飞秉持着"首恶必除，胁从不问"的理念，进行了剿灭和肃清，没过多久，宜兴县内的土匪武装、散兵游勇全部得到妥善解决与安置。

对于金朝军队中的汉军，岳飞一视同仁，将其视作自己的骨肉同胞，不歧视，不苛待，尽量做争取工作。在岳飞声名的感召下，金朝军队中的汉军也争先恐后地前来投奔岳飞。岳家军逐渐壮大，发展至12000人以上，宜兴也成为岳家军最早的大本营。此时，岳飞还不到30岁。岳飞以必胜的抗金信念、矢志不渝的报国精神、高尚的品格、顽强的毅力以及恰当的、符合实际情况的具体措施，塑造了一支抗金劲旅。南宋陆游有《书愤》诗赞曰：

> 山河自古有乖分，京洛腥膻实未闻。
>
> 剧盗曾从宗父命，遗民犹望岳家军。
>
> 上天悔祸终平虏，公道何人肯散群？
>
> 白首自知疏报国，尚凭精意祝炉熏。

一句"遗民犹望岳家军"，正是在那个兵荒马乱的年代，人民寄希望于岳飞的最真实的写照！

二、收复建康，战果辉煌

建炎四年（1130）三月的一天，常州知州周杞的属官赵九龄赶赴宜兴县向岳飞寻求救援。来求救的赵九龄对岳飞算是有知遇之恩，当年岳飞得隶张所，就是他积极举荐的。并且，军队可以顺利移师宜兴县，赵九龄也起到了联络与沟通的作用。岳飞闻得赵九龄求见，急忙将其请入营帐，细问之下得知金朝大军即将兵临常州，常州告急。

令人疑惑的是，金朝大军本应南下追逐高宗皇帝，缘何反过头来进击常州？原来是金军南下之路受到了阻击，不得不北返。当初完颜宗弼占领临安府后，派遣轻骑 4000 人，疾驰明州，继续追缉宋高宗。结果这 4000 人千里奔袭之后无果，还疲惫不堪，已为强弩之末。宋将张俊在明州以逸待劳，以优势兵力合围宗弼派遣的四千轻骑，金军在长途跋涉的疲劳下，已无力反抗，损伤过千。宗弼随即又派兵增援，张俊才急忙撤离明州。

明州虽然被金军占领，但金军处境却日益艰难，前无宋高宗踪迹，后又有岳家军阻击。听闻高宗出海，宗弼派遣水军追击高宗 300 余里。由于金军不习水战，更不知海洋自然规律，追击途中遇上大风暴，被宋将张公裕率领的水军击败。至建炎四年（1130）二月，宗弼自知无法活捉宋高宗，加之女真将士水土不服，江南密布的河湖也不利于金军骑兵作战，遂宣称"搜山检海已毕"，以此来掩饰军事上的失利，率军北返。

北返之前，完颜宗弼无法接受此次失败，为了发泄自己的愤怒和兽性，对当地居民进行了惨无人道的屠杀和焚掠，明州城内的居民基本上被杀害殆尽，除几所佛寺幸免于难外，屋舍建筑均被焚毁，甚至居住在城外的居民也没有幸免。金军在明州城屠城后又在临安城肆意纵火，百姓伤亡无数，屋舍几无幸免。这些地区都是宋朝乃至当时世界上最为富庶的地区，经此浩劫，短时间内难以恢复，对于南宋王朝而言，打击巨大。

江南军民面对金军的暴行也进行了顽强的抵抗。钱塘县令朱跸在金军进攻临安府时率领两千乡兵奋起抵抗，但最终不敌金军，在天竺山英勇牺牲；严州桐庐县（今浙江桐庐），钱嵒、钱㟆兄弟和方庚指挥民兵 3000 人在牛头山击败金军；余姚（今浙江余姚）知县李颖士率领几千乡兵，在金军进犯越州（今浙江绍兴）时，成功阻击金军，拖慢了金军进犯的脚步；宋军统制陈思恭率领部队在完颜宗弼撤离平江府时，对其后军进行攻击，取得胜利。这一系列的抵抗沉重打击了金军的嚣张气焰，使金军虽可入江南之地，却难以在此立足。

由于完颜宗弼在南下过程中劫掠了大量财物，陆运不便，于是决定绕道大运河，沿秀州（今浙江嘉兴）、平江府（今江苏苏州）、常州（今江苏常州）、镇江府（今江苏镇江）一线，水陆并行，然后于镇江府过江。金军北返路线就包括常州在内，这才有了常州告急，赵九龄求助岳飞之事。

岳飞接见赵九龄，了解情况后，当即决定救援常州。就在岳家军刚要准备出发时，不料知州周杞在赵九龄走后惊慌失措，害怕赵九龄不能将岳飞请来助战，常州城朝不保夕，竟放弃常州，逃到宜兴县。岳飞与周杞、赵九龄商议，决定趁着金军立足未稳，夺回常州城。岳飞亲自率领岳家军精锐北进，先后四战，大破金军，活捉女真万夫长等 11 人，一举收复常州城，追杀金军直至镇江府东部。

正当岳飞乘胜追击金人时，后方传来消息，盗匪攻陷广德军，威胁岳家军在宜兴县的驻地，岳飞被迫回师，亲率 1000 余名骑兵奔赴广德军。盗匪闻听岳飞驰援，放弃广德军，向西流窜，进攻宣州（今安徽省宣城市宣州区）。岳飞在途经广德军金沙寺小憩时，于石墙上亲书题记一篇，以抒襟怀，这就是著名的《广德军金沙寺壁题记》，原文如下：

> 余驻大兵宜兴，缘干王事过此，陪僧僚谒金仙，徘徊暂憩，遂拥铁骑千余长驱而往。然俟立奇功，殄丑虏，复三关，迎二圣，使宋朝再振，中国安强，他时过此，得勒金石，不胜快哉！建炎四年四月十二日，河朔岳飞题。

岳飞的《广德军金沙寺壁题记》是一篇讨金檄文，千百年后，读起来依旧是那么令人荡气回肠。

回营后岳飞很快稳定了后方，而后又马不停蹄地率领岳家军主力向建康府进军。此次出兵的目标只有一个，那就是趁韩世忠击败金军于黄天荡之余威，乘胜一举收复被金军占领的建康府。黄天荡之战，是金军南下江南后损失最为惨重、士气打击最大的一场战役。前文说到，完颜宗弼率军破平江、下常州，于建炎四年（1130）三月抵达镇江府，打算渡江北撤，途中遇到韩世忠部的顽强阻击。

韩世忠（1090—1151），字良臣，自号清凉居士。延安（今陕西省绥德县）人，南宋抗金名将，与岳飞、张俊、刘光世合称"中兴四将"。身材魁伟，智勇过人。出身贫寒，18岁时应募从军，参加了北宋对西夏的战争。金军南侵以来，又在抗击金人的战斗中立下汗马功劳。为人耿直，不依附权贵。晚年闭门谢客，口不言兵，优游西湖以自乐。绍兴二十一年（1151）逝世。

对于韩世忠部来说，这场阻击战必然会十分艰辛。完颜宗弼率领的军队多达10万人，而韩世忠只有8000余名士兵，敌我力量悬殊的情况下，唯有以己之长，攻敌之短。于是韩世忠先将8000余名士兵提前埋伏在位于镇江东北面的焦山之上，作为宋军的大本营。焦山是长江中唯一一座四面环水的岛屿，易守难攻。等金人到来时，韩世忠命全体将士登上战舰，以水军迎战敌军。历史上著名的抗金女将、韩世忠的妻子梁红玉也亲上前线，擂鼓助阵，宋军士气大振。完颜宗弼率领的金军由于不熟水性，只能利用小船迎战，在宋军的顽强抵抗下，金兵曾数次渡江，皆以失败告终。完颜宗弼没有办法，只能请求韩世忠高抬贵手并许诺如若韩世忠愿意放金军过江，将归还所有在江南掠夺的人口和财物。韩世忠拒绝了完颜宗弼的条件，并提出了宗弼不可能接受的条件：放还徽、钦宗二圣，归还北宋故土。宗弼又增益以名马，也遭到韩世忠的严词拒绝。宗弼无奈，只能率军沿长江南岸西行，且战且退。韩世忠率军沿长江北岸阻击，最终将金军逼入黄天荡（今江苏南京东北江边）。

黄天荡是条死水港，韩世忠的船队紧紧堵住了出口，金军多次突围，皆未成功。不过，宋朝水军受到战舰吃水深的影响，始终无法逼近沿江浅滩，这便给宗弼以喘息之机。宗弼先是企图开掘一条河道入江，被韩世忠识破，成功拦截。后又买通了一个奸细，用了一晚上时间，掘开老鹳河故道，得以将船只经秦淮河，引入建康城西的江面。韩世忠闻讯，又率军追赶，将金军的战船围困在长江里。宋军的船只乘风破浪，往来如飞，宗弼想尽一切办法也无法突破韩世忠的防线。

四月，在宗弼重金收买下，有人献计，韩世忠的军队为了准备水陆两栖作战，在战船中还装载马匹、粮草、辎重、军人家属等，吃水深，无风不能行驶。只要金军反其道而行之，于船中载土，上铺木板，保持船只稳定，以降低金人不习水战的负面影响。等到无风时，先用小船装载士兵，用火箭攻击宋军战船，然后大船紧随其后，必能战胜韩世忠。宗弼依计而行，趁风平浪静之时，利用小船向韩世忠的海舰施放火箭，一艘艘巨舰接连起火，韩世忠只能选择撤退。完颜宗弼利用这样的奸计，终于突破了韩世忠严防死守的防线。

黄天荡之战前后持续 40 天，对完颜宗弼的打击十分沉重。史载宗弼自江南返回江北后，每当遇到亲友旧识，一定会诉说过江的危险与艰难以及自己差点亡于长江之中的危急情况。而韩世忠在黄天荡之战中虽败犹荣，这场战役极大地震慑了金朝军队，鼓舞了南宋军队的士气。

由于宗弼只是率军奔袭追捕宋高宗，并未分兵驻守占领的州县，宗弼率军北返后，江南州县陆续被宋朝收复，只有建康府成为金军在江南仅存的立足点。建康府就像金军突入宋境的一个楔子，对于再下江南灭亡南宋，无疑有着重要的战略意义。当完颜宗弼被韩世忠围困在长江之际，驻守建康府的金军便加强战备，不仅围绕建康城修建了大批的营寨，还在原有的基础上又修筑了两道护城河。鉴于女真官兵不习惯南方的酷热天气，金军又在山上挖了许多山洞，以备避暑之用。同时调兵遣将，增强建康的守备力量，以保证建康府成为金军南下的桥头堡。

面对金军的战略布局，浮海归来的宋高宗君臣终于意识到了问题的严重性。金军驻扎建康府，等于在自己头上悬了一把利剑。宋高宗开始着手收复建康事宜，由张俊全权负责，所有当时能够调动的部队，皆归其调遣。此次任命，在今天看来，依旧不是正确的选择，作为一朝开国皇帝的宋高宗，用人的眼光似乎总是失之偏颇。接受任务的张俊并没有承担起收复建康的责任，却畏敌如虎，不肯向建康行军一步，只是领兵作壁上观。就在此时，岳飞率领岳家军主力终于赶到建康府近郊。

四月二十五日，岳飞进军建康城南清水亭，收复建康之战正式打响，岳家军首战告捷，斩杀女真175人，俘虏45人，缴获马匹、铠甲、刀剑、弓矢、旗鼓等3700多件。

尽管岳家军取得初步胜利，但完颜宗弼的大军仍有将近10万之众，岳家军不过1万人，敌众我寡，想要完全消灭金军，难度可想而知。岳飞分析敌我双方的兵力情况，采取务实的策略，自南向北避开其主力，集中优势兵力逐步蚕食敌军，驱逐敌人过江。

五月初，岳飞率部进驻清水亭西牛头山。其间，岳飞派遣100名军士，换上缴获的金军服装，趁着月黑风高混入雨花台金军大营，偷袭敌军，制造混乱。金军分辨不清敌我，自相残杀，相互攻击直至天明。为了防止岳家军再次偷袭，金军不得不在营寨之外增加巡逻部队，正合岳飞心意，金军的巡逻部队，陆续全部被岳家军消灭。

从四月至五月，岳家军与金军交战几十次，均取得胜利。金军在岳家军的打击下，损失惨重，迫使宗弼不得不忍痛放弃建康。五月十日，完颜宗弼移驻建康城西北靖安镇。岳飞得知宗弼开始撤军后，率领三百骑兵、两千步兵冲下牛头山，再次大破金军，乘胜收复雨花台和建康城西南的新城。五月十一日，完颜宗弼从靖安镇撤退到江对岸的真州六合县宣化镇。岳家军趁宗弼主力北渡长江，突袭靖安镇，将尚未渡江的金军全部消灭，缴获铠甲、兵器、旗鼓、辎重、牲畜等不计其数。

建康战役历时半月，击杀女真兵3000人，俘虏女真千夫长留哥等20多名金军军官。如果算上金军中其他民族成分的士兵，斩杀、擒获者数以万计。仅靖安镇一战，岳家军便俘虏金兵300余人，包括8名女真人。这不仅是岳家军成军后的首次辉煌胜利，也是南宋军民抗金史上的首次辉煌胜利。

三、献俘越州，镇抚通泰

宋高宗接到建康战役大捷的战报后，欣喜若狂，能够大胜金人，这在南宋立国四年以来，尚属首次。于是宋高宗下诏，要亲自审问战俘，接见以岳飞为首的有功将士，借以品尝胜利的滋味，彰显皇帝的威风，顺势展现自己的"中兴"政绩。

建炎四年（1130）五月下旬，岳飞亲自押解战俘，前往高宗皇帝的临时驻地，被称为"行在"的越州（今浙江绍兴）。久在沙场的岳飞终于得到了当今圣上的召见，内心激动无比。回想四五年前，身处低位的自己护送还是康王的赵构前往南京应天府即位之时，曾隐隐约约看到皇帝的身影，如今自己虽官位不高，但蒙得皇帝召见，内心感到无比荣耀，多年来的抗金心血并没有白费。

岳飞抵达越州后，首先见到的是奉命收复建康府，却因惧怕金兵畏缩不前的张俊。

张俊（1086—1154），字伯英，凤翔府成纪（今甘肃天水）人。宋徽宗时，曾参与对西夏的作战，并参与镇压山东、河北地区的农民起义。靖康元年（1126），曾随种师中救援太原。康王赵构就任兵马大元帅后，张俊立即率部投奔。由于张俊在拥护赵构称帝即位，护卫赵构安全，平定朝廷内乱，并在巩固赵构统治的过程中皆立有大功，深得赵构信任。绍兴年间，张俊镇压农民起义，平定叛将李成，并阻击伪齐刘豫及金军南侵。所以张俊与岳飞、韩世忠合称三大将，所部称张家军。但张俊贪婪好财，大肆兼并土地，每年光收租一项便可达上百万石。后参与促成岳飞冤狱。绍兴二十四年（1154）去世，年69岁。

岳飞收复建康府，完成了朝廷下达给张俊的不敢完成的任务，再加上岳飞曾为张俊的旧部，故而张俊见到岳飞十分高兴。基于两人之间的这层关系，张俊向岳飞透露了一些朝廷决议，告诉岳飞朝廷非常担心金军再次渡江南下，计划命令岳飞镇守江南东路的饶州（今江西鄱阳），以防金人骚扰江南东、西路。岳飞听罢，心想朝廷的这个决议显然考虑不周，便向张俊分析道："饶州一带，河流密集、山泽丛生，车马难以通行。山区道路狭窄不便，甚至不能两匹马同时并行，骑兵怎样发挥自己的优势？金军如果从饶州一带南下攻宋，难道就不怕被我军截断退路而被歼灭？只要我军能够守住淮河一线，又何必去顾虑险隘重重的江南东、西路呢？假如淮河流域被金军占领，那么金人的兵锋就会直指长江北岸。假使长江天险为金军和我军所共有，那么长江南岸数千里之地都需要处处设防，然后才能确保金兵不会轻易过江，这样做显然将很危险！"张俊听后连连称是，不由得暗暗赞许岳飞在军事战略上的远见卓识。

第二天，宋高宗亲自审问战俘，通过翻译，高宗打听到宋徽宗、宋钦宗二帝的消息，表露出十分悲伤、哀痛的样子。当即下令处死 8 名女真俘虏，将所俘金军中的汉人分隶诸军。接着，宋高宗亲自接见了岳飞，询问岳飞对于当下形势的看法。岳飞回答道："建康府控扼长江，战略地位极其重要，应选派精兵强将固守。比起张俊大人想要安排臣守卫鄱阳，防备金人袭扰江南东、西路，臣以为金人如果渡过长江，一定是奔袭两浙，目标直指陛下之所在。江南东、西路位置偏僻，道路不便，金人害怕被我军以重兵断其归路，必不敢前往。但是想要守住长江，必先守住淮河。淮河两岸一旦被金军占领，长江也难以保住。臣请陛下增强淮河守备力量，以拱卫陛下及朝廷。"宋高宗对岳飞的看法表示赞许，又赏赐岳飞铁铠 50 副，金带、鞍马、镀金枪、百花袍若干，以资嘉奖。

越州献俘后，建炎四年（1130）六月初，岳飞奉命配合张俊率领的军队征讨以戚方为首的盗匪。岳飞返回宜兴县后，立刻领兵 3000 人，前往安吉阻击准备窜入安吉的盗匪。戚方闻听岳飞前来征讨，砸断官桥，潜入深山，溜之大吉。岳飞立即命部将傅庆追击，但为时已晚。戚方在逃遁之后，增加了自己的兵力，自认为可以与岳飞一战，便与岳飞所部展开交战，仅数回合，戚方便败下阵来，连忙逃窜。岳飞穷追不舍，戚方深知自己在岳飞的追击下难以逃出生天，恰逢张俊所部赶到，戚方当即向张俊投降，交出 6000 名士兵、600 匹战马，并珍宝无数，通过贿赂张俊，保全了自己的性命。岳飞随后赶至张俊军营，斥责戚方在国难当前的情况下还屠掠生灵，但收受了贿赂的张俊在一旁不停劝解，加上戚方已经投降归顺，岳飞别无他法，只好作罢，放过戚方。

顺利完成征讨盗匪的命令后，岳飞返回张渚镇，整军备战，准备奔赴新的抗金战场。张渚镇上，有一位名叫张大年的老者，曾做过黄州知州。岳飞钦佩张大年的为人、学识，张大年佩服岳飞的抱负、理想，二人志趣相投，经常在一起探讨当下的局势与抗金方略。岳飞返回张渚镇后，与张大年在五岳祠中畅谈国事。岳飞谈及江南抗金、建康之役，又想起靖康之耻、二圣北狩，不由得心潮澎湃。岳飞提笔在手，在墙壁上写下了著名的《五岳祠盟记》，原文如下：

近中原（板）荡，金贼长驱，如入无人之境；将帅无能，不及长城之壮。余发愤河朔，起自相台，总发从军，小大历二百余战。虽未及远涉夷荒，讨荡巢穴，亦且快国仇之万一。今又提一垒孤军，振起宜（兴），建康之城，一举而复，贼拥入江，仓皇宵遁，所恨不能匹马不回耳！

今且休兵养卒，蓄锐待敌。如或朝廷见念，赐予器甲，使之完备，颁降功赏，使人蒙恩；即当深入虏庭，缚贼主蹀血马前，尽屠夷种，迎二圣复还京师，取故地

再上版籍。他时过此，勒功金石，岂不快哉！此心一
发，天地知之，知我者知之。建炎四年六月望日，河朔
岳飞书。

岳飞在《五岳祠盟记》中，对以往战况略作回顾，自感以往
所取得的胜利只是"快国仇之万一"，并没有完成自己的理想抱
负，表达了其"蓄锐待敌"、"功期再战"、洗雪国耻、收复中原
的决心。

建炎四年（1130）七月，朝廷任命岳飞升任武功大夫、昌州
防御使，就任通、泰镇抚使，兼泰州知州。

镇抚使，由宰相范宗尹建议设置。自建炎四年（1130）五月
起，南宋朝廷陆续在南宋控制区下的淮南东、西路，京西南、北
路，荆湖北路和陕西的一带，划分若干小军区，每个军区设镇抚
使一名，管辖 2—5 个府、州、军的防务，兼理民政、财政。范
宗尹认为，镇抚使的设置虽然有违"祖宗之法"，具有一定的晚
唐五代藩镇特征，却是抵挡金兵进攻的"救弊之道"。南宋先后
设置镇抚使辖区约 20 个，委任镇抚使 30 余人。

南宋委任岳飞担任通、泰镇抚使，可能考虑到了岳飞本人希
望朝廷增兵驻守淮河流域的请求。在此之前，南宋在淮南地区至
少已设置了 8 个镇抚使辖区，仅剩下通州（今江苏南通）、泰州
（今江苏泰州）尚未划入，故任命岳飞镇守通州、泰州地区。

虽然朝廷给自己升了官，但岳飞并无欢喜之心。通州与泰州并非战略要地，这与自己希望亲临抗金一线的本意相差甚远。同时，"镇抚使"从名称上便可知晓职责以防御为主，与自己光复故土、收复中原的决心相违背。岳飞决定向朝廷上书，当中道："金人亡我大宋之心不死，应速行剿杀，将金人消灭殆尽，然后收复失地。不然时间越久，金人对我大宋的危害越大。如果朝廷能够答应我的请求，我愿将母亲、妻子以及我的两个儿子做人质，只希望朝廷不要任命我为通、泰镇抚使，而是让我前往抗金一线，担任淮南东路的一名将士即可。希望朝廷同意我招兵买马，还击金人，收复淮河流域全部州郡，然后伺机收复山东、河北、河东、京畿等故地。借以实现我此生的理想，同时让我为陛下尽忠报效、死而后已。"

然而，宋高宗君臣畏金如虎，只图苟安一隅，面对岳飞这封气壮山河的请战书，当然不会予以批准，但为避免落人口实，于是只答复公文收到，便没了下文。

四、楚州血战，弃守泰州

岳飞辞免通、泰镇抚使不成，无奈只能接受朝廷的任命。建炎四年（1130）八月十五日，岳飞返回宜兴打算领兵赴任时，接到上级指令，率军救援受到金军将领完颜昌部攻击的楚州。

完颜昌曾经辅佐金太祖攻打辽朝，后又带兵攻打北宋，是金朝的一员猛将。在完颜宗弼率军追击宋高宗的过程中，完颜昌驻军山东潍州（今山东潍坊），以此向淮东地区发起新的攻势，以声援宗弼。宗弼被韩世忠围困在黄天荡时，完颜昌也曾派兵支援。完颜宗弼在渡江之后，仍旧沿水路前进，遭到了楚州守将赵立的阻截。完颜昌同样也一心想要灭亡南宋政权，认为宗弼没能捕获宋高宗是无能的表现，还曾遣人致书，嘲笑宗弼南征无功，并建议宗弼率军与自己会师淮州，待秋高气爽之时，一同南下攻宋。由于宗弼尚未摆脱黄天荡之战带来的心理阴影，故拒绝了完颜昌的建议。

虽然宗弼没有答应完颜昌的请求，但完颜昌意欲一举灭亡南宋政权，建立盖世奇功，于是下令所部攻打楚州（今江苏淮安）。楚州守将赵立请兵增援，张俊拒绝道："完颜昌此人善于用兵，势不可当，若增援楚州，无异于徒手搏虎，自寻死路。"两人争执不下，但张俊始终不愿出兵援助。宋廷无可奈何，只能改派刘光世出兵前去救援，岳飞等部皆归刘光世节制。宋高宗甚至亲下手诏："楚州危急，此乃唇亡齿寒之危，只能依靠你来解围了。望你速速渡江，以身督战，勠力同心，尽忠职守，以解楚州之危。"然而刘光世同样也是贪生怕死之辈，拒绝与金军决战。刘光世下辖数万兵力，却以重兵屯守镇江府，只派遣小股部队，渡江绕道远离楚州的天长军（今安徽天长），毫无救援楚州之意，楚州被完颜昌的大军团团包围，危在旦夕之际，解救楚州的重任又落到岳家军身上。

接到任务的岳飞整理好军备，于建炎四年（1130）八月十八日，率岳家军北上救援楚州。二十二日岳家军抵达江阴军（今江苏江阴）时，楚州已被完颜昌围困，急需救援。岳飞急忙率轻骑渡江，于二十六日抵达泰州。由于宋朝募兵制规定，军队移屯，家属随行。岳家军1万多将士，连同眷属，多达7万余人。恰逢江阴一带渡船不足，直到九月九日，岳家军全军才进驻泰州城。

泰州屡遭战祸，人民流离失所，粮食颗粒无收，军队的补给成了大问题。7万余人的粮食、千匹战马的草料都无处可得。时至深秋，士兵们饥寒交迫，岳飞越发显得忧心忡忡，尽管困难重重，岳飞仍然肩负起了救援楚州的重任。

到达泰州后，第一件事便是整顿当地的军队，亲自选取100名武艺高强者担任自己的亲兵，以示对当地军队的信任。岳飞此举，调和了旧部与泰州当地军队的关系，赢得了众军士的拥护与爱戴。

第二件事便是整肃军纪。由于通、泰两地屡遭战火，收成大减。附近的粮仓或被金军破坏，或拒绝支援，岳家军缺衣少食、忍饥挨饿。越是在钱粮供应紧张之时，岳飞越是从严治军，严禁部下骚扰百姓，岳家军很快得到通、泰两州民众的信赖与支持。

九月九日以后，岳飞命部将张宪留守泰州，自己亲自率军出征，进驻承州（今江苏高邮）以东。此时承州已被金军占领，岳家军形势非常危急。岳飞接连向刘光世发出两封公文，阐明所部自建康之战后，缺少补给，粮草匮乏，仅以孤军，难以承担收复承州、救援楚州的重任。岳飞请求刘光世提供援军一两千人，并援助十日口粮。同时岳飞在公文中强调，刘光世可以派遣一支军队与岳飞所部互为掎角之势，待立功之日，功劳全部归刘光世所有。但是，即使岳飞如此恳求刘光世支援，公文到达刘光世驻地后，仍旧是石沉大海。甚至在金人占领楚州后，刘光世反诬岳飞迁延失期，拒绝与自己会师，因而导致楚州陷落。

在孤军深入、缺衣少粮、没有外援的情形下，岳飞仍激励将士向金军出击，三战三捷。包括女真人、渤海人、契丹人、汉人在内，先后活捉70余名金军将士。金将高太保等50余人被俘后身亡，其余20余名俘虏则被押解后方。

限于势单力薄，岳家军的殊死苦战始终未能突破金人阻击，楚州的困境没有因为岳家军的到来而有所改变。与此同时，楚州城下的金军全力攻城，昼夜不息。九月中旬，楚州守将赵立被金军炮石击中，英勇就义前赵立感叹不能为国杀敌，死亦不能瞑目。九月下旬，金军攻入楚州城。一时楚州城中烈焰冲天，楚州军民按照赵立生前部署，奋起反抗，与金军展开巷战，与金军战斗直至生命的最后一刻，使得金人付出伤亡几千人的代价，才最终完全占领了楚州城。

完颜昌攻下楚州之后，更加不可一世，认为江南俯首可得，遂欲效仿完颜宗弼，先攻取通州、泰州，然后渡江南下，追捕宋高宗。于是，完颜昌亲率重兵，进攻承州附近的岳家军。楚州陷落，岳飞接到退守通、泰的指令，只得率军且战且退，撤回泰州。

建炎四年（1130）十一月，完颜昌亲率20万大军，进逼泰州。此时泰州内无粮草，外无援军，泰州城附近一马平川，无险可守，岳家军兵力与金军相差悬殊。岳飞接到命令，要求他能战则战，能守则守，若不可守，则保护百姓撤退到长江以南。

十一月三日，岳飞不得已放弃泰州城，率军退保泰兴县柴墟镇，依托柴墟镇旧城墙抵抗金军，掩护几十万百姓和岳家军眷属渡江南撤。面对完颜昌的大军，岳飞毫不畏惧，双方在南壩塘展开激战。岳飞身中两枪，仍不后退，指挥将士死战，终于击退追兵。岳飞命令其他将士先行撤退，自己亲率200名骑兵断后。最后粮食断绝，补给全无，岳飞和将士们只能以草根、树皮充饥。十一月七日，岳飞渡江，上奏朝廷，请求处罚自己丢失泰州之罪。

泰州之战，岳家军虽小挫敌军，但自身亦损失较重。与岳飞在江南取得的辉煌胜利相反，岳家军在淮东遭受挫折，进不能收复承州、解楚州之围，退不能守泰州、保通州，可见此时宋金力量整体对比，依旧是金强而宋弱。加之南宋朝廷腐败无能，领兵将官畏金如虎，畏缩不前，光复故土非一日之功，仍需从长计议。岳飞并未因一时的挫折而灰心丧气，而是反思经验，总结教训，重拾信心，准备他日再战。南宋朝廷同样也谅解岳飞的处境，担忧失去岳飞便无人能阻拦金军南下，故并未给予岳飞处分，只是命令岳飞率部防守江岸，以防金军乘胜渡江南侵。

金军占领泰州后，又顺势攻下通州。完颜昌虽然较为顺利地占领了通州和泰州，但在绍兴元年（1131）三月进攻缩头湖（今江苏兴化东）张荣领导的抗金义军时，却被张荣率领的非正规部队打得大败，岳飞的失利，终于被张荣的胜利所弥补。

张荣，两宋之际抗金名将，原为梁山泊（在今山东巨野、梁山、郓城三县之间）渔民。金灭北宋后，张荣聚集梁山泊地区民众起义抗金，不断袭击金兵，因其骁勇善战，人称"张敌万"。建炎三年（1129），张荣率军乘船由清河南下，驻军于承州以北鼍潭湖水域，在位于承、楚二州之间，绵亘300余里的樊梁、白马、新开三个湖泊内袭击金军，屡获胜捷。建炎四年（1130）十一月，完颜昌乘天寒湖水冰冻之机，率军进攻鼍潭湖义军水寨，张荣孤军不敌，焚毁积聚粮草，引军撤退至通州、泰州，后转移至兴化县缩头湖。

绍兴元年（1131）三月，完颜昌为解除渡江南下的后顾之忧，亲率6000余名金兵，乘船进入缩头湖，企图一举攻灭张荣义军。张荣出动几十条小船迎战。当他发现金人仅有数艘大战船为先导，其后均为小船时，便想出一条妙计。他命令部下避开金军锋芒，不与敌人大战船交锋，待湖水退却时，佯败弃舟上岸，利用金人急于消灭义军的心理和不善水战的弱点，引诱金军船只行驶至近岸浅水处，等到金军深陷泥淖不能自拔之时，乘其混乱，回师反击。果如张荣所料，金军深陷泥潭不能自拔，抗金勇士们随即出击，杀声震天，敌军顿时变为任人宰割的牛羊，甚至留在船中的金军也被如此的阵势吓得不攻自乱，张荣率领的抗金勇士取得了空前的胜利。此役，张荣率领抗金义军共消灭金军4000余名，斩杀金将完颜忒里，俘虏完颜昌的女婿、万夫长蒲察鹘拔鲁等。完颜昌只能收拾残兵败将，带领2000余人狼狈逃回楚州，随后渡过淮水，退至宿迁，于七月率军北撤。张荣乘胜收复泰州，淮东路大部分州县重新回归宋朝手中。缩头湖因此更名为得胜湖。

缩头湖之战，对完颜昌的打击十分沉重。完颜昌逃归北返后，锐气尽失，心情沮丧，彻底打消了渡江灭宋的想法。无论是此前的完颜宗弼，还是此时的完颜昌，在攻宋的过程中均不同程度地遭受到南宋军民的沉重打击，金人开始逐渐意识到武力灭宋的种种困难，在此情况下，"以和议佐攻战，以僭逆诱叛党"的计划开始出台，即通过扶植僭逆及傀儡政权以招降纳叛，通过和谈以消磨宋人的抗金意志，进而更好地为灭亡南宋政权的总目标服务。金人改变过去一味使用武力进攻的单一灭宋手段，开始以和谈和招降纳叛配合武力进攻。这种形势下，刘豫及伪齐傀儡政权开始出现于历史舞台之上。

第五章

首次北伐，六郡归宋

早在建炎元年（1127）十二月，金人以宋高宗废弃张邦昌为借口大举攻宋之时，曾发布《伐康王晓告诸路文字》，强调金人伐宋只是为了复兴伪楚政权，如果张邦昌已被宋朝鸩杀，则另立贤明君主，无论赵构怎样求饶请降，金人都会坚决不承认南宋政权。建炎二年（1128）七月，金太宗下诏追袭逃往扬州的宋高宗时也说道："等到灭亡南宋，应当建立如张邦昌伪楚一样的傀儡政权。"由于完颜宗弼与完颜昌在南宋军民的誓死抗击下屡屡受挫，金人开始意识到无法迅速灭亡南宋政权，于是，调整对宋策略，"以僭逆诱叛党"，傀儡刘豫就此登场。从此，岳飞的抗金之路上，又多了一个金朝在汉地的代理人。

一、伪齐小丑，粉墨登场

刘豫（1073—1146），字彦游，永静军阜城（今河北阜城）人。北宋哲宗元符年间（1098—1100）进士及第。北宋末年，提点河北西路刑狱。金军南下时，弃职逃往仪真（今江苏仪征）。建炎二年（1128）正月，被推荐为济南知府，刘豫惧怕金人，不敢前去赴任，打算逃往江南为官，未获准允，只好硬着头皮前去济南赴任。建炎二年（1128）十月，完颜宗翰、完颜宗辅会师进军山东，完颜昌率军进攻济南。刘豫贪生怕死，在完颜昌的威逼利诱下，于建炎二年（1128）十二月杀掉济南守将关胜，献城投降。

建炎三年（1129）七月，完颜宗翰与完颜宗辅率军北返时，任命刘豫为京东、西、淮南等路安抚使，知东平府，兼诸路马步军都总管，节制河南路诸州郡。刘豫竟然对此欣然接受，并且开始死心塌地地做金人的鹰犬。金朝在委任刘豫节制河南路诸州郡，安抚京东、西、淮南等路的同时，令完颜昌驻军镇抚山东，授予完颜昌"大事专决"之权。显然金朝也在通过完颜昌牵制刘豫，对他的任用只是利用汉人治汉人策略而已，以缓和中原地区与金朝的矛盾。

完颜昌和刘豫能够结成"合作"关系与两人各自心怀鬼胎有关。镇抚山东的完颜昌并不在意自己钳制刘豫的作用，他更在乎的是自身利益。完颜昌有意将山东地区发展为自己的势力范围，率军南侵时，更是以山东为自己的战略大后方。完颜昌清楚地认识到，待活捉宋高宗，灭亡南宋政权后，金朝还要拥立一个像张邦昌伪楚一样的傀儡政权，如果这个傀儡皇帝能够是自己推荐的人选，那么即位后一定会对自己感恩戴德，听命于自己。如此，则不仅山东地区能够成为自己的势力范围，还可以通过自己拥立的傀儡皇帝，将黄河以南地区控制在自己手中。于是，完颜昌开始留意物色合适人选，发现自己亲自招降且听命于自己的刘豫是合适的人选。与此同时，刘豫也揣知金人仍有拥立藩属之意，故派遣儿子刘麟以重金贿赂完颜昌，希望完颜昌能够推荐自己。双方一拍即合，沆瀣一气，狼狈为奸，刘豫就这样背叛了自己的国家，开始为完颜昌服务。

完颜昌如意算盘打得虽好，但动了同样心思的并不只有他一个人。完颜宗翰的心腹高庆裔听说完颜昌准备请示金太宗册封刘豫为傀儡皇帝，第一时间向宗翰建议道："太宗皇帝兴师南下，只是为了得到黄河以北地区。故攻取汴京后，便册立张邦昌为傀儡皇帝，命其管理黄河以南地区。后来由于赵构废逐张邦昌，才再次南下攻宋。如今河南州郡归我大金所有，但太宗皇帝既不改变其官制，也不改变其风俗，可见太宗皇帝并不贪图黄河以南土地，而是仍欲像曾经册立张邦昌那样，再建立一个傀儡政权。元帅您应立即进言，抢先拥立刘豫为傀儡皇帝，以便将刘豫控制在您的手中，免得刘豫感激其他人。"

此时，完颜宗翰控制金朝大权，怎能容忍完颜昌扩大自身势力，使自己失去控制傀儡政权的大好机会。因此，完颜宗翰听从高庆裔的建议，立即派遣高庆裔赴山东筹划拥立刘豫之事，同时派遣完颜希尹请示金太宗，金太宗很快便答应了完颜宗翰的建议。建炎四年（1130）七月，完颜宗翰、完颜希尹等人秉承金太宗旨意，派遣高庆裔、韩昉等人携带"玺绶宝册"前往山东，抢在完颜昌之前导演了一场"万姓推戴"刘豫的丑剧。建炎四年（1130）九月，金朝册立刘豫为伪齐皇帝，正式建立伪齐政权。初都大名府（今河北大名），号北京；不久改居东平（今山东郓城），号东京；绍兴二年（1132）又迁都汴京（今河南开封）。金人在册封刘豫的诏书中写道："锡尔封疆，并从楚旧。"即让刘豫管辖原来张邦昌伪楚政权管理的黄河以南地区，实际上伪齐政权仅能控制河南、陕西之地。

刘豫虽然荣登大宝，但没有丝毫的自主权。新政权必须受金朝册命，对金"奉表称臣"，"世修子礼，永贡虔诚"，刘豫成为一个不折不扣的"儿皇帝"。金朝册立刘豫之初，还不允许刘豫使用自己的年号，只能"奉金正朔"，使用金朝"天会"年号。后来金人意识到，这样做不利于统治中原地区的汉人，于建炎四年（1130）十一月，令刘豫改年号为"阜昌"，至此伪齐政权才有了自己的年号。可见金人只是想缓和与中原汉人的矛盾，才设立伪齐政权进行间接统治，但这种统治也是必定不能长久的。

伪齐政权建立后，刘豫死心塌地为金人服务，不仅帮助金人管理黄河以南地区，还在宿州建立"归受馆"，招诱一批无耻之徒，投奔伪齐，充当鹰犬。金军主力转向西北，宋金双方围绕川陕地区展开激烈争夺后，命令刘豫加强对南宋的军事进攻，伺机开疆拓土，以配合金人的西线攻势。

刘豫同样理解主子的意图，深知金人不会让伪齐政权与南宋长期并存，一旦时机成熟，金人也一定会抛弃伪齐，抛弃他。对刘豫来说如果不能灭亡南宋，等待自己的只有死路一条。即便金人不交代，刘豫即位后也必须积极对南宋展开进攻。在金人的军事支持下，至绍兴三年（1133）十月，伪齐相继攻克襄阳府（今湖北襄樊）、郢州（今湖北钟祥）、随州（今湖北随州）、唐州（今河南唐河）、邓州（今河南邓州）、信阳军（今河南信阳）等地。

襄汉重地，西接秦蜀，东瞰吴越。伪齐占领襄阳、郢州等地，不仅在南宋长江防线上打开了一个巨大缺口，还切断了南宋朝廷与川陕战场的联系通道，同时又可以顺流东下，兵锋直指建康（今江苏南京）、临安（今浙江杭州），对南宋政权构成致命威胁。接连取得胜利的刘豫得意忘形，准备于次年（绍兴四年，1134）大举南下，一举消灭南宋。刘豫派遣使者前往洞庭湖，联络割据洞庭的杨么叛军，策划南北夹击。经协商，杨么叛军许诺，待刘豫出兵后，杨么部队需要于绍兴四年（1134）七月先攻取岳州，然后出洞庭湖，顺江占据鄂州（今湖北省武汉市武昌区）、汉阳军（今湖北省武汉市汉阳区）、蕲州（今湖北蕲春）、黄州等地，接应伪齐大军渡江。伪齐军与杨么军水陆并进，顺江东下，企图消灭南宋政权。曾经那个高呼万岁，在庙堂上为大宋指点江山的刘豫，彻底背叛了大宋。

二、临安朝见，请缨出征

伪齐政权崛起的几年里，岳飞一直马不停蹄地南征北战，最初并未直接参与到南宋与伪齐的战争中。在绍兴元年（1131）至绍兴三年（1133）的时间里，岳飞奉命平定李成、曹成等流寇。

前文说到，揭开岳飞江南抗金序幕的战斗正是与悍匪李成部的作战。金军渡江南下后，李成继续在淮西地区攻城略地，无恶不作。南宋朝廷试图以镇抚使的官职笼络李成，这显然不能满足李成企图割据一方的欲望。李成一面接受南宋任命，麻痹高宗君臣，一面积蓄力量，自建炎四年（1130）九月起，率军席卷江淮，对南宋构成重大威胁。为稳定后方，南宋朝廷任命张俊为江、淮招讨使，讨伐李成，岳家军调拨张俊指挥。岳飞指挥军队，浴血奋战，大破李成军，李成势穷，逃奔伪齐，李成匪部占领的各州县，全部被岳家军收复。

绍兴二年（1132）正月，宋廷任命岳飞为潭州知州、兼荆湖东路安抚使、都总管，岳家军开赴潭州。二月，宋廷任命李纲为荆湖、广南路宣抚使，指挥岳家军等部消灭盘踞在荆湖一带的盗匪。

荆湖一带的寇匪中，曹成的势力最大，手下有7万余人。曹成率领手下奸淫掳掠，"所至以人为粮"，是一伙不折不扣的杀人不眨眼的悍匪。岳家军历时近四个月，转战数千里，独立击溃了兵力数倍于己的曹成匪军，但也付出了惨重的代价，岳飞的弟弟岳翻在平定曹成的战斗中阵亡。数月讨伐叛匪的战斗中，岳飞表现出了英勇无畏的精神以及卓越的军事指挥能力，成为当时南宋诸将中一颗闪耀的新星。岳飞的上司李纲盛赞其："他日一定为大宋中兴名将。"为了彻底解决荆湖一带的匪患，李纲建议朝廷将岳家军留驻荆湖一带。由于蕲、黄镇抚使孔彦舟叛降伪齐，宋廷急忙命令岳飞率军火速回防江州（今江西九江），以防伪齐南侵，并没有同意李纲的请求。

绍兴二年（1132）六月，宋廷为了表彰岳飞在对抗金国及剿灭匪患中的功勋，擢升岳飞为从五品的中卫大夫、武安军承宣使，称赞岳飞为"当世之良将，以至诚报国。统辖锐旅，与士卒同甘共苦，治军有方，纪律严明。劳苦功高，功勋卓著，为朝廷扫荡群凶，保境安民"。朝廷的认可与赞赏，更加激励了岳飞尽忠报国的雄心壮志。岳飞率军回师路过永州祁阳县（今湖南祁阳）大营驿时，写下题记一篇，抒发襟怀，原文如下：

权湖南帅岳飞被旨讨贼曹成，自桂岭平荡巢穴，二广、湖湘悉皆安妥。痛念二圣远狩沙漠，天下靡宁，誓竭忠孝。赖社稷威灵，君相贤圣，他日扫清胡虏，复归故国，迎两宫还朝，宽天子宵旰之忧，此所志也。顾蜂蚁之群，岂足为功。过此，因留于壁。绍兴二年七月初七日。

在《永州祁阳县大营驿题记》中岳飞重申了自己"扫清胡虏，复归故国"的远大抱负，认为讨伐曹成，"岂足为功"，时刻希望自己能够前往抗金一线，收复故土，迎回二圣。

绍兴三年（1133）九月，岳飞奉命前往临安府，第二次朝见宋高宗，15岁的岳云也随同父亲朝见。此时的岳飞已今非昔比，战场的历练使他蜕变成为一位肩负着攘外安内重任的将才。高宗召见岳飞，自然是为了让岳飞感受"皇恩浩荡"，以便更加忠心耿耿地为自己效命。为笼络人心，高宗超授岳飞正四品的镇南军承宣使，并亲笔书写"精忠岳飞"四个大字，绣成一面战旗，赐给岳飞作为用兵行军时的大纛。为了表示对岳家人的重视，高宗还赐给岳飞和岳云衣甲、金带、战袍、弓箭、刀枪、战马等物品，赏赐白银2000两，用来犒赏将士。高宗特授岳云为正九品的保义郎、阁门祇侯。岳飞觉得儿子寸功未立，却得到如此厚赏，心有不安，坚决请辞。但是，皇帝的恩命不容推辞，岳飞为此深受鼓舞，勉励岳云一定要努力训练，早立战功，以报答皇帝的恩典。由此看来，传统的帝王之术在宋高宗这里也运用得游刃有余。

宋高宗召见岳飞，不仅仅是为了赏赐拉拢岳飞，他还想看看这位转战千里的战将是否名副其实的文武双全，是否值得委以重任。岳飞便将自己对当下战局的建议一一说与宋高宗，听完岳飞的讲解，宋高宗连连称赞。根据岳飞对战局的建议，宋廷作了一些战略调整。一方面，宋廷任命岳飞为江南西路，舒、蕲制置使，有权抽调江南西路其他驻军，并将淮南西路舒州（今安徽潜山）和蕲州的防务也划归岳飞负责。另一方面，为弥补岳家军兵力不足的问题，将驻守蕲州、江州的部队并入岳飞麾下，后将牛皋等部也并入岳家军，岳家军的实力进一步扩大。

牛皋（1087—1147），字伯远，汝州鲁山县（今河南鲁山）人，南宋抗金名将。牛皋出身农民家庭，当过弓手，武艺超群，尤其擅长骑射。南宋初年，组织当地民众抗金，在京西路一带与敌军进行大小十余次战斗，每战皆捷。绍兴三年（1133）加入岳家军，出任岳飞的中军统制，后改任左军统制，在对金作战中屡立战功。岳飞被害后，因始终反对宋金议和，被秦桧毒死。

岳家军兵力扩张之时，南宋境内的荆湖北路和京西南路的战局却每况愈下，败报接踵而至。宋高宗等人接到伪齐占领这些地区的战报后，意识到问题的严重性，特别是荆湖路一旦失陷，宋朝便丧失了长江上游的控制权，敌军随时可用战舰沿长江南下，直抵建康。保住荆湖是宋朝必须作出的选择。

而伪齐对荆湖的进攻一刻也未放松，率军进攻襄汉地区的急先锋，正是岳飞的老对手、被打败后投奔刘豫的李成，并且此时的李成还联络了宋朝南部的另一叛匪杨么。针对李成和杨么准备南北夹击的计划，岳飞制定了先收复襄汉，后平定杨么的战略方针。岳飞上书宋廷，指出："目前外有金人、伪齐侵寇，内有杨么作乱，俱为大患。但是以臣愚见，杨么虽为腹心之患，但是需要依仗李成为外援。为今之计，应该在绍兴四年（1134）麦收前，先发制人，进兵襄阳，收复六郡，击破李成伪军。杨么失去外援后，我军进军湖湘，一举歼灭杨么盗匪。况且襄阳六郡，战略地位十分重要，是我朝收复中原的根据地。臣目前已厉兵秣马，一切准备就绪，希望皇帝陛下允许臣率军北伐，奠定我大宋中兴基业。"

岳飞向朝廷的请战没有被立刻批准。宋高宗和一众大臣小心商讨岳飞的建议是否可行、如何实行以及谁来挂帅等问题。经过一番争论，高宗最终还是决定实行岳飞的计划，并下令由岳飞亲自执行。

绍兴四年（1134）三月，宋廷正式向岳飞下达了收复襄阳六郡的作战指令，正式任命岳飞为荆湖北路前沿统帅，荆湖北路、南路所有兵马，皆归岳飞节制。同时命令岳飞在绍兴四年（1134）麦熟之前，收复京西路的襄阳府及唐、邓、随、郢四州和信阳军。收复襄阳六郡后，由岳飞安排他人驻防，岳家军需回师长江沿岸驻扎。宋高宗亲自下诏，向岳飞强调此次出兵北伐，只能以收复六郡为限。若敌人逃离六郡界线，不准追击，更不准扩大战果。总而言之，宋高宗部署襄汉战役的原则，就是以战求和，能够保住南宋小朝廷偏安东南一隅的现状即可。

为保证襄汉战役成功，宋廷又令淮东宣抚使韩世忠以精兵万余屯兵泗水之上以为疑兵，令淮西宣抚使刘光世出兵陈（今河南淮阳）、蔡（今河南汝南）二州，以为声援。

为了在精神上激励岳飞，宰相朱胜非专门派遣使者转达许诺，只要能够收复六郡，朝廷便授予岳飞节度使头衔。岳飞听罢使者的通信，郑重地对使者说："替我告诉丞相，岳飞可以为民族大义所激励，但不可以为利益所驱使。襄阳战役，国家大事，如果不给我授勋建节，那我就可以坐视不管吗？可以用攻取一城然后晋爵一级的奖励措施激励普通人，但这不是对待以天下兴亡为己任之人的办法啊。"岳飞受命之后，于绍兴四年（1134）四月亲率大军 3 万余人自江州出师，经鄂州渡江西进，旌旗直指郢州。船至江心，岳飞对众人发誓道："飞不擒贼帅，复旧境，不涉此江！"

从宰相朱胜非的举动可见，在当时一些朝廷大臣眼里，似乎所有人只要许以高官厚禄便可舍生忘死，似乎在前线浴血奋战的将士都只是为了朝廷的一官半职，全然无家国天下，无民族黎庶。这也许就是岳飞能够流芳百世，而宰相朱胜非不知一闻的原因吧。

三、北伐襄汉，收复六郡

郢州（治所在今湖北钟祥）作为伪齐政权占领区的最南端，刘豫十分重视郢州城防，特命曾担任北宋皇宫近卫的荆超任知州。荆超悍勇非凡，武艺绝伦，号称万人敌。伪齐政权在郢州部署了一万多精兵，金军亦支援些许兵马，自诩郢州固若金汤。

绍兴四年（1134）五月五日，岳飞率军抵达郢州城下。大军驻扎后，岳飞亲自环城一周，侦察敌情，选定城池东北角作为军队的主攻方向。攻城之前，岳飞先礼后兵，命张宪劝降，希望守城将士以民族大义为重，不要再为刘豫和金人卖命。伪齐官员刘楫害怕军心动摇，在城上大喊"各为其主"，拒绝投降。劝降不成，岳飞随即下令攻城，告知全体士兵，务必活捉刘楫。当日的攻城战打得极为艰辛，双方均付出一定的伤亡代价。由于后勤供应不及时，岳飞军队的粮食只够吃两顿了。不过，岳飞信心十足，激励将士们道："这些军粮足够了，明日已时（上午9时至中午11时）必破贼军。"

次日黎明，岳家军向郢州城发起总攻，战斗异常激烈。岳飞镇定自若，端坐在绣有高宗亲书"精忠岳飞"四个大字的大纛下指挥作战。突然，一大块炮石坠落在岳飞面前，众人大惊失色，急忙躲避，岳飞却纹丝不动，泰然处之。

在主帅的激励下，岳家军将士个个奋勇杀敌，前赴后继，架云梯攻城，终于摧毁了敌人的顽固抵抗。荆超见大势已去，投崖自杀。刘楫被活捉后，岳飞下令将其斩首，以儆效尤。郢州一战，岳家军共消灭伪齐军 7000 余人，士气大振。岳飞乘胜分兵两路，张宪和徐庆率军进攻随州（今湖北随州），岳飞亲率岳家军主力攻打襄阳府。

襄阳府是伪齐南下攻宋的大本营，由主将李成亲自率军驻守。在刘豫伪军中，李成最为勇猛，但前文已述，李成面对岳飞，屡战屡败，李成后来为了躲避岳飞的追击，才投靠了与他同样卖主求荣的刘豫。李成接到荆超全军覆没的消息后，又听说岳飞亲自领兵前来，前锋已逼近襄阳近郊，顿时勇气全无，再无抵抗之心，仓皇出逃。五月十七日，岳家军兵不血刃，进驻襄阳城。

另一边，张宪和徐庆兵临随州城下，伪齐知州王嵩不敢与岳家军决战，龟缩在城中死守，张宪和徐庆指挥军队，连续进攻数日，皆无果。牛皋率军前来增援。五月十八日，岳家军击溃随州伪军防御，16 岁的岳云勇冠三军，手持两杆数十斤重的铁锥枪，第一个登上城楼，杀散敌军，接应大部队进城。岳云的表现一如少年时在战场英勇杀敌的岳飞，若没有秦桧构陷，未来的岳云一定也是一员能征惯战、青史留名的猛将。

岳云（1119—1142），字应祥，号会卿，相州汤阴（今河南汤阴）人，南宋抗金名将、民族英雄岳飞长子。岳云儿时因为金军侵略，自幼与父母分离，于颠沛流离中目睹了金军的暴行。在祖母姚氏的教育下，岳云立下保家卫国的志向，自幼刻苦习武，时刻准备上阵杀敌。岳云12岁时从军，被父亲编入张宪的队伍中，成为一名普通士兵。岳云智勇双全，大有岳飞之风。岳飞对儿子的要求极其严格，有一次，岳云身披重甲，与将士们一起进行骑术训练，不慎马失前蹄，摔倒在地。岳飞大怒，指责岳云道："可见你平时疏于练习，如果这在战场之上，岂不耽误国家大事？"当即下令将岳云斩首。众将士惊愕之余，急忙求情。念其年幼，岳飞下令死罪饶过，活罪不免，改为责打100军棍。自此，岳云更加刻苦训练，终于练就一副钢筋铁骨。

随州之战，歼灭伪齐军5000余人，俘虏伪齐随州知州王嵩。王嵩随后被押赴襄阳府处决。上报战功时，岳飞本不想提及岳云，但想到去年临安朝见，岳云无功受禄，问心有愧，同时为感激朝廷恩泽，所以正式上报岳云一份战功。之后，凡是岳云立下战功，岳飞全部按下不报。

伪齐军队屡战屡败的消息传至汴京，刘豫大惊失色，急忙调集兵力，并请来女真少量救兵。刘豫还不放心，又强迫占领区的汉人壮丁当兵，将伪齐军、汉人壮丁与少量女真部队集结在邓州（今河南邓州）东南的新野（今河南新野）、龙陂、胡阳，随州的枣阳（今湖北枣阳）以及唐州（今河南唐河）一带，号称30万大军。刘豫可能已经无人可用，全然不顾李成曾经是岳飞的手下败将，一见到岳飞就弃城逃走的事情。这一次，刘豫又将30万大军交由李成指挥，准备大举反攻。李成也洋洋得意地以为自己兵力数倍于岳飞，必定能打败这位战神。

六月六日，李成率领伪齐军主力与岳家军决战。岳飞察看伪齐军布阵后，大笑道："李成此贼屡败我手，我以为他会引以为戒，平日里勤学苦练，没想到今日一见，一点长进都没有。步兵的长处在于守御阻险，骑兵的长处在于旷野冲杀。结果李成将骑兵布置于江边，将步兵布置于平原，骑兵和步兵竟然布置在最不适合发挥其作战优势的区域，虽有十万之众，又能奈我何？"于是下命令道："王贵以长枪步兵攻击李成的骑兵，牛皋以骑兵攻击李成的步兵。"伪齐军在岳家军冲杀下，一溃千里。李成的骑兵由于背水布阵，前队骑兵被击溃后，将后队骑兵挤入水中，溺亡者无数。岳家军乘胜追击，追杀伪军20余里。经此一役，伪齐军元气大伤，再也不敢窥伺襄阳府。

面对伪齐军一败涂地的窘境，刘豫心急如焚，他害怕岳飞趁机经邓州北上，威胁他的皇帝梦。邓州是经襄阳北上开封的必经之路，一旦邓州失守，开封岌岌可危。因此刘豫接连向金朝告急，请求支援。由于三月完颜宗弼大败于仙人关，金军主力损失惨重，元气尚未恢复。加之女真酋豪不习惯中原地区的酷热天气，拒绝南下用兵，使得伪齐在襄阳战役中陷于进退两难的境地。

仙人关之战很快爆发。仙人关位于今甘肃省徽县东南，西临嘉陵江，南接汉中，是由陕入川的锁钥之地，战略地位十分重要。绍兴三年（1133）十二月，完颜宗弼率军攻占和尚原（今陕西宝鸡西南）后，次年（绍兴四年，1134）二月，宗弼与陕西经略使完颜撒离喝、伪齐四川招抚使刘夔，于凤翔府（今陕西凤翔）、宝鸡等地，集结步骑十余万之众，猛攻仙人关，试图破关入蜀。吴玠的军队虽然只有一万多人，但他毫不畏惧，率领军队顽强抵抗。其弟吴璘闻讯后，率领由和尚原撤退下来的宋军，火速前来支援，转战七昼夜，突破重围与吴玠会师。宋军以强弓硬弩大量杀伤金军，又派遣精兵锐卒，持长刀、巨斧攻击金军左右翼。三月，吴玠乘金军久战兵疲，实施反击，金军全线崩溃，死伤数以万计，退回凤翔府。吴玠乘胜收复凤州（今陕西凤县）、秦州（今甘肃天水）、陇州（今陕西陇县）等地。此后，金军隔渭水与宋军对峙，长时间内未敢攻蜀。

然而，面对"儿皇帝"的求援信，金人也不能完全置之不理，权衡再三，金朝派遣了一员二流战将，史书上无姓，人称刘合孛堇，会合李成残部，又拼凑陕西与河北等地的金军和伪齐军，总兵力达到数万人，选择在邓州西北，共扎下 30 多个营寨，准备死保邓州等地。

宋高宗得知金军、伪齐军集结，准备联合反扑的消息后，十分惶恐，连忙告诫岳飞道："仔细考虑战局发展态势，审时度势，查清敌情。唐、邓、信阳等州军如果可以攻取，则马上进军。如果不能，则先行巩固已经取得的战果，布置襄阳、随、郢等府州的防务。行事一定要谨慎、稳重，确保最终的成功。"

宋廷在给岳飞的公文中，反复强调"务在持重"，言下之意就是允许岳飞放弃收复唐州、邓州和信阳军的作战计划，允许岳飞半途而废，重点巩固已经到手的胜利果实。从这一点来看，宋廷上下对于金朝的态度仍然是十分畏惧，并没有光复旧土的坚定意志。但是，岳飞知道此时放弃对邓州的进攻，等于是向金军示弱，一旦敌人反扑襄阳，对襄阳百姓来说又是一次兵戈灾难。战于敌境既展示了宋军的无畏，也向金军占领区的百姓宣示了大宋的归来。于是岳飞决定整军备战，准备迎接与伪齐和金朝联军的恶战。

七月十五日，经过一个月的休整，岳家军与数万伪齐、金朝联军在邓州城外展开决战。岳飞将军队分成几支，采取突然袭击与两面夹击等战术，彻底击溃伪齐、金朝联军，刘合孛堇只身逃窜，岳家军俘虏杨得胜等 200 余名金军将领，俘获战马 200 余匹，兵仗数以万计。

伪齐高仲率领残兵败将退守邓州城，企图负隅顽抗。七月十七日，岳家军发起总攻，收复邓州，活捉高仲，岳云又是第一个登上城楼的勇士。邓州决战后，伪齐再也组织不起军事力量抵抗岳家军的进军脚步。二十三日，唐州、信阳军重新回到南宋手中。至此，岳飞按照预定计划，胜利收复襄阳等六郡。

襄汉战役是南宋立国八年以来，第一次战略反攻，不仅收复了大片失地，更是收复了南宋国防的战略屏障，巩固了南宋长江防线，为未来收复中原奠定基础。同时，克复襄汉也是岳飞的第一次北伐，虽然限于皇帝诏令，收复土地范围仅限于襄阳六郡之地，但是襄汉战役的胜利，彻底打破了金人不可战胜的神话，证明光复河山并非只是一句口号，这对于鼓舞南宋军民的抗金斗志，增强抗金必胜信心，无疑有着重要意义。

四、功勋建节，壮怀激烈

襄汉战役胜利后，不知是出于着力收复大宋故土的使命驱使，还是感到难以忍受如此众多州郡长官的困扰，岳飞上奏请辞江南西路，舒、蕲州制置使，及其兼任的荆南、鄂、岳、黄、复州及汉阳军、德安府制置使等职，希望朝廷派遣重臣，前来经营刚刚收复的荆襄地区。宋高宗拒绝了岳飞的辞职要求，岳飞在襄汉战役中的表现，让高宗君臣觉得，满朝文武中再也找不到比岳飞更加合适的人选。参知政事赵鼎上奏道："鄂州、岳州，是控扼长江上游最为重要的战略要地，希望朝廷下令，命岳飞亲率岳家军驻守鄂州、岳州，这样不仅淮西地区可以及时得到增援，确保淮西无虞，同时也能保证湖、广、江、浙地区的安全。"

宋高宗同意了赵鼎的建议，命令岳飞改驻鄂州。将襄汉六郡从原先分属的京西南、北路中分离出来，单独设置襄阳府路，由岳飞统一筹划襄汉防务。岳飞知道襄阳府路对于偏居东南的宋廷太过重要，在领有襄阳府后，立刻着力经营襄阳军政，加强防务。岳飞首先将岳家军分驻襄阳府路各处，修缮城防设施，强化守备力量。同时兴办营田，招徕农民，提供耕牛和种子，并免税三年，免除此前一切官、私债务。在岳家军将士和当地民众的共同努力下，襄汉六郡终于成为南宋坚固的抗金前沿堡垒，伪齐军与金军虽偶有寇扰，但襄汉六郡的控制权始终牢牢掌握在南宋手中。

岳飞部署完毕前沿防务后，便率领大军进驻南宋荆湖北路首府鄂州，鄂州正式成为岳家军的大本营。此后，岳飞一直担任荆湖北路和襄阳府路战区统帅，西捍川、陕，东屏两淮，南保长江中游，北部兵锋直抵东京开封府与西京河南府，在这里终于实现了岳飞多年来希望驻守在抗金第一线的夙愿。在对襄阳府路与荆湖北路的多年经营后，岳家军的实力也得到了扩充，无论面对何种敌人，岳家军都有与之一战的能力。岳飞上书朝廷，恳请继续领兵北征。岳飞指出："据臣观察，金人、刘豫皆可平灭。金军数年间，横征暴敛，无恶不作，如今金人只喜爱金钱、女人，曾经的志向早已完全丧失。刘豫，叛臣贼子，虽对外装作一副节俭、仁政的样子，但百姓无时无刻不感念大宋的恩德。讨伐金人、伪齐的计划，刻不容缓，需立即实施。如果不一鼓作气收复中原，给金人和伪齐以喘息的机会，使得他们修筑城墙，积草屯粮，增兵据守，之后再想消灭敌人，需要付出数倍的努力。陛下高瞻远瞩，臣愚钝不能领悟，据臣估计，如果此时我大宋能够以精兵 20 万北伐，直捣中原，民心所向，收复故土，绝非难事。消灭金人和伪齐政权，使得国家从此长治久安，伏请皇帝陛下睿断。"

虽然制订了倾全国之力一举收复中原的计划，但宋高宗之流绝难"睿断"，岳飞的计划石沉大海。此时的高宗更需要岳飞死心塌地为他固守国门，保卫皇位，而不是收复故土。之前襄汉战役使得高宗对岳飞刮目相看，高宗对众臣说道："朕一向听说岳家军纪律严明，未承想战斗力竟也如此惊人。"宋高宗从来不吝惜对岳飞的夸奖，也会适时地重用岳飞，然而一旦涉及主动与金军交战、收复故土的言词，听完便没有了下文。

绍兴四年（1134）八月，高宗下诏，将岳飞由正四品的镇南军承宣使超升为从二品的清远军节度使，荆湖北路、荆南府（今湖北荆州）、襄阳府、潭州制置使，武昌县开国子，时年岳飞 32岁。

节度使制度发展至宋代，已完全成为文臣、武将与宗室、勋戚的虚衔。为防止出现晚唐五代节度使藩镇割据的情况，宋朝将节度使辖区与武将实际军事辖区相分离，如岳飞授任清远军节度使，清远军为宋朝广西南路融州（今广西壮族自治区融水苗族自治县）军号，岳飞一生从未去过此地。

节度使是宋朝武官升迁次序中最为重要的一级虚衔，对于武官政治生涯的意义非其他结衔可比。凡授任节度使者，朝廷会给予一套最为隆重、威风的旌节礼仪，包括龙、虎红绫门旗各一面，画白虎的红绫旌一面，用一束红丝作旄的节一杆，麾枪两支，用赤黄色麻布做的豹尾两支。全套旌节共五类八件，全部黑漆木杠，加以各类装饰，十分精美。旌节自朝廷出发后，沿途所至，宁可拆毁城门、破坏房屋以方便旌节通过，也不能让旌节倾斜倒下，以表示武将宁死不屈之意。"建节"仪式仅赐予封拜节度使者，是武官毕生追求的最为荣耀的仪式，南宋立国以来，仅有刘光世、韩世忠、张俊、吴玠四人建节。当岳飞节度使的旌节自临安府抵达鄂州后，全体将士都深以为荣。

岳飞从一名普通士兵升至节度使，在年仅 32 岁时建节，虽战功赫赫，但其没有显赫的家世背景，年龄、资历更是不及刘光世、韩世忠，因此招致张俊等人的妒忌。尤其是张俊，此前曾三次担任岳飞的上级，而今岳家军独立成军不到五年，岳飞便骤然与自己平起平坐，心里很不是滋味。张俊本就是心胸狭窄、小肚鸡肠之人，整日愤愤不平，为日后二人矛盾激化、构陷岳飞埋下伏笔。

一日，晋升为清远军节度使的岳飞登上鄂州城中的一座高楼，凭栏远眺，瞭望这大好河山，忍不住触景生情。想到尚未收复的国土，想到仍在水深火热中的百姓，不禁热血沸腾，写下了著名爱国主义诗篇《满江红·怒发冲冠》：

> 怒发冲冠，凭栏处，潇潇雨歇。抬望眼，仰天长啸，壮怀激烈。三十功名尘与土，八千里路云和月。莫等闲，白了少年头，空悲切。
>
> 靖康耻，犹未雪。臣子恨，何时灭。驾长车，踏破贺兰山缺。壮志饥餐胡虏肉，笑谈渴饮匈奴血。待从头，收拾旧山河，朝天阙。

对敌人的愤恨之情，收复山河的宏愿以及对国家、朝廷的赤胆忠诚都在诗词中得以抒发。岳飞之"怒"，是金兵侵寇中原、烧杀掳掠、无恶不作所激起的雷霆之怒；岳飞之"啸"，是掌权的投降派妥协退让、不肯支持自己率军北伐的忠愤之啸；岳飞之"怀"，是矢志不渝、尽忠报国的豪壮襟怀。尽管前路困难重重，也绝不虚度光阴，期望早日完成抗金大业，可见岳飞梦寐以求的"功名"始终不是建节封侯、封妻荫子，而是抗金救国、收复失地、迎回二圣。正如他自己在《题翠岩寺》诗中写道："行复三关迎二圣，金酋席卷尽擒归。"又如在《题青泥市萧寺壁》诗中所说："雄气堂堂贯斗牛，誓将直节报君仇。斩除顽恶还车驾，不问登坛万户侯。"没有消灭敌人，还我河山之前，一时的胜利何足挂齿，个人的功名利禄更如尘土一般。"莫等闲"，既是激励自己，也是对所有抗金志士的鼓励和鞭策。

五、战局多变，临危救驾

绍兴四年（1134）七月，刚刚从襄汉战役中恢复过来的伪齐政权又在蠢蠢欲动。伪齐大臣罗诱向刘豫上"南征议"，劝刘豫以张邦昌的下场为戒，不要幻想得到宋高宗的谅解，必须"混一区夏"，将攻宋进行到底。刘豫君臣知道，有南宋在，伪齐必不长久。罗诱指出，南宋"西有三川之饶，南有二广之富"，一旦等到南宋羽翼丰满，兴师北伐，伪齐就会"一败涂地"，面临亡国的危险。罗诱列举此时南下灭宋必定成功的六点理由，即"地利失其守"（南宋退保吴越而非固守两淮），"宰相非其人"（南宋宰相多为平庸之徒且互相倾轧），"将骄而不和"（南宋将帅骄奢淫逸且不团结），"兵纵而不戢"（南宋士兵多为乌合之众且风气败坏），"主孤而内危"（高宗赵构身边既无宗室又无子嗣），"兵穷而财匮"（南宋国库空虚、军饷不足）。据此，罗诱强调，刘豫应效仿汉高祖刘邦"五载而成帝业"的宏伟志向，果断南征，只要伪齐大军一出，取天下易如反掌。

刘豫本是资质平庸之辈，经罗诱这么一鼓动，仿佛攻取南宋易如反掌，瞬息可成为囊中之物，殊不知伪齐政权的境况还不如南宋。被南宋多次击败的刘豫好了伤疤忘了疼，认为终于找到了联合金军大举攻宋的理由。

绍兴四年（1134）九月，刘豫遣使金朝，请求金朝出兵。金朝方面，由于半年之内，金军在西部川陕战役与中部襄汉战役中接连两次大败，金朝贵族恼羞成怒，一直想要找机会报复，双方一拍即合，决定合作攻打南宋的两淮。无论是伪齐还是金人，已经完全丧失与西部战区的吴玠军团、中部战区的岳飞军团决战的勇气，故采纳伪齐李成的建议，远远绕开岳家军防区，避免岳飞出兵，使金朝、伪齐联军腹背受敌，打算攻占东线的两淮地区，进而兵锋直指宋高宗的"行在"临安府。宋廷以临安为首都，则两淮地区成为京畿之地，金军一旦攻取两淮，则临安便暴露在金军的直接攻击之下。如此看来，伪齐、金朝联军避开南宋劲旅，攻打薄弱处的战略不可谓不高。宋廷为保江淮也必须奋力反抗，一场大战将近。

南下计划决定后，金太宗发布诏令，以完颜宗辅和完颜昌为统帅，除集结女真军队外，另调拨渤海军、汉军5万人，同时采纳完颜宗辅的建议，以完颜宗弼为前锋。此番面对伪齐前来请兵伐宋，完颜宗弼一言不发，再无往日力争独自率军攻宋的锐气。完颜宗弼经过黄天荡与仙人关之战的惨败后，越来越体会到灭宋的困难，在宋廷内部还有一大批像岳飞、韩世忠等英雄将领，在面对他们时他逐渐产生了消极畏难的情绪，直到完颜宗辅提出让他率领先锋军南下，才勉强答应。

金朝肯出兵南下攻宋，令刘豫心花怒放，下伪诏扬言要"直捣僭垒，务使六合混一"。刘豫以其子刘麟为诸路大总管、尚书左丞相、梁国公、领东南道行台尚书令，领伪齐军配合金军作战。

绍兴四年（1134）九月下旬，金朝、伪齐联军兵分两路，渡过淮河，大举南下，企图先以骑兵自泗州（今江苏盱眙东北）攻取滁州（今安徽滁州），步兵自楚州（今江苏淮安）进攻承州（今江苏高邮），然后渡江会师，进攻临安（今浙江杭州）。

另一边，金朝与伪齐联合进攻的消息传入宋廷，南宋"举朝震恐"。这一次，竟然又有官员建议高宗立即远遁避敌，幸而高宗没有轻易听从，选择了应战。针对南下金军，南宋在淮南东、西路部署了韩世忠、刘光世、张俊三支大军，兵力足有15万人以上。然而，宋廷部署的三支大军的应战态度并不统一。刘光世直接选择了未战先逃，将整个淮南西路拱手让与敌军。张俊则保存实力，拒绝派兵渡江，只是沿江消极防御。唯有韩世忠亲自领兵阻击金朝、伪齐联军。刘光世等人不战而逃的行为证明了金军战略的正确，正是因为他们看到宋廷的真正战将并不在江淮，才趁机选择从这里打开驻防缺口。

十月，韩世忠率军自镇江府（今江苏镇江）北上扬州（今江苏扬州），于大仪镇（今扬州西北）一带设伏。当金将聂儿孛堇等人率领的军队行至埋伏圈后，宋军伏兵四起，金人猝不及防，大败而归。韩世忠部又连败金军于鸦口桥（今安徽天长北十八里）与承州。可惜在金军主力抵达后，韩世忠孤军难敌，只得撤兵退守镇江府，与驻守常州的张俊、退守建康府的刘光世一道，凭借长江天险，抵挡金朝、伪齐联军进攻。

尽管宋廷坐拥15万大军，但是真到了危急时刻，宋高宗仍急令岳家军驰援。高宗亲写手诏给岳飞道："近来两淮地区战况紧急，朕甚为忧虑，已下达作战命令，希望爱卿率全军东下，抵挡敌军。爱卿忧国忧民，忠君保国，接到诏书后，当立即出发，星夜兼程，朕不等到爱卿率军抵达，始终无法安心，希望爱卿能够理解朕的心意。"这份手札表现了高宗急迫的心情，似乎对高宗来说他能倚靠的将军就仅剩岳飞一人。

岳飞接到高宗的手诏后，不敢耽搁，马上命令徐庆和牛皋率领两千轻骑为前锋，星夜赶赴庐州（今安徽合肥），又留守部分将士驻守襄汉地区，自己率领岳家军大部队驰援淮西战场。

此时庐州知州、兼淮南西路安抚使仇悆的处境十分危险，自刘光世率军遁逃后，仇悆仅凭庐州和寿州（今安徽凤台）几百名守军，加上两千乡兵，已数次击退来犯之敌。绍兴四年（1134）十二月，刘豫之子刘麟增兵进攻庐州，并以完颜宗弼为后援，庐州危在旦夕。仇悆对守城将士们说道："吾辈守土有责，吾当以死殉国，一定要战斗到生命的最后一刻！"

正当仇念准备与庐州城共存亡之时，徐庆和牛皋率领岳家军前锋部队及时赶到，仇念喜出望外。岳家军将士匆忙吃完午饭，留下一部分将士协助仇念守城，其余将士紧急出城迎敌。牛皋命令士兵升起"岳"字旗和"精忠岳飞"旗，敌军大惊失色，万万没有想到岳家军如神兵天降，竟然出现在庐州城内。

岳家军铁骑不足 2000 人，与金朝、伪齐的 5000 人联军展开激战，双方打了个难解难分，不分胜负。突然，徐庆被敌军击落马下，敌人一拥而上，准备活捉徐庆。牛皋手疾眼快，拍马赶到，杀退敌军，将徐庆扶掖上马，大声喊道："我乃牛皋是也，曾经四次击败完颜宗弼，不怕死的可以与我决战！"在牛皋的神勇冲杀之下，金朝、伪齐联军渐渐不敌。战斗从申时（15 时至17 时）打到酉时（17 时至 19 时），岳家军终于大破金朝、伪齐联军，斩杀敌军无数，俘虏敌将 80 余名，战马 80 余匹。徐庆和牛皋率军追杀 30 余里，才收兵回城。

第二天，岳飞亲统大军抵达庐州，与先锋军联合，再次重创金朝、伪齐联军。

金朝与伪齐联军在战场上接连失败，再加上岁末严寒，大雪纷飞，粮道不通，后勤供应出现严重困难，只能杀马充饥，士气全无，斗志丧失，皆盼望撤军回师。就在此时，后方传来金太宗病危的消息，完颜宗弼再也不敢在宋境停留，在没有得到完颜宗辅与完颜昌批准的情况下，连夜撤兵北返。刘麟率领的伪齐军队听说金军撤退，来不及携带辎重，一口气逃出 200 余里，金太宗时期金朝与伪齐政权的最后一次联合攻宋以失败而告终。

绍兴四年（1134）是宋金战争局势发生转折的一年。一年之内，金朝、伪齐联军先后在川陕战场、襄汉战场和两淮战场上三次惨败，金军由此前的战略进攻开始转为战略防守。岳飞首次北伐成功，展现出宋军已具备初步的反攻实力。故早在岳飞驰援淮西之前，李纲便上书朝廷，建议命岳飞由襄汉直捣颍昌（今河南许昌），威胁汴京，待金朝、伪齐联军回师救援之时，宋军全军出击，南北夹击，一举收复中原，而不是一味地消极防守。只可惜宋高宗君臣只想着偏安一隅，并未采纳李纲以攻为守、积极进取的战略。

宋金战局的变化，打击了伪齐的军心士气，震撼了女真贵族，为金熙宗继位后宋金议和奠定了基础。同时，岳飞率领的岳家军屡战屡胜，大大鼓舞了南宋军民的抗金勇气和信心。危急中救驾的岳飞也因此更加受到宋高宗的青睐，绍兴五年（1135）二月，岳飞晋升为镇宁、崇信军节度使。镇宁军为开德府（今河南濮阳）军号，崇信军为随州（今湖北随州）军号。宋朝授予两镇或三镇节度使者十分稀少，真可谓"国朝盛典"，非有大功勋者不能担任。宋高宗朝，只有刘光世、韩世忠和张俊授三镇节度使，吴玠和岳飞授两镇节度使。此时岳飞仅 33 岁，面对朝廷如此恩典，岳飞深感肩负重任，一定要为国尽忠，死而后已。

第六章
平定杨么，威震洞庭

原本在收复襄汉六郡之前，针对伪齐与杨么叛军南北联合的关系，岳飞就已规划出先战胜伪齐军，后消灭杨么叛军的用兵方略。绍兴四年（1134）间的军事行动，正是围绕岳飞制订的计划依次进行的。收复襄汉后，绍兴四年八月，岳飞升任清远军节度使，荆湖北路、荆南府、襄阳府、潭州制置使，荆南府（今湖北荆州）、潭州分别为荆湖北、南路首府，宋廷已按照岳飞的计划，委任岳飞全权"讨捕"杨么叛军，但因金朝、伪齐联军南侵，使平定杨么叛军又耽搁了半年。淮西战役结束后，金军元气大伤，加之绍兴五年（1135）正月金太宗病逝，金熙宗完颜亶继位，一年多的时间内，宋与金、伪齐之间基本处于休战状态，终于使得岳飞有足够的时间与精力，消灭杨么叛军，稳定后方。

一、钟相叛乱，杨么突起

杨么叛军之所以能将声势坐大，还要追溯至南宋初年的钟相叛乱。钟相（？—1130），荆湖北路鼎州武陵县（今湖南常德武陵区）人，自宋徽宗时期，便利用民间摩尼教结社，进行反对宋朝的活动。

摩尼教又称明教、牟尼教等，公元 3 世纪中叶波斯人摩尼创立，唐朝时传入中国，开元二十年（732）与会昌三年（843）先后遭唐玄宗、唐武宗下诏敕禁，此后摩尼教一直处于在民间秘密传教状态。五代后梁末年，陈州（今河南淮阳）母乙和北宋末年的方腊，都曾利用摩尼教发动起义，钟相亦是如此。钟相自称有法术神通，可以"与天通"，"若受其法，则必田蚕兴旺，生理丰富，应有病患，不药自安"。治病救人只依靠其法术，而无需药物治疗，体现出钟相只是披着摩尼教的宗教外衣，用封建迷信蒙蔽百姓罢了。

为吸引更多人加入到自己的组织当中，钟相鼓吹"法分贵贱贫富，非善法也。我行法，当等贵贱，均贫富"。在两宋之际兵荒马乱，朝不保夕的岁月里，"等贵贱，均贫富"的口号与人们梦寐以求的财富上平均、社会地位上平等的理想世界相契合，对普通百姓无疑有着相当大的吸引力。依靠这一口号，钟相聚集了越来越多的信众，甚至远在百里之外的百姓，也前来投奔。钟相要求凡欲加入他的组织者，均需交纳一定的钱粮，久而久之，钟相便成为当地的首富。

靖康二年（1127）初，钟相组织了一支300余人的民兵队伍，由其长子钟子昂率领北上"勤王"，队伍到达南京应天府时，正值宋高宗即位，尚未与金军接触，便被遣散回乡。实际上钟相的勤王举动并不是想真正去保卫大宋朝廷，为宋廷征战沙场，只是想借此去捞取政治资本而已。因此在钟子昂率军回到武陵县，告知钟相中原动荡、时局混乱的现状后，钟相并没有像岳飞一样，立志匡扶大宋，迎回二圣，做大宋朝的支柱，反倒萌生了应天承运、改朝换代的野心，从他自称"天大圣"中便已经有所体现。钟相认为时机已到，将招募来的民兵集结训练，招兵买马，置办旗帜、盔甲、兵器，随时准备兴兵作乱。建炎四年（1130）二月，宋沿江招捉使孔彦舟率部袭击鼎州北面的澧州（今湖南澧州），恰好给了钟相作乱的机会。

孔彦舟（1106—1160），字巨济，相州林虑（今河南林州）人。南宋叛将，原为无赖。靖康元年（1126）应募从军，后升任京东西路东平府的兵马钤辖。建炎二年（1128），金军进攻山东，作为大宋军人的孔彦舟竟未作丝毫抵抗就弃城而逃，率部南下流窜。孔彦舟在面对金军时懦弱得只知逃跑，而面对手无寸铁的百姓时却骄傲地举起长刀，南下沿途无恶不作，强掠民女，劫夺士商，甚至杀掠平民来冒充战功。昏聩的南宋朝廷，不加查验就给予孔彦舟记功封赏，将其升任为沿江招提使。建炎四年（1130），孔彦舟在消灭钟相叛军后，于湖南大肆烧杀。绍兴二年（1132），无耻的孔彦舟叛投伪齐。伪齐灭亡后，又再次投降金朝，成为金朝走狗，官至河南（今河南洛阳）尹、南京（今河南开封）留守。临死时，仍上表劝金海陵王完颜亮南下攻宋。

钟相趁孔彦舟进犯，鼎州官员逃遁之机发动叛乱。钟相自封楚王，改元天载（一作天战），立妻子伊（一作尹）氏为皇后，长子钟子昂为太子，伪置官署，发布伪诏，号令信徒。从称王的这一刻起，钟相把自己树立成了未来新政权统治阶层的最高代表，为天下苍生计的"等贵贱，均贫富"的政治理想已经不复存在。由于信徒遍布洞庭湖周围，在信徒的里应外合下，钟相叛军很快便占据了鼎州、澧州、荆南府、岳州、潭州（今湖南长沙）等地，建立起割据政权。叛军自称"爷儿"，所到之处，焚烧官府、城市、庙宇、地主富豪之家，宣称要保护"执耒之夫"（农民）与"渔樵之人"（渔夫）的安全，处决官吏、儒生、僧道、巫医、卜祝及有仇隙者等六类人，谓之"行法"。钟相伪诏称宋朝的"国典"为邪法，称劫财是为了平均财富，要求信徒和叛军生病不准服药，去世不准服丧，每日以"拜爷"（敬拜钟相）为最重要的事。钟相利用人民渴望反抗社会弊病的思想，以宗教迷信相蛊惑，借以达到个人目的。

钟相在洞庭湖地区的叛乱，严重影响了孔彦舟在这一地区的利益，对于有意占据此地，割据一方的孔彦舟而言，卧榻之侧，岂容他人鼾睡！因此二人之间不可避免地要有一场争斗。建炎四年（1130）三月，钟相和孔彦舟两军对垒于鼎州，双方各有胜负。在战之不胜的情况下，孔彦舟安排手下伪降钟相，并诡称"爷（指钟相）若休时我也休，依旧乘船向东流"，意为钟老爷你不进攻我，我也不进攻你，我仍旧乘船往东边进发。同时孔彦舟下令制造竹筏，佯装准备离开鼎州。钟相果然上当，放松警惕。一日深夜，孔彦舟率领手下里应外合，攻破钟相大营，钟相和妻子伊氏、长子钟子昂等被俘处死。

古代的农民起兵，最初打着的旗号一般都充斥着贵贱相等、贫富均摊的美好愿望，只是每每在实际操作之时，又毫无意外地进入贵贱不等、贫富差距的历史循环。以钟相为首的这群人自然也难以避免。拥有成千上万信众的钟相，与大多数普通信徒之间贫富差距悬殊，最终还是让"等贵贱，均贫富"成为一句口号。虽然他提出"等贵贱，均贫富"之说在贫富差距较大的社会中具有一定的先进性，是符合人民的期望的，有着极大的煽动性，但在当时的社会之中，钟相等人并不具备实现这一口号的能力。从个人政治角度而言，这些说辞也无非是服务于个人的政治野心。钟相在建炎四年（1130）发动变乱后，从没有践行过他的政治口号，反而是自称"天大圣"，其信徒称其为"钟老爷"，已经萌生出僭越的想法。后来钟相自立为王，"遂称楚王，改元天战（或作天载），立妻伊氏为皇后，子子昂为太子，行移称圣旨，补授用黄牒"，建立一套同样有贫富贵贱差别的统治秩序。

钟相死后，作为叛军一员的杨幺选择继承钟相"等贵贱，均贫富"的宣传，并且进一步"以妖术鼓惑愚民，并创立新说"，"谓从之者无税赋差科，无官司法令，愚民乐从"。没有赋税差役，没有严刑峻法，对于普通的劳苦大众来说，是十分具有诱惑力的，因而许多百姓亦被他裹挟。同时杨幺联络钟相余部，推举钟相之子钟子义（一说钟子仪）为"太子"，转入洞庭湖内，据水为险，临湖设寨，伐木造船，兵民结合，继续与官府抗衡。

杨幺（1108—1135），名太，龙阳祝家岗（今湖南汉寿新兴乡）人。建炎四年（1130）二月，追随钟相起事，因其在首领中年龄最小，荆湖一带的方言中称"幼"为"幺"，故人们称他为杨幺，多作杨幺。

杨幺的威胁，对高宗来说是变生肘腋，他可以对金朝卑躬屈膝，但是不能容忍杨幺这样的叛军在其周围。建炎四年（1130）六月，南宋以程昌寓为鼎、澧州镇抚使，兼鼎州知府，率军平叛。前文提到，杜充弃守东京开封府之时，程昌寓任留守判官。程昌寓同杜充一样也是贪生怕死之徒，在杜充、郭仲荀南逃后，程昌寓将守城重任推给上官悟，自己逃之夭夭。宋廷命程昌寓之徒平定叛乱，结局可想而知。

程昌寓赴任之初，沿途搜刮民脂民膏，由于抢夺的物资太多，陆运不便，只得由水路前往鼎州。杨幺设伏，程昌寓仅以身免，不仅所有搜刮来的金银财宝为叛军所有，程昌寓的爱妾亦被叛军掳走。

绍兴元年（1131）正月，杨幺再败程昌寓，缴获宋军车船及工匠高宣，叛军各水寨开始建造并装配车船。车船起源于南北朝时期，船舷两侧装载车轮，设有踏板，人力蹬踏，往来如飞。叛军共制造几十艘大车船，船高两三层楼，可容纳近千人。又于大车船上设置拍竿，长十余丈，上面放置巨石，与宋军水师遭遇时，可飞石击船。此外，还装备有鱼叉、弓弩等远程攻击武器。战斗力、防御性俱佳的大车船与机动、灵活的小战船配合，导致程昌寓率领的宋军连战连败，叛军势力不断壮大，席卷洞庭湖区域绝大多数州县，一度占据了北及公安（今湖北公安西北）、西至鼎澧（今湖南常德、澧县）、东达岳州（今湖南岳阳）、南抵潭州（今湖南长沙）的广大地域，叛军的大本营由武陵县（今湖南常德武陵区）转移到龙阳县（今湖南汉寿）。在岳飞到来前，宋廷无论是军事手段还是政治手段都没有起到镇压叛乱的目的。"招安之人屡遣，而大半不还；水陆之师每进，而无敢深入。"杨幺的势力反而越做越大。

随着军事上的节节胜利，叛军内部等级愈加森严，叛军高层骄奢淫逸，发展为新的统治阶级，将曾经的"等贵贱，均贫富"

口号彻底抛诸脑后。

绍兴三年（1133）四月，杨幺自封"大圣天王"，并以"大圣天王"为年号纪年，不用南宋绍兴年号。立钟相少子钟子义为"太子"，封黄诚为军师、左仆射，杨钦为军马太尉。模仿宋制，伪置官署名号、车服仪卫。在这个伪大圣天王政权中，杨幺作为最高统治者，所有人都要对他俯首称臣。杨幺制作了一面大旗，上书"大圣天王"，以表示自己的身份。杨幺和钟子义的住处，也像皇宫一样称"内"，衣食住行无不穷奢极欲，布置有龙床、金交椅等奢侈品，以示尊贵。并设有三衙（殿前司、侍卫亲军马军司、侍卫亲军步军司）管理军队。不仅如此，叛军的首领们打着"均平"的幌子强占民田，发展私产，普通士卒和治下百姓越发贫困潦倒。加之叛军滥杀无辜，严重破坏了洞庭湖地区的社会生产力，导致民不聊生，直到岳飞平定杨幺叛军后洞庭湖才逐渐恢复元气。

杨幺势力的做大，使得伪齐太尉李成以为有机可乘，于是连忙派使者去洞庭湖联络，许愿道：降齐可"得州者做知州，得县者做知县"，事成"裂地而王"。他一而再、再而三地派人去劝说，并且带去了大量的官告（委任状）、金束带、锦战袍、羊粑等礼物。伪齐的许诺一定程度上满足了杨幺的政治要求，因此杨幺与伪齐勾结在了一起，于是就有了意欲南北联合攻宋的举动。

李成与杨幺相互勾结，使得南宋朝廷十分紧张，绍兴四年

（1134）三月、四月，接连下了两道省札给岳飞，向他通报李成与杨么"相勾结之事"。

对于南宋朝廷来说，杨么叛军已成为金人、伪齐之后的第三大祸患。宋高宗君臣意识到，杨么叛军已成为心腹之患，杨么不除，南宋始终面临金人、伪齐与杨么叛军的南北夹击，无法安稳立国。且杨么叛军占据的洞庭湖地区，位于南宋岳飞驻守的中部战区（荆湖北路和襄阳府路战区）的后方，杨么不除，岳飞一旦北上征伐，很有可能面临杨么攻击岳家军大本营的危险。综合考虑之下，消灭杨么叛军，消除南宋抗金最大内患的战斗已迫在眉睫。

二、出征平乱，剿抚并用

据当时的实际情况来看，杨么叛军与伪齐南北联合的策略并没有真正实施。在宋军与伪齐军队进行淮西战役期间，杨么没有如约配合伪齐在后方对宋军进行牵制进攻，但即使如此，也无法缓解南宋朝廷与杨么叛军的矛盾，宋廷决不允许有这样一支反叛力量存在。

绍兴五年（1135）二月，淮西战役结束后，岳飞自池州前往"行在"平江府朝见高宗，并随同皇帝返回临安府。高宗除晋升岳飞为镇宁军、崇信军二镇节度使外，又任命岳飞为荆湖南、北，襄阳府路制置使，命其率领岳家军平定杨么叛军。按照岳飞于绍兴四年（1134）首次北伐胜利后提出的建议，宋廷将湖湘地区所有的军队，包括水军、步军、骑兵等全部划归岳飞指挥；征调木匠随军作战，建造大船；保障岳家军的后勤粮草供应，赐钱10万贯，帛5000匹，作为犒军费用。宋廷为平定杨幺叛乱，做了充分的准备。

绍兴五年（1135）三月，岳飞自池州发兵。由于岳家军将士绝大多数都是北方人，不仅不习惯水战，更不习惯湖湘地区的水土气候。适逢多雨季节，行军途中多遭遇倾盆大雨，泥淖没膝，行军异常艰难。岳飞与众将士同甘共苦，一样步行，任凭泥浆沾满全身。行军途中，岳家军军容整齐，军纪严明。沿途百姓有时私下里给岳家军将士送来酒食，岳飞下令，乡亲们的心意收下，但是必须要按照市价给钱，不允许白拿乡亲一针一线。岳家军行军纪律严明的事迹传到高宗耳中，高宗深受感动，颁布诏旨夸赞道："率领数万将士，跋涉千里之遥，却能够秋毫无犯，鸡犬不惊，岳飞治军有道，真可谓前无古人，后无来者。"

绍兴五年（1135）四月初，岳家军全部集结潭州（今湖南长沙），并做好战斗准备。宋廷为显示此次战役的重要性，特派遣右相张浚亲临湖湘，都督诸路军马。

张浚（1097—1164），字德远，世称紫岩先生。宋朝汉州绵竹县（今四川省绵竹市）人。北宋至南宋初年的名臣、学者。宋徽宗政和八年（1118），登进士第。后历枢密院编修官、侍御史等职。苗刘之变时，勤王复辟有功，除知枢密院事。建炎四年

（1130），提出经营川陕建议，出任川陕宣抚处置使。在任三年间，训练新兵，任用刘子羽、赵开、吴玠等人，保卫江淮安宁。后除同平章事兼知枢密院事，都督诸路军马。部署沿江、两淮诸军防御，支持并谋求北伐。淮西军变后引咎辞官，秦桧当权之时，在家谪居十余年。金帝完颜亮南侵时重新获得起用，奉命督师北伐，积极部署抗金措施。不久又被主和派排挤。宋孝宗隆兴二年（1164）病逝。

岳飞吸取了以往程昌寓失败的教训，改变了进攻策略。一方面，将以往宋军盲目进攻改为长围久困。岳飞抵达潭州后，并不急于派兵进攻叛军水寨，而是分遣军马，驻守在叛军出洞庭湖的必经之路上，截断叛军的运粮要道，禁止一切与叛军间的贸易往来。同时破坏叛军耕种的田地，使叛军断炊绝粮，进而瓦解叛军军心，消弭叛军斗志。另一方面，剿抚并用，以招安纳降为主，军事进攻为辅。岳飞强调，杨么叛军中多为被蒙蔽、裹挟的普通百姓，不应一味地武力镇压，而应使叛军看清杨么叛乱的本质，分化、瓦解敌军。

岳飞实施的招抚策略，此前也有征讨的将领曾尝试过这个方法，但杨么不仅不接受招抚还时常斩杀使者。故而，当岳飞打算派使臣进水寨去劝降时，那些被派遣的使臣，想到以往去招安者的下场，吓得发抖，纷纷跪在地上向岳飞叩头，请求免去这个差使。岳飞则十分自信，上前安慰道："吾遣汝，汝不死！"听罢，这些使臣只好将信将疑地去了。派遣的使臣刚到起义军水寨近前，就大声呼叫："岳节使遣我来！"岳飞名声在外，这些叛军慑于岳飞的威名，一改往日的自大做派，没有杀害前去招抚的使者。

岳飞的招抚果然起到了作用。叛军中一位名叫黄佐的将领，久闻岳飞大名，知道这位大胜伪齐、挫败金人、威震荆襄的英雄绝非程昌寓之流可比。黄佐对他的属下说道："我听闻岳大帅号令如山，百战百胜。如果与岳飞为敌，吾辈断然没有胜算，应立刻前去投降。岳大帅诚实守信，必不会加害于我。"黄佐的部下皆表示赞同。

于是黄佐率领部众前往潭州投靠岳飞。岳飞立即保奏他为正七品的武义大夫、阁门宣赞舍人，并给予丰厚的奖赏。不仅如此，岳飞还单骑前往黄佐的驻地巡视一番，亲自慰问黄佐统辖的士卒，以示对他们的信任。黄佐及其属下为岳飞的气度和勇气所折服，纷纷表示愿为岳飞赴汤蹈火。

次日，岳飞又专门设宴招待黄佐，说道："你是真正的大丈夫，识时务，辨善恶。加之你武力超群，在同龄人中属佼佼者，如果能够为朝廷立功，晋爵封侯，何等荣耀。我想安排你重新潜入洞庭湖中，一旦捕捉到战机，便抓捕几个叛军回来。如果遇到可以言语规劝的，便招降他们。你能胜任这个任务吗？"黄佐有感于岳飞的厚待与赏赐，当场表示决不辜负岳飞的信任。

四月十四日，黄佐亲率部众攻破叛军将领周伦的水寨，俘虏

9名叛军头目，缴获船只、粮食等各类物资，然后将水寨焚毁，以绝后患。周伦此时仍不投降，率领残部逃往别的水寨存身。黄佐首战告捷，岳飞立即将黄佐升为武经大夫。

与此同时，在岳家军的严密封锁下，叛军的物资供应越发紧张，叛军高层享受着锦衣玉食，底层士卒与百姓的生活举步维艰，只能设法溜出水寨，前往最近的集市。岳飞得知后，又想出一个瓦解叛军军心的妙计，让一部分岳家军将士装扮成集市上卖货的商人与生活的百姓，等叛军前来购货之时，乘机将他们抓住，前后抓捕叛军数百名。岳飞首先询问身边幕僚当如何处置这些人。幕僚们说道："叛军杀害官军、民众无数，罪不容赦，应当立即将他们全部处死。"对此，主管机密事务的黄纵提出异议，指出可以通过这些俘虏瓦解敌人军心。

黄纵的想法与岳飞不谋而合，岳飞对叛军俘虏们说道："你们为恶多年，残害一方，现在即使处死你们，也不足以抵消你们的罪恶，你们觉得我应当如何处置你们？"俘虏们认为，既然被官军抓获，断无生还可能，纷纷表示甘愿请死。岂料岳飞话锋一转，说道："当今圣上英明，知道你们本都是安善良民，只是不幸被卷入叛乱，被人胁迫、欺骗而成为叛军。朝廷派我来不是为了把你们杀掉，而是让我来解救你们的。"

岳飞又继续问道："你们在叛军营寨中过得舒服吗？"俘虏们皆回答道：由于营寨被官军层层包围，水寨中荒凉萧索，愁闷艰苦，生活已大不如前，当官的穷奢极欲，底层人生活一天不如一天。岳飞听后，心下暗想，果然不出自己所料。接着，在同僚的质疑声中，岳飞下令将俘虏们全部释放，并且给每个人发了一笔钱，让他们回营寨的时候顺路去集市上购买些生活必需品。岳飞嘱咐商家必须压低价格，以低于市场价出售给叛军俘虏们，差额由官府负责补偿。

这些俘虏购买物品后，欢天喜地地回到营寨之中。外边物价很低的消息在营寨内迅速传播，很快就引起了叛军士兵、占领区百姓和杨幺、钟子义等统治阶层之间的矛盾。然而投降与接受招安的毕竟只是少数，杨幺仍然控制着叛军的主要力量。要消灭杨幺非武力绞杀不可。但岳飞此时并不愿意立刻强攻水寨，一是叛军营寨中还有大量被裹挟的普通百姓，他们不应当是兵戈之灾的受害者。二是对于岳飞来说，此时强攻虽能够取胜，恐怕也会付出较大的伤亡，爱兵如子的岳飞是不会随便牺牲士兵的，他此时在等待一个合适的时机。

皇天不负有心人，终于在绍兴五年（1135）四五月间，洞庭湖地区大旱，湖水浅到几乎等同于冬天的水位。大旱不仅加剧了叛军内部粮草、物资供应的紧张局面，还为岳飞觅得了破敌之策。

岳飞初临湖湘之时，在明知水战非岳家军擅长的情况下，苦无破敌良策，仍计划建造大战船，以对付杨幺水军。负责后勤供应的荆湖南路转运判官薛弼是两浙路温州永嘉县（今浙江温州）

人，在商讨作战计划时，命人端来一盆水，盆中放了一条鱼。一开始盆中水近乎满溢，鱼儿肆意畅游，无法捕捉。薛弼命小吏不断将水舀出，鱼儿渐渐无法游动，任人捕捉。薛弼对岳飞说："对付杨么叛军，如同小孩子摸鱼一样。"简单的演示，使在座众将恍然大悟，必须趁着天气大旱，湖水干涸的天赐良机，对杨么叛军发起进攻。杨么叛军的车船吃水很深，最怕遇到湖水干涸，一旦拖延至湖水暴涨，以己之短，攻彼之长，后果将会不堪设想。

五月五日，岳飞让刚刚归属岳家军的任士安部做先锋，迎战叛军。勒令三日之内必须获胜，否则军法处置。任士安是一个桀骜不驯的将军，本来归王燮节制，又不肯听从王燮的命令和安排。在岳飞这里军队纪律严明是治军之本，既然归由自己统领，就决不能允许任士安把这种作风带过来。在新的隶属关系确定之后，岳飞列举任士安此前的种种过失，命士卒抽打他100鞭以示惩戒，用以折杀他的锐气。

任士安曾是杨么的手下败将，接到任务后，十分不情愿做前锋，但是又不敢违抗岳飞，只能硬着头皮出征。任士安并不打算直接与叛军发生冲突，为了保全自己，他一离营就开始虚张声势，四处放言：岳太尉（飞）就要亲率20万大军前来了，意图恐吓杨么叛军。任士安的虚张声势很快被杨么叛军识破，杨么叛军集中军队猛攻任士安军，任士安深知岳家军军纪严明，令行禁止，于是只好鼓足勇气，指挥部队与叛军死战。

　　任士安成功吸引了杨么大军的注意力，杨么大军一出便进入了岳飞设计好的口袋之中。在双方激战的第三天，都已人困马乏之际，岳飞率领大队人马赶到，向叛军发起总攻，叛军大败。任士安率军追击，逼近杨么的大寨。此战岳家军又俘虏叛军数百人，岳飞再次征求幕僚们的意见，众幕僚皆认为："前些日子释放的那些俘虏，已有归降之意，今天同样也应释放他们。"岳飞不语，看向黄纵。黄纵说道："我表示异议，前些时不杀那些俘虏，是由于他们为叛军所逼迫、引诱，实际上只是普通的老百姓。今天这些叛军敢出战与我军为敌，必有大凶大恶之人隐藏其间，应将穷凶极恶之徒处死，杀一儆百，以儆效尤。"岳飞表示赞同，遂亲自审查俘虏，选择相貌凶恶者数人，予以处死，将其他俘虏释放。

　　时间不知不觉到了五月下旬，岳飞率军抵达潭州已过去近两个月，岳飞不仅极少发动对叛军的军事征剿，相反，对于抓获的俘虏，绝大多数予以释放，这引起荆湖南路安抚使、兼潭州知州席益的怀疑。席益向张浚进言道："岳飞进攻杨么叛军不积极，是不是怀有二心？我想将岳飞的行为上报给朝廷，不知都督意下如何？"张浚听后，笑着说："岳飞忠君报国，天下尽知，不必怀疑。岳飞用兵，神鬼莫测，不是你能够理解的。"

　　张浚虽然嘴上这么说，其实心里也没底，如果说岳飞是想将敌人全部招安，减少流血，可目前的成效着实不大。但当前的情况下，张浚必须相信岳飞。因为他知道，满朝文武之中，如果连岳飞都剿灭不了杨么叛军，那么南宋朝廷只能坐视叛军做大。至于岳飞究竟葫芦里卖的什么药，究竟有没有平叛的计策，张浚当真是一头雾水。

三、叛军瓦解，安定湖湘

正当叛军在岳飞剿抚并用的战术下节节败退之时，南宋朝廷却害怕金人与伪齐乘机再次联合南侵，命令张浚返回"行在"临安府，商量江防战守事宜。面对朝廷的催促，张浚再也忍不住了，眼见围剿杨么叛军已将近两个月，仍看不到胜利的希望，畏难情绪不由涌上心头，打算奉诏返回临安。

临行前，张浚召见岳飞问道："我准备回去了，岳大帅平定叛军，已有良策了吗？"

岳飞取出军用地图，回答道："已有破敌之策。"

张浚仔细观看地图，仍不明所以，说道："我观杨么叛军，据险固守，一时似乎仍没有可乘之机，朝廷召我回朝，商议秋季江防事宜，平定杨么叛乱之事，暂且停滞，先防备金人、伪齐南下犯境，叛军之事，待来年再从长计议。"

岳飞说道："都督且慢，平定杨么叛军，何须来年？都督暂且再停留一段时日，无需太久，八日即可，便可以彻底解决叛军作乱。到那时，您就可以高高兴兴地班师凯旋了。"

张浚严肃说道："平定杨幺叛军哪像岳大帅说的如此容易？此前朝廷命王燮征讨两年尚不能成功，岳大帅却说八日内即可破敌，岳大帅的依据是什么？"

岳飞说道："此前朝廷用官军进攻贼寇，所以艰难。我用叛军进攻叛军，所以容易。"

张浚问道："用叛军进攻叛军？岳大帅请详细解释一下。"

岳飞回答道："杨幺叛军的巢穴位于洞庭湖深处，而水军作战，非我军所擅长，以己之短，攻彼之长，进入洞庭湖后，没有向导，敌暗我明，故难以成功。但是如果我们利用投诚的敌军进攻负隅顽抗的叛军，使杨幺、钟子义等人陷于孤立无援的境地，然后我军乘胜进攻，平定叛乱，易如反掌。恳请都督除去部队行军时间，给我八天时间，我必将擒获叛贼献于都督帐前。"

张浚听后，虽然仍将信将疑，但最终还是决定相信岳飞，上奏朝廷道："在岳飞的严防死守下，叛军水寨粮食匮乏，越来越多的叛军投诚朝廷。据岳飞称：'无须太长时间，必破贼匪。'我本想第一时间依照皇帝陛下诏旨启程回朝，但唯恐叛军听闻我离开后，气焰复燃，将士听闻我离开后，军心不稳。于是决定停留至六月上旬，如果届时叛军仍未被消灭，我便将岳飞召回潭州，一同赶赴行在觐见皇帝陛下。"

宋高宗接到张浚的汇报后，批准了岳飞的作战计划。岳飞得到了高宗、张浚等人的支持，于五月二十五日至二十六日，率领岳家军主力自潭州移师鼎州附近，安营扎寨，建造战舰，准备向叛军发起总攻。

与此同时，招降工作依然在有条不紊地进行着。杨幺麾下有一个名叫杨钦的战将，最为骁勇，在军队交战过程中，他多半奋勇当先，是杨幺恃以为强的一个人物。发起总攻之前，都督张浚对他进行了多次诱降，而他也屡次表示愿意接受招安，借以拖延时间，维持现状。其实，早在黄佐投奔岳飞后，岳飞便令黄佐设法招降杨钦，无奈杨钦始终犹豫观望，难以下定决心。六月二日，岳飞派遣黄纵亲自前往杨钦水寨劝降。黄纵只带了两名随从前去交涉，见到杨钦后，提出想参观一下杨钦的营寨。当黄纵看到杨钦水寨中多为茅屋竹舍，便对杨钦说道："岳大帅命我来最后问你一次，是否愿意归降，如果此次还犹豫不决，岳大帅便命令将士们用火箭将你的营寨焚毁殆尽。"

杨钦早已对投诚动心，只是害怕朝廷报复，始终难下决断。听闻黄纵传达的最后一次警告，杨钦知道自己已经没有退路，唯有投降才是明智之举，于是率领营寨全员出降。出降者包括3000余名战士、7000余名家属及百姓。另有大小舟船400余艘，以及牛马、粮草等物资。岳飞将杨钦所部编入岳家军水师之中，家属及百姓给予田地，恢复生产。

杨钦归降后，岳飞依照黄佐的先例，为杨钦准备了盛大的受降欢迎仪式，设宴款待，任命杨钦为武义大夫，并将高宗亲赐的金腰带和战袍赠予杨钦。对其徒众，岳飞拣选其强壮者充当水军，老弱一概放归田园，命令地方官给予田土，使其各有本业。面对岳飞给予的礼遇与安排，杨钦感恩戴德，表示一定为岳飞尽心竭力。杨钦说到做到，凭借其在叛军中的地位以及归降岳飞后的亲身经历说服叛军，所以越来越多的叛军将领向岳飞投诚。

黄佐、杨钦等人的投降对杨幺叛军是一个重大打击，其外围再无可恃之力。

尽管杨幺叛军的实力已大为削弱，但杨幺、钟子义等人拒绝投降，积极调度舟船人众，加固防御，仍然负隅顽抗。这时，杨钦又向岳飞献计道："杨幺所依仗的大车船，水位低于一丈便无法通行，岳大帅应开闸放水，然后将腐枝烂草撒在湖面。当下天气大旱，水位极低，杨幺水军出战，只能驶向大帅开闸泄洪处，待车船被草枝缠住，我军伏兵四起，可一举全歼敌人。"

岳飞听罢，立即采纳杨钦的建议，下令开闸放水，并用巨木堵住鼎州附近湖面的各个港汊，制造伏击区。然后命杨钦率领岳家军水军，驾驶小船行至浅水处，引诱叛军出战。杨幺、钟子义果然上当，率领全部车船出战，被杨钦诱至岳家军埋伏圈。待船舷两侧装载的车轮被杂草缠住后，岳飞指挥牛皋等全军出击，杨幺的车船进退两难，失去战斗力，只能束手待毙。杨幺见形势危急，企图驾驶小船突围，在港汊处又遭遇岳家军伏击。叛军见大势已去，遂劫持钟子义的指挥船，向官军投降。杨幺见状，企图投水自尽，未遂，被抓获后，和钟子义一起被处决，岳飞兑现此前与张浚的承诺，将杨么、钟子义的头颅送至张浚帐前。

岳飞全歼杨么、钟子义率领的叛军主力后，杨么叛军的其他将领，全琮、周伦、刘衡之辈也相继投降，只剩下夏诚驻守的最后一个水寨据点。夏诚绰号"夏猫儿"，足智多谋，堪称叛军中军师级的人物。其驻守的水寨背靠大山，三面环水，易守难攻。夏诚又设置重城、战壕和陷坑，自以为固若金汤，扬言道："岳飞想要攻占我的营寨，除非他能飞过来。"此言传入岳飞耳中，岳飞听后大笑道："飞在此。"

对于叛军的最后一个据点，岳飞不敢有丝毫松弛，亲自检查了夏诚营寨的布局，很快便制定出针对性方案。岳飞认为夏诚所持的首要险要即山溪之险，消除山溪之险便可直驱大营。遂命人砍伐大树，制造巨型木筏，将夏诚营寨周围的港汊全部堵住。又命人从上游向水中投入大量枯枝烂草，使其一直漂浮至夏诚营寨周围。与此同时，岳飞又命令两千口齿伶俐、善于吵架的军士不断前往夏诚水寨前骚扰、佯攻，叛军弓弩不足，只得向外投掷瓦片和石块，以阻挡官军进攻。经过不断的袭扰，叛军投掷的瓦片、石块，不仅堵住了水寨进出的通道，也无形中为岳家军将士铺平了陆战的道路，宋军利用草木和瓦石制造浮桥，一举攻克了敌军水寨，夏诚被俘，向岳飞投降。至此，杨么叛乱被彻底平定。

从岳飞移师鼎州，至击破夏诚水寨，前后十四五日。除去部队行军，与此前和张浚保证的八日期限相差无几。岳飞成功按照期限完成任务，张浚见岳飞果然不辱使命，连连称赞岳飞神机妙算。

在平定杨幺叛乱的过程中，岳飞始终坚持攻心为上，能不杀人尽量不杀人。平定叛乱后，如何处理叛军家眷与叛军统治区百姓，在岳家军内部引发激烈争论。以牛皋为代表的将士们认为："钟相、杨幺之徒，占据洞庭湖多年，为害一方，烦扰朝廷，致使朝廷累年征伐，损兵折将，耗费极大。我军在岳大帅的率领下，好不容易平灭了匪徒，其余贼匪畏惧岳大帅的虎威，皆已出降，唯独杨幺等人负隅顽抗到最后，今日将杨幺等匪首擒获处死，我建议再处斩一批杨幺的手下，以示我军军威，以儆效尤，使后人不敢再兴风作浪。"

岳飞听闻，反对道："杨幺叛军，原先大多数为村民，只是先被钟相以妖术欺骗，后又被孔彦舟、程昌寓等人追杀，不得不聚众保命，被杨幺等人利用，致使叛军势力不断壮大。而今叛军各水寨皆已出降，匪首杨幺等人已被处决，余下的士卒、百姓都是国家赤子，杀了他们，有伤皇帝陛下恩德。况且不战而屈人之兵，为用兵之上上策。如今叛军已被平定，一定不要滥杀无辜。"岳飞再三强调，用兵应以仁为本，首恶必除，胁从不问，一定不可以滥杀。牛皋等人敬佩岳飞的气度，明白主帅的良苦用心，欣然接受了岳飞的告诫。

岳飞对叛军的处理，展现出一位战略家的远见卓识。南宋初年，战祸频仍，人口锐减，保留战俘可谓一举多得。一则可以尽可能地为国家保存劳动力，恢复生产，为抗金大业提供源源不断的兵源和赋役；二则人力和物力的充实，有利于将洞庭湖地区建设成为收复中原的后方基地；再则叛乱者大多是被逼上梁山，以人为本的处理方式，在战争年代是获得人心的重要方式。

岳飞的高瞻远瞩，得到了宋高宗的手诏嘉奖。宋廷采纳了岳飞的建议，规定洞庭湖一带的民户在绍兴三年（1133）以前的欠税，可暂缓三年交纳。叛军投诚回乡务农者，免除三年租税。种种举措，客观上有利于安定荆湖地区的社会秩序，缓解社会矛盾，恢复生产。

同时，岳飞按照宋朝的传统政策，将叛军中青壮年者编入岳家军，将老弱妇孺遣返回乡务农，分给土地。青壮年者从军，则其家人不会造反，老弱妇孺耕田种地，又可为军队提供口粮，可谓实现了双赢。岳飞整顿改编杨么叛军时，共籍得丁壮五六万人，这无疑再次加强了岳家军的实力。尤其值得一提的是，其中岳飞利用投降的叛军水军，组建了岳家军水师。杨么叛军的车船作为当时最为先进的战舰，"以轮激水，其行如飞"。岳飞收编杨么叛军水军后，对车船性能进行进一步升级与强化，不仅车船的左右两侧装配桨轮，船尾也安装桨轮。桨轮的数量有四轮、六轮、八轮、二十二轮、二十四轮、三十二轮等多种，车船型号多种多样，大中小结合，以适应不同水域作战。每个桨轮上装配八片扇叶，桨轮与转轴相连，轴上安装踏板。为避免桨轮损伤，桨轮外还设有保护板。加之转轴安装在船舱底部，水手在船舱内驾驶，不易被敌军弓弩、投石等伤害，极大保证了车船的性能。改进后的车船成为南宋水军的主力战舰，南宋借此多次击败企图渡江南犯的敌军。

岳飞处理完叛军善后事宜后，准备撤离湖湘，回防鄂州等地。临行前，将30余处叛军营寨全部焚毁。黄纵进言道："岳大帅兵不血刃平定杨幺贼寇，但是还有许多叛军的残党余孽藏匿于深山湖泊之中，贼人只见识到大帅的恩德，而未领略大帅的兵威，我害怕大帅离开后，贼人再度啸聚山林，希望大帅举行盛大的阅兵仪式，以震慑不法之徒。"岳飞采纳了黄纵的意见，在鼎州一带亲自检阅岳家军各部。岳家军军律严整，旗帜鲜明，观者无不震撼。这不但显示了岳家军的军威，也使此次军事镇压对洞庭湖地区产生了长远的影响。

岳飞兵临湖湘大概为时两个半月，其中真正的军事作战仅在半月之内。几乎是在谈笑之间，就顺利解决了南宋抗金的最大内患，赢得了朝野上下一片赞誉。为奖励岳飞的大功，高宗特地下诏，将岳飞的官阶升为检校少保。从此，荆湖地区再未发生大规模动荡，威胁岳家军的主要势力消除，后方趋向稳定。岳飞终于可以倾全力实施抗金大业，北上收复中原，迎回二圣，成"中兴之功"。

第七章
两度北伐，功勋卓著

平定杨么叛乱后，岳飞自湖湘班师返回鄂州。绍兴五年（1135）九月，宋廷命其兼任淮南西路蕲州和黄州制置使，并在两镇节度使外，加检校少保衔。当年十二月，宋廷改命岳飞为荆湖北路、襄阳府路招讨使，令其准备来年的第二次北伐。

一、联结河朔，筹备北伐

自从宋军在对伪齐和金军的作战中取得胜利后，战争有利形势逐渐倾向于南宋一方。不久，南宋朝野主战舆论大起，"迎还二圣，恢复中原"的口号此起彼伏。坚持在女真贵族和伪齐政权野蛮统治下的中原、河朔等地的抗金义军，也纷纷与南宋朝廷取得联系，期望南宋政权出兵北伐，收复故土。

朝堂内外主战派热情高涨，可南宋皇帝赵构内心却犯起难来。在他看来，能够苟安于东南半壁江山，继续坐在这个小朝廷的皇帝宝座上已经很满足了，更何况要是真的战胜金朝收复故土，迎回被掳走的父兄，赵构能心甘情愿地让出帝位吗？恐怕连他自己心中也没有把握。面临当下形势，赵构也不敢强行压制，他明白失去朝野内外的支持比以后要迎回二圣更加可怕。反复思量过后，赵构决定支持北伐。

绍兴五年（1135）冬，宋廷首先将军队进行整编，一律由"神武军"改称"行营护军"：张俊的部队改称"中护军"，韩世忠的部队改称"前护军"，岳飞的部队改称"后护军"，刘光世的部队称"左护军"，吴玠的部队称"右护军"，王彦的"八字军"称"前护副军"。其次以赵鼎为左相，张浚为右相，并兼知枢密院事，都督诸路军马，准备北伐。

岳飞为二次北伐进行了详细、充足的准备，除了演练战术、训练士兵、积草屯粮、搜集情报外，岳飞广泛联结北方民间抗金义军，建立抗金统一战线。

联结河朔的军事战略，最早由李纲和宗泽提出，经岳飞发扬光大。早在李纲担任宰相时，鉴于金军只占领河北、河东少数战略要地，许多州县由抗金义军驻守的情况，便任命张所等人组建河北西路招抚司，统一组织各地义军，调配粮饷，提供支援。宗泽担任东京留守时，一直与抗金义军保持密切联系，并尝试与义军配合，收复黄河以北失地。但是，李纲罢相、宗泽去世后，所有抗金举措统统为杜充等投降派所抛弃，义军孤立无援，被金军各个击破，北方人民的抗金斗争转入低潮。

曾跟随李纲、宗泽战斗过的岳飞，对于联结河朔战略及实践，始终牢记于心，此次筹备北伐，终于给了岳飞贯彻李纲、宗泽遗志的机会。岳飞根据宋金战争形势的变化，制定出清晰可行的行动方案。具体包括：一方面，联结河朔地区的抗金义军，为义军提供一定的支援，义军依托游击战、麻雀战，频繁袭扰金军后方，牵制金军主力南下。另一方面，南宋军队已具备充足的反击条件，应不断北伐，逐渐消灭金人的有生力量。因为南宋与金朝之间有伪齐政权相隔，金人为义军所袭扰，无法倾全力南下援助伪齐，此前的数次战斗已证明伪齐军队本是一群乌合之众，小股金军不仅无法扭转战局，反而给宋军逐渐消灭金人有生力量的机会。金朝的综合国力远弱于南宋，无法支撑持久作战。假以时日，待双方实力对比南宋远胜于金朝之时，便可以一鼓作气，里应外合，一举击溃金朝和伪齐，收复失地，光复故土。

然而，在联结抗金义军方面与最初的预想产生了一些落差。之前在河北有"义勇军"，河东有"红巾军"，太行山有"忠义军"。这些义军团体，少的有千人，多至数万、十几万。像这类声势浩大、向心力强的武装，正是抗金斗争中必须依靠的力量。

后来杜充停止对抗金义军的援助与联系，导致河东、河北义军被金人残酷镇压。岳飞联结河朔之时，较大规模抗金力量就只剩下梁兴、赵云组建的"忠义保社"了。

梁兴和赵云的抗金组织建立较早。靖康元年（1126）九月，太原府陷落后，梁兴、赵云等人以太原府和绛州（今山西新绛）的宋军残部与当地百姓为基础组建"忠义人兵"，抗击金军，一度收复河北西路的怀州（今河南沁阳）和河东路的泽州（今山西晋城）、隆德府（今山西长治）、平阳府（今山西临汾）等地。梁兴等人还曾试图率领义军南渡黄河，投奔宋朝，可惜遭到金军与伪齐军的围追堵截，未能成功。为保存抗金力量，梁兴率军进入太行山中，建立根据地，组建"忠义保社"，与金人展开游击战，坚持抵抗。

自靖康元年（1126）至绍兴四年（1134），八九年内，梁兴、赵云等人率领义军，与金人大小战斗数百次，击毙金军将领300余人，并伺机引军东下，奔袭磁州、相州一带的金军。忠义保社成为北方人民抗金斗争的核心与旗帜，声名远播，令敌人闻风丧胆。河东、河北地区的民众对这些豪侠人物都很爱戴，也都愿意听从他们的指挥，还亲切地称呼梁兴为"梁小哥"。

赵云是一个不畏强权的英雄，他与岳飞一样，誓言抗金，收复故土。在河北地区，赵云领导的义军多次袭击金军，给金军在河北的统治造成了极大的威胁。女真贵族为了消除赵云的威胁，多次以平阳府路副总管的军职向他诱降，被赵云断然拒绝后，金人恼羞成怒，杀掉了他的父亲，把他的母亲关进监牢，进而对他进行威逼，但赵云仍然没有降服。岳飞后来派他带领人马北上，渡黄河，破垣曲县，方得以救出其母张氏。从此以后，岳飞同太行山寨开始建立了普遍联系。

绍兴四年（1134）十一月，赵云趁着金朝和伪齐联合进攻两淮地区，后防空虚的有利时机，终于突破封锁线，千里迢迢来到鄂州，见到了自己仰慕已久的岳飞。岳飞和赵云畅谈了联结河朔的战略计划，并给予义军物资、人马。赵云的到来，使岳飞同忠义保社建立起直接联系。此后，岳飞于绍兴五年（1135）再次派遣人马渡过黄河，支援抗金义军活动。

忠义保社获得岳飞的援助后，如虎添翼，并在岳飞联结河朔的总战略指导下，队伍日益壮大至4000人以上。忠义保社在金军后方的游击作战，极大地牵制了金军的南下。绍兴六年（1136），义军攻破平阳府神山县（今山西浮山），金军发兵3000人前来镇压。金军远远望见梁兴忠义保社的旗帜，因怕被偷袭不敢距离过近，相隔十多里安营扎寨。夜里，金军彻夜巡逻，亦不敢懈怠。梁兴派出小股部队，轮番袭扰，敲锣击鼓，大呼小叫，让金军不得安宁。尚未与义军交战，金军近三天未曾安眠。此时的金军自然不是义军的对手，被一举击溃。金廷震怒，派遣金朝大将耶律马五与万夫长耿光禄亲临战场指挥，率领金军精锐与义军决战。梁兴沉着应对，大破敌军，斩杀耶律马五和耿光禄等人。耶律马五，这个建炎三年（1129）由黄州（今湖北黄州）渡过长江屠杀洪州百姓的罪魁祸首，终于身首异处。

金人获悉耶律马五和耿光禄被杀的消息后，调集重兵准备"围剿"义军。在敌强我弱的不利形势下，绍兴六年（1136）冬，梁兴率领数百名骁勇善战的骑兵，渡过黄河，取道襄阳府，抵达鄂州投奔岳飞。

岳飞见到久闻大名的"梁小哥"，十分高兴，立即请示朝廷，将梁兴留在岳家军中任职。宋高宗在得知河北义军将领归降的消息后，便向沈与求说道："梁兴等人的归来，应该给予优待并赐予官职，这样可以吸引更多这样优秀的人来投奔。我们派往地区的间谍所报告的事情大多不足为信，只有像梁兴这样长期坚持在敌后的义士来归，才可以了解敌方的真实情况。"沈与求也附和着高宗的意见，说道："来归者愈多，愈可证明敌人势力确已日衰，其真实情况自也更可了解了。"高宗君臣的此番对话足以证明梁兴到来对岳飞军事的助益是极大的。

梁兴成为岳家军的一员后，岳飞联结河朔战略迅速推进，经过忠义保社的不懈努力，北方各关隘、渡口、城镇、乡村，甚至金朝汉军中，都安插进岳家军的线人，北方人民的抗金斗争，逐渐转入新的高潮。

正当岳飞外部联结北方抗金义军，建立广泛的抗金统一战线，内部提高岳家军军事实力，整军备战之时，两件不幸的事情降临到岳飞身上，导致第二次北伐比预定计划足足推迟了近一年时间。

第一件不幸的事是岳飞的眼疾。岳飞是北方人，很不适应南方的湿热天气。自收复建康府后，连续六年，都是在酷热潮湿的炎夏盛暑中行军作战。大概是受病毒感染，连年夏季眼部都会发病。绍兴五年（1135）六月，平定杨么叛乱后，岳飞眼疾突然恶化，双目近乎失明，饭食不进，四肢无力。岳飞担心耽误朝廷"恢复故疆"大计，再三上奏，恳请解除军务。

金朝当时对南宋采取的是"以和议佐攻战"之策，在派遣李永寿等使节谈和的同时，不断派军南征。宋高宗虽然没有收复失地、还我河山的志向，但仍需要以战求和，求得生存。作为抗击金军和伪齐的中流砥柱，高宗自然不会答应岳飞解除其军权、退休回乡的申请。高宗在诏令中一再强调国家各方面都离不开岳飞，告诉岳飞只管安心养病，早日康复，日后再立新功。

经过精心治疗，加上随着秋冬季节的来临，岳飞的眼疾逐渐有所好转。绍兴六年（1136）正月，张浚以宰相兼都督诸路军马的身份，召岳飞等各路将帅到平江府集议军机。二月，岳飞前往临安府朝见宋高宗。岳飞向高宗提议，襄阳府路应恢复京西南路的旧称，以表示朝廷收复失地、恢复中原的决心，得到高宗批准。接着，南宋王朝发布了一道诏令：湖北、襄阳两路州县如有阙官，自知州、通判以下，都许可岳飞自择精明强干的人去补充，应行升擢和调转的官吏既可由岳飞推荐，而官吏中如有蠹政害民和赃污不法的，也任凭岳飞加以制裁，或者罢免。宋高宗的一纸诏书给了岳飞人事、民事、军事等诸种权力，表现出对他的极大信任。没有了诸方掣肘之事，岳飞得以在襄阳地区行事自如，专注即将到来的北征。

绍兴六年（1136）三月，宋廷正式发布任命，以韩世忠为京东、淮东路宣抚处置使，岳飞为荆湖北路、京西南路宣抚副使。京东路和京西路尚为伪齐控制区，可见南宋正式下达了反攻的作战命令。同时，将岳飞由镇宁、崇信军节度使移镇为武胜、定国军节度使。武胜军为邓州军号，定国军为同州（今陕西大荔）军号。宋制，节度使以移镇为恩宠之典。为显示对岳飞的重视，命岳飞在襄阳府置宣抚使司，不设正使，由岳飞以副使的名义行使正使的职权，且一旦北伐进军，岳飞可以自行在自己的官名上添加"宣抚河东"及"节制河北路"等头衔。

接受委命的岳飞感激朝廷恩典，返回鄂州，厉兵秣马，准备北伐。就在此时，又遭遇第二件不幸的事——母亲姚氏病逝。岳飞如五雷轰顶，当场晕倒过去。

姚氏自家乡汤阴沦陷后，饱受折磨，食不果腹，岳飞前妻刘氏改嫁后，姚氏独自抚养岳云和岳雷，生活极度困苦。岳飞前后派人潜入汤阴县18次，才将母亲和两个儿子接到自己的军营。到了南方后，姚氏水土不服，常年卧病在床。岳飞孝顺、体贴母亲，尽管军务繁忙，只要不出兵作战，都会亲自侍候母亲更衣服药，无微不至。两年前，岳飞收复襄汉六郡后，曾上奏朝廷恳请解除军务，回家照顾母亲。姚氏知道后告诫岳飞当时刻铭记"尽忠报国"，以国家大事为重，切勿因家事耽误朝廷大计。绍兴六年（1136）三月二十六日，这位伟大的母亲溘然长逝。其实，在姚氏去世以前，岳飞已经在庐山修建了几间房舍，还在山下购置了一些田地，希望收复故土后，辞去军职返回乡里，几间房舍，几亩薄产，奉侍老母，然天不遂人愿。

岳飞与母亲的感情极其深厚，母亲去世后，岳飞连续三日水米不沾，哭得双目带血，眼疾再度复发。按照中国古代礼法，岳飞必须丁忧守孝三年，只有特殊情况，才可以居官守丧，称为"起复"。作为孝子，岳飞坚持必须遵守丁忧之制，上奏朝廷辞官归家守孝，不待朝廷回复，岳飞就先自行解除军职，挈带着眷属，扶护着灵柩，准备要前往庐山去安葬母亲。

意外的是，上天似乎要继续磨砺岳飞，敌我双方的战事一触即发，别说宋高宗与满朝文武绝不能允许岳飞辞官守孝，敌人也不给岳飞机会。伪齐得知岳飞母亲去世，趁岳飞无暇率军驰援之机，攻陷唐州，杀掠吏民。在敌人的步步进逼与高宗皇帝亲笔手诏夺情起复下，岳飞想起母亲反复叮嘱、教导他一切当以国事为重，应时刻将国家放在首位。天下兴亡，匹夫有责，面对十万火急的军情，岳飞感受到了自己肩上的重担。自己如果置抗金大业于不顾，不仅上对不起朝廷，下对不起百姓，母亲如地下有知，一定也不会原谅自己。自古忠孝不能两全，岳飞只得强忍伤痛，准备出师北伐。为了悼念母亲，岳飞将母亲的木像时刻带在身上寄托自己的哀思。

二、二次北伐，长驱伊洛

南宋北伐的最大问题是，各军团之间始终无法协同作战，二次北伐同样暴露出这一问题。绍兴六年（1136）正月，张浚在镇江府召开作战会议，岳飞、韩世忠、刘光世等各军将领全部出席。会议决定，由韩世忠部和岳飞部负责突前进攻，韩世忠率军由承州、楚州出兵，进攻京东东路的淮阳军（今江苏邳州西南），岳飞率军由鄂州进驻襄阳府，北上挺进中原。张俊部和刘光世部殿后，负责后援。这个以岳、韩为进攻主力的部署，体现了张浚独称韩、岳"可以倚办大事"的思想。张浚的战略部署，没有将驻守川、陕的吴玠军团考虑在内。而殿后的张俊、刘光世在后来战争打响之后并没有起到应有的作用。这样的战略部署实际上是将战事的成败完全寄托于韩世忠和岳飞两部。

军事会议结束后，韩世忠急于收复失地，于绍兴六年（1136）二月中旬便率军发动攻势，在淮阳军宿迁县（今江苏宿迁）击败伪齐军，进围淮阳军城。此时岳飞正在临安府朝见宋高宗，无法出兵配合，张俊、刘光世则按兵不动，致使韩世忠孤军深入，血战淮阳军城下六日后，金军和伪齐联军赶到，韩世忠被迫退兵。过了两个月，韩世忠与金人再战于淮阳军，这次因张俊害怕韩世忠并吞他的部众，不肯派兵增援，韩世忠无功而还。东线战事受阻，北伐转而只能完全依靠岳飞独支。

绍兴六年（1136）七八月间，岳飞指挥岳家军二次北伐。秋天原本是宋军每年的防御时期，岳飞想一反常态，故意选在秋天北伐，以求出奇制胜，打敌人一个措手不及。然而张浚眼见秋高马肥，正是适合女真骑兵南下作战的时节，急忙下达命令停止北伐计划，其他各军团按照惯例转入秋季防御，"先图自守"，导致岳飞和半年前的韩世忠一样，孤军北上，没有任何支援，更谈不上协同作战。

此次北伐，岳家军以绍兴六年（1136）春季向岳飞投诚的原伪齐虢州栾川县（今河南栾川）知县李通为向导。李通投奔南宋，不仅带来500余名将士，还为岳家军此次北伐提供伪齐军驻防等关键情报。

北伐的先锋由牛皋担任，负责收复家乡汝州鲁山县（今河南鲁山），伪齐于此地新置镇汝军，以素称骁勇善战的伪齐将领薛亨为守将。牛皋曾在汝州鲁山县宝丰村打败过南侵金军，今日率部重返故地，难掩激动，其部将士各个跃跃欲试。牛皋向岳飞保证，一定生擒薛亨。牛皋率军以迅雷不及掩耳之势，攻破伪齐军防守，俘虏薛亨以下伪齐士卒不计其数，然后挥师东向，奔袭颍昌府

（今河南许昌），兵锋直击蔡州（今河南汝阳），焚毁伪齐军辎重、粮草、器械后凯旋回师。牛皋此次行动为岳家军北伐建立了头功。

面对牛皋如雷霆万钧般的攻势，伪齐惊慌失措，连忙派军增援。实际上，牛皋率军进攻伪齐的东境只是佯攻，待吸引伪齐军东援后，岳飞率领岳家军主力挥师西北，一举攻克虢州卢氏县（今河南卢氏），全歼伪齐守军，缴获粮食 15 万石。紧接着，岳家军不断扩大战果，连下虢略（今河南灵宝）、朱阳（今河南灵宝西南朱阳镇）和栾川三县。岳家军大将王贵则继续领兵西向，收复商州全境。

王贵（？—1153），相州汤阴县人，岳飞麾下中军统制，与前军统制张宪一起，为岳飞的左膀右臂，战功赫赫，官至武安军承宣使、权鄂州驻扎御前诸军都统制，岳飞被解除兵权后，暂代岳飞掌管岳家军。岳飞遇害后，王贵称病辞职，改任侍卫亲军步军副都指挥使、福建路马步军副都总管等虚职。绍兴二十三年（1153）去世，后追赠宁国军节度使。

岳家军收复商州和虢州两处战略要地后，向北可控扼黄河，与河朔抗金义军直接联系，向东可收复西京河南府，向西兵锋可直抵关中，几乎将伪齐控制区东西一分为二。伪齐发现中了岳飞声东击西之计，惊慌失措，急忙令驰援颍昌、蔡州的大军回援商、虢，同时派兵骚扰岳家军的后方。

趁伪齐焦头烂额、手忙脚乱之时，岳飞率军取道虢州栾川县，挥师进军西京河南府。伪齐为护卫西京河南府，割原属西京河南府的伊阳、长水（今河南洛宁西南）、永宁（今河南洛宁）、福昌（今河南洛宁东北）四县置顺州，派重兵把守，作为西京河南府的外围头道防线。

王贵命勇将杨再兴为先锋，直取顺州长水县。杨再兴（？—1140），相州人，原为曹成部将，曾斩杀岳飞弟弟岳翻。曹成战败后，杨再兴被俘，岳飞不计杀弟之仇，义释杨再兴，命其报效国家。自此追随岳飞南征北战，抗击金人、伪齐。曾为了生擒完颜宗弼，单枪匹马冲入敌阵，杀敌近百，身中数十创。绍兴十年（1140），杨再兴与金军在小商桥遭遇，杀敌2000余人，终因寡不敌众，中箭无数，英勇战死。后焚烧杨再兴遗体，得箭镞二升之多。

八月十三日，杨再兴在长水县的业阳迎战伪齐顺州孙都统与统制满在指挥的伪齐军。杨再兴采取假败诱敌的计策，将数千名伪齐军引入伏击圈，一举击溃敌军，斩杀伪齐顺州孙都统以下500余人，生擒满在等100余人，敌军作鸟兽散。次日，杨再兴又与伪齐军在孙洪涧展开激战，大破伪齐顺州张安抚使率领的2000余名敌军，于十五日夜间收复长水县城。岳家军进驻长水县后，将缴获的伪齐2万石粮食分配给将士们和当地百姓食用，随后一鼓作气，攻克永宁、福昌等地。

岳家军收复福昌县后，距离西京河南府已不过咫尺之遥。但是，这一次岳飞又要被迫停下北伐的脚步。中原大地，久经战火，人口锐减，满目疮痍。幸存的老百姓在伪齐的苛征暴敛之下，勉强维系生存而已。岳家军长途奔袭，距离大本营鄂州越来越远，后勤物资渐渐供应不上。从敌人手中夺取粮草，显然无法同时供应给一众将士和沿途百姓。并且，孤军深入的岳家军没有友军协同作战，陷入了困境。伪齐政权则一边向金朝请求援助，一边不断袭扰岳家军后方，企图截断岳家军的退路。为防止陷入金军、伪齐军包围的不利境地，岳飞只得暂停攻势，率领主力部队班师。

岳飞等人的二次北伐，长驱伊、洛，是南宋立国后首次堂堂正正地大规模反攻，是宋金双方实力对比继续变化的标志。岳家军兵锋直抵西京河南府城下，伪齐举朝震动。二次北伐振奋了南宋军民与金朝、伪齐占领区人民的抗金士气，使得越来越多的仁人志士投入到岳飞建立的抗金统一战线中来。

岳飞虽然率领岳家军主力回师，但商州全境和虢州部分地区仍为岳家军所控制，商州、虢州成为南宋突入伪齐境内的一枚钉子，逐渐被建设成为反攻的前沿阵地。此次北伐，无数中原爱国民众宁肯背井离乡，也要跟随岳家军南撤。岳飞抽调万石军粮接济南撤民众，并给予他们耕牛、种子，安排他们生产、生活，南撤民众辛勤耕种，对于恢复襄汉地区的生产力，壮大岳家军的后勤物资储备做出了巨大贡献。同时，北伐过程中俘虏的伪齐士卒不计其数，岳飞将其中愿意为国效力者编入岳家军中，壮大了岳家军的军事实力。北伐过程中，岳家军还夺取一个伪齐马监，缴获战马上万匹，大大充实了岳家军的骑兵部队，这为后来的再次北伐提供了助益。

当然，岳家军能够在短短的时间内所向披靡，取得攻城略地的巨大胜利，与他北伐之前已联结河朔忠义民兵有很大关系。用岳飞自己的话来说："相州之众，尽结之矣！"岳家军北上途中，金占领区人民热情为岳家军当向导，提供敌军守备情况，供应车船，等等，有力地支援了岳飞的北伐战争，这也是岳飞"联结河朔"战略的重要实践。正如李纲接到岳飞的捷报后，在贺信中写道："我接到岳家军屡战屡胜的战报后，非常欣喜，国家十几年来，从未有过如此规模的远距离奔袭反攻壮举，真是壮我国威，壮我军威啊。"李纲所言，一语道破了岳飞二次北伐的重要意义。

三、形势变化，再援淮西

岳飞北上征伐刘豫之时，刘豫曾向金人请求支援，金朝只是象征性地派兵驻守，并无参战之意。金朝对刘豫政权前后态度的明显变化，与其内部的君主和政治斗争相关。

绍兴五年（1135）正月，金太宗病逝，金熙宗继位。金熙宗，女真名完颜合剌，汉名完颜亶。自幼以原辽朝燕云地区汉人以及中原汉儒为老师，学习儒家思想文化。反对汉化的女真贵族称完颜亶丢失了本民族传统，像汉人少年一样，完颜亶则将这些女真贵族视作无知夷狄。金朝内部的汉化与女真化之争为后来的金宋关系埋下了伏笔。

　　金熙宗继位后，面对金朝国内外新形势，迫使他不得不改变对宋政策。一方面，南宋军民对金军的侵扰进行了顽强抵抗，绍兴年间的数次南下，金军无一不是大败而归，战争初期金强宋弱的形势逐渐向宋强金弱方面转化。金军在南宋军民的打击下，厌战情绪日益蔓延。

　　另一方面，金朝内部矛盾重重，社会急需改革和整顿，也需要有一个相对安定的外部环境。金熙宗继位前后，金朝内部围绕皇位继承的斗争十分激烈。金太宗在位后期，完颜宗磐作为金太宗的长子，一心想依照嫡长子继承原则继承皇位。完颜宗翰则凭借自己是太祖完颜阿骨打、太宗完颜吴乞买叔伯兄弟的身份，年长功高，窥伺皇位。完颜宗干认为自己是太祖完颜阿骨打的庶长子，想通过太祖、太宗"兄终弟及，复归其子"的约定而继承大统。三派势力围绕皇位继承，明争暗斗，争执不下。宗室完颜勖提出了一个折中方案，认为应依照太祖、太宗约定，以太祖完颜阿骨打的嫡孙完颜亶继承皇位。宗翰最不希望宗磐继位，但认为完颜亶年龄小，容易控制，甚至可以随时废立，遂同意立完颜亶。宗干是完颜亶的伯父，在完颜亶的父亲完颜宗峻去世后，按照女真族"父死则妻其母，兄死则妻其嫂，叔伯死则侄亦如之"的婚俗，收娶完颜亶的生母为妻，将完颜亶当作亲儿子一样抚养，故宗干也表示赞同，在这样的角逐下，完颜亶被拥立大宝。

　　金熙宗完颜亶继位后，宗翰、宗磐等人想当皇帝之心不死，仍在积蓄力量，伺机夺权。熙宗为解决金朝内部矛盾，想要一个相对安定的外部环境。同时，熙宗还计划模仿汉制对金朝内政进行改革和整顿。以上种种原因，金熙宗继位后，着手转变对宋政策，调整原来灭亡南宋的战略目标，开始有了与南宋议和的打算。

金太宗时期，金朝只想在中原地区建立一个傀儡政权，以帮助金朝管理黄河以南地区，因此不会承认伪齐和南宋两个政权同时存在。刘豫同样也知晓金人支持他的目的，伪齐政权作为金朝和南宋之间的屏障，既能保证金人巩固对黄河以北地区的占领，同时也可利用这个傀儡政权"以中国攻中国"，"以汉治汉"，以消磨汉人的民族意识，加强对南宋的政治、军事攻势。因此，刘豫想要保住自己的伪皇位，唯有在对宋战争中寻找出路。虽然伪齐的对宋攻势被南宋军民一次次击溃，但刘豫仍不死心。

不过，刘豫尚未积蓄足够的力量进攻南宋，就迎来了岳飞的二次北伐。面对岳家军雷霆万钧之势，刘豫惊恐万状，急忙向金人告急。此时刘豫在金朝朝中的靠山完颜宗翰，已被熙宗明升暗降，免去都元帅的最高军职，完颜昌和完颜宗弼成为金军中最有权势的将领。特别是最早扶植刘豫的完颜昌，痛恨刘豫背叛自己，投靠宗翰，坚决反对支援刘豫。完颜宗磐对金熙宗说道："先帝（指金太宗）之所以册封刘豫为傀儡皇帝，是为了让刘豫开疆辟土，为我朝保卫南境，我朝则可以息兵安民，休养生息。现在刘豫进不能攻取宋地，退不能守卫疆土，兵祸连年，战火不休。

如果我们答应刘豫的请求，发兵支援，获胜则刘豫坐享胜利果实，一旦失败，我朝又要付出惨痛的代价，一定不要答应他！"金熙宗采纳了完颜昌和完颜宗磐的建议，拒绝支援刘豫，只派遣完颜宗弼屯兵澶州黎阳县（今河南浚县西北），观望形势。

金人作壁上观的态度，令刘豫躁动不安。为了保住儿皇帝的宝座，不得不孤注一掷。绍兴六年（1136）九月，刘豫下令强行抓壮丁20万人，号称70万大军，在接到岳飞回师的消息后，兵分三路，再次大举进攻南宋淮西地区。刘豫命儿子刘麟率领中路军，由寿春府（今安徽寿县）进攻庐州（今安徽合肥）。命侄子刘猊统领东路军，由紫荆山（今安徽凤台东南）出涡口（今安徽怀远涡水入淮处），攻打濠州定远县（今安徽定远）。命南宋叛将孔彦舟指挥西路军，企图夺取光州（今河南潢川），进犯六安军（今安徽六安）。刘豫还令伪齐军身穿金人的服装和铠甲，打着金人的旗号，十百为群，经常流动于河南诸处，这既为伪齐军壮胆，又借以恐吓宋军。

刘豫虚张声势、外强中干的攻势，果然将一众南宋文臣武将吓破了胆。南宋朝廷以临安为国都，苏南、浙江、闽北便成了京畿，而处在江淮之间的皖北、苏北，就成了捍御东南的屏藩。因此，南宋政府渡江南来后就始终注重江淮地区的防守。早在绍兴三年（1133）之时，韩世忠、刘光世已经奉诏在建康、镇江置帅府，屯兵十万。经此部署之后，朝廷认为"可恃以安"。但驻守淮西的张俊和刘光世是两个惧怕金军的无用之人，再加上以为南来的是金军，便急忙谎报军情，竭力夸大金人、伪齐军联合进攻的严峻态势，希望朝廷增兵救援，其实不过是为了逃跑制造舆论和借口。宋廷在接到张俊和刘光世的战报后，同样惊慌失措，火速调遣岳家军东援。

岳飞在绍兴六年（1136）九月回到鄂州后，眼疾再度发作，比以往更加严重。岳飞一病不起，痛苦异常，以至于白天都必须用厚厚的窗帘遮挡住阳光，更不能去户外活动。为此战后岳飞上章请求罢职闲居，以便专心去疗养。不料这奏章发出未久，调拨的命令便已到来。和这调拨命令一同到达鄂州军营的，还有皇帝赵构特地派来为岳飞治病的眼科医官。在二人的悉心治疗下，岳飞的眼疾刚有些许好转，又接到高宗的紧急军令，命岳飞星夜兼程，迅速率军驰援江州、池州。宋高宗在手诏中还特别强调："卿（指岳飞）应该不会因为生病而耽误国家大事吧。"岳飞在如此急迫的命令下，立即集结部队，甚至抽调了部署在抗金第一线的兵力。整顿好军队后，岳家军沿江东下，前往江州。

岳飞率军增援淮西时，宋廷已经得到伪齐军此次南侵并无金军配合的确切情报，然而宋高宗此时不相信张俊部和刘光世部的作战能力，仍坚持调岳家军东援。为保证淮西防线能坚持到岳家军赶到，宋高宗给张俊和刘光世下达了坚决抵挡伪齐军进攻的死命令，凡临阵退缩者，一律军法从事，杀无赦。

　　高宗的震慑起了作用。宋军先是在寿春府霍丘县（今安徽霍邱）等地击败了刘麟率领的中路军，遏制了伪齐的攻势。又在淮东阻击刘猊率领的东路军，迫使刘猊改道定远。宋将杨沂中会合张俊部，在定远县附近的藕塘（今安徽定远东南）大败刘猊军，刘猊率领的东路军士卒死伤过半，连夜逃遁。刘麟在顺昌得知刘猊大败的消息后，也望风而逃。孔彦舟率领的西路军久攻光州不克，得知刘麟和刘猊均已撤兵的消息后，慌忙撤军北去。伪齐此次南侵，士卒死走逃亡殆尽，损失战车 7000 辆，战船 700 余只，辎重、器械、粮草不计其数。刘麟、刘猊等大败而归后，金人大怒，问罪于刘豫，刘豫知道此次损失过于惨重，无法向金朝交代，只好废刘猊为庶人，向金人谢罪。

　　伪齐军被击退后，宋军的追击与反攻也不顺利。刘光世追击刘麟，遭到伏击，损兵折将，连刘光世本人也险些被俘。张俊和杨沂中合兵攻打寿春府，也不克而还。岳飞率军抵达江州后，淮西战事已宣告结束，无谓的军事调动，导致岳家军得不到充分的休整。加之岳家军东援，襄汉地区兵力空虚，又给金人、伪齐以可乘之机。宋高宗得知岳飞率军抵达江州后，亲笔手诏褒奖，然后令岳家军回师鄂州。此次淮西战事，伪齐惨败，南宋由最初的惊慌失措，到后来宋高宗严令逼迫张俊、刘光世率军抵抗，调动岳家军无意义地往来奔波，同样也难言成功。宋高宗对此却较为满意，对大臣们说道："刘麟败北，朕不足喜，但是通过此次淮西战事，知道岳飞等将士尊奉朝廷命令，这才是令我高兴的。"群臣附和："陛下下达的命令，无人敢不从。"君臣们一唱一和，将自身战略上的失误抛诸脑后。

四、三次北伐，大破伪齐

伪齐本来想趁岳飞第二次北伐班师之际，立即进攻南宋淮西地区，以求出奇制胜，结果却惨败而归。金朝高层在震怒之余，也被岳飞二次北伐，势如破竹，一直打到西京河南府的军事实力所震撼。金人意识到，光靠伪齐的军队，已难以维持对黄河以南占领区的控制，再不出兵援助伪齐，伪齐控制区的东、西两部，将被宋军彻底拦腰截断。由于此时金人尚未下定决心废除刘豫，故派遣龙虎大王率领 3 万金军精锐，由李固渡渡过黄河，给伪齐政权输血，其中 1 万骑兵专门用来对付岳家军。金军用了四昼夜渡过黄河，刘豫立即发兵与金军会合，随后兵分五路，一路攻商州，一路攻虢州，一路由镇汝军攻邓州，一路由何家寨攻唐州和襄阳府，一路由望明港攻信阳军。伪齐与金军的联合兵马开始向南宋展开报复性进攻。

绍兴六年（1136）十月下旬，金军 15000 余人，伪齐军 2 万余人，向虢州发起猛攻。十月二十七日，金朝、伪齐联军攻破铁岭关，统制寇成面对岳家军兵力远不及敌军的不利情形，下令据险固守，连续两日击退敌军进攻。在敌军的尸体中，寇成辨认出二三十名女真人，同时从伪齐俘虏口中，得知进攻虢州的敌军多达 35000 余人，意识到形势的严峻，连夜向宣抚司一连上了四道紧急军状，申称"贼马厚重"，要求"星夜"派兵救援。

十一月初，刘豫之弟五大王刘复率领伪齐军主力，会同金军大部队，企图直犯襄阳府。为配合主力部队进攻，金朝、伪齐联军 1 万余人于十一月一日进犯商州东部的商洛县（今陕西商洛）。十一月六日，金朝、伪齐联军进犯信阳军。此外，刘豫还调集重兵进攻邓州。总之，至绍兴六年（1136）十一月，岳家军防区从东到西，前沿部队与金朝、伪齐联军全面交火，围绕商州、虢州、邓州、唐州、信阳军等地展开激烈争夺。

前线的加急战报送到岳飞手中之时，岳飞率军由江州刚返回至鄂州。根据敌人的进攻方向，岳飞判断：金齐联军的意图在于突破襄鄂防线，夺取控扼长江上游的战略要地。由于军情紧急，国难当头，岳飞顾不得愈发严重的眼疾，立即派遣牛皋、张宪、王贵等人率军渡江支援，自己则亲率岳家军主力，于绍兴六年（1136）十一月十五日星夜渡江，前去迎战金朝、伪齐联军。此时是岳飞从九江回师鄂州的第八天，岳飞如此快速地回师救援，使敌人大惊失色，当他们看到前线出现岳家军旗帜的时候，顿时惊得目瞪口呆。岳家军投入战斗后，迅速扭转战局，击退来犯之敌，并转入反攻。

在虢州，寇成得到支援后，击败金与伪齐联军，俘虏敌军 500 余人。但是寇成违反岳飞不允许杀死战俘的政策，将俘虏的金人和伪齐士兵全部处决，受到岳飞的责备和处罚。

在邓州，张宪率领 1 万岳家军将士迎战伪齐军数万人，两军对垒，相持两日。张宪认为："敌军势大，必然轻敌，我军以少数兵马与之交战，佯败撤退，敌军见状，必定追击，待其进入我军的埋伏圈，将其一举歼灭。"众将皆同意张宪的计策。第三天，岳家军派出饵兵与伪齐军交战，一战即溃，伪齐军果然中计，乘胜全军追击，被岳家军四面围攻。岳家军大获全胜，俘虏 1000 余名伪齐官兵，缴获战马 500 余匹，伪齐残兵逃回西京河南府。

在唐州，牛皋率领 8000 岳家军步兵，于唐州方城县（今河南方城）东北内牛蹄、白石地方击溃敌军，斩杀伪齐大将马汝翼，俘虏敌军 1000 余人，战马 300 余匹。

同样在唐州，王贵率军于唐州北部何家寨附近与五大王刘复率领的伪齐主力军决战。刘复本无能，更不懂用兵打仗，只知聚敛钱财、搜刮地皮，凭借与刘豫的亲属关系，得以成为领军主将。刘复手下的兵力近乎王贵十倍，却一触即溃，不堪一击，被岳家军杀得尸横遍野。刘复见势不妙，在亲兵的保护下，狼狈逃遁。

王贵乘胜追击，待岳飞率领的大队人马抵达前线时，王贵已率军攻入伪齐控制的蔡州境内。考虑到这次北伐是为击退金朝、伪齐联军进犯的反击之举，岳家军的准备并不充分，军队已经连续征战近一年，不得休息。如若再孤军深入伪齐控制区腹地，将会存在被合围的风险，故岳飞决定先进军蔡州，若能顺利攻占蔡州，则继续进军，如果进攻蔡州受阻，则立即班师。

　　岳飞为攻取蔡州进行了充分的准备，一边亲率2万岳家军精锐，准备十日口粮出战，一边调遣牛皋、王贵等部前来助战。安排好军队，岳飞亲自侦察伪齐蔡州城防，发现防守严密，一时无懈可击。接着，岳飞指挥岳家军将士发起尝试性进攻，以测试伪齐军力。只见岳家军不发动攻击之时，蔡州城上只见旗帜，不见守军。一旦岳家军发起进攻，金朝、伪齐联军立即登城防御。岳家军停止攻击，金朝、伪齐联军便立即撤出阵地。岳飞察觉到蔡州城似乎是伪齐布下的陷阱。

　　正如岳飞所料，蔡州城确是金人、伪齐撒下的鱼饵。伪齐已在蔡州城内外布下重兵，李成、孔彦舟等伪齐主将悉数参战，加之金军支援，伪齐计划以蔡州吸引岳家军主力攻城，待岳家军攻击受阻，进退两难之时，以大军合围岳家军于蔡州城下。刘豫甚至叫嚣，要在蔡州消灭岳飞，为此特赏赐李成、孔彦舟等人每人豪华的宅院一所，美女10人，以资鼓励。岳飞的手下败将李成，也急于通过此战复仇，李成给手下每人发了一条绳索，规定凡提住一名岳家军战士，就用绳索贯穿其手心，一条绳索可拴住10人，连成一串。金人、伪齐甚至妄想在蔡州消灭岳家军后，一鼓作气，直取襄汉等地。

　　幸亏董先军中的一名士兵在获取了伪齐情报后，急忙报告给了董先，董先立即驰报岳飞。接到情报的岳飞，意识到问题的严重性，决定立即撤军。岳飞的撤军，打乱了伪齐的全部军事部署，刘豫恐计划落空，急令李成等人率军追击。岳飞从容指挥岳家军且战且退，不断击溃追兵，蚕食伪齐军力。李成倚仗伪齐军人多势众，穷追不舍。岳飞命董先殿后，以董先所部为饵兵，部署围歼伪齐军的计划。

董先（1106—1156），字觉民，河南府渑池县人。南宋建炎年间追随京西北路安抚制置使翟兴抗金，权任商、虢镇抚使，后伪降刘豫，旋归南宋。绍兴三年（1133）十二月，依照宋廷命令，与牛皋一同隶属岳家军，立下赫赫战功。在岳飞冤案中，秦桧胁迫董先至大理寺作证。此后，先后任侍卫步军司统制、鄂州驻扎御前左军统制、建宁军承宣使等职。绍兴二十六年（1156）病逝，宋廷追赠董先节度使。

董先选择险要地形阻击李成追兵，命将士们埋伏在两侧树林之中，自己单枪匹马，独自站在桥头迎敌。不久，李成率兵追到桥头，见董先跃马挺枪而出，先吃了一惊。接着，董先把刘豫的军事部署当场和盘托出，李成又吃了一惊，一时答不出话，只是直着嗓子喝道："董先休走，待我今日先捉拿你，再去追击岳飞！"董先冷笑道："我哪里都不去，就在这里站着，我怕你先逃走！"

李成生性多疑，面对董先从容镇定的举止，害怕前面有埋伏，不敢率军出击，只是派遣少量的士兵前去挑战。看到伪齐军出战，董先令旗一挥，从树丛中冲出两队人马，击退敌军后，又返回树林之中。如此三番，李成愈加坚信岳飞在前方设伏，进退维谷。就在双方僵持不下之时，岳飞率军从伪齐军背后突然出现。原来，就在董先吸引李成注意力之时，岳家军悄悄绕到伪齐军身后。李成部腹背受敌，顷刻间土崩瓦解。

岳家军追杀伪齐军几十里，将敌军赶入一个名叫牛蹄的地方，这是岳飞布置的四面合围之地。正当伪齐士卒人困马乏、魂飞魄散的时候，四面杀声震天，山冈上遍布岳家军军旗，岳家军主力从四面八方如潮水般涌来，将追击之敌彻底消灭殆尽，李成只身一人逃回蔡州。

岳飞巧施伏兵计，李成兵败牛蹄谷。李成一败，岳飞又派遣王贵、董先等击败伪齐剩余军队，焚烧了他们的大营。此时距离岳飞回师襄阳打退金齐联军的进攻，前后不到一个月。这次回援，又一次粉碎了伪齐军的反扑，粉碎了刘豫保住儿皇帝的美梦，加快了刘豫这个金人傀儡被废黜的进程。

在此战中，岳家军共俘虏数十名伪齐将领，俘虏伪齐士兵数千人，缴获战马 3000 匹，钱粮物资不计其数。岳飞下令，将伪齐将官全部押解到高宗临时驻扎的平江府（今江苏苏州），听候皇帝发落。对于普通士兵，岳飞命令将其全部释放，并发放路费。岳飞对这些伪齐士兵俘虏们说道："你们原本都是中原地区的普通百姓，热爱祖国，忠于祖国，不幸为刘豫所驱使、逼迫，为他卖命。现在朝廷将你们无罪释放，让你们回去与家人团聚，见到中原人民后，一定要告诉他们朝廷的恩德，等到王师恢复故土之时，大家务必要配合朝廷，积极响应。"俘虏们听后，拜谢岳飞，欢呼离去。岳飞还托他们给伪齐官员带去一些书信，这种首恶必除、胁从不论的处置策略，收到了良好的效果。

第三次北伐，岳家军更加成熟与强大。岳家军中少数前沿部队，在面对金朝、伪齐的联合进攻下，不仅没有全线溃散，而是依托地形，节节抗击，成功坚持至主力部队赶到。待岳飞率领岳家军主力投入战斗后，迅速由守转攻，全面反击。岳家军于绍兴六年（1136），连续两次北伐，其间还曾援助淮西战场。种种战绩，体现出岳家军的机动性、战斗力无愧当时第一。连续半年不间断行军作战，由秋高气爽战至冬雪严寒，军队的意志力更是冠绝南宋各军团之首。岳家军于岁末凯旋回到鄂州，岳飞的眼疾终于痊愈，岳飞总结两次北伐的经验教训，开始筹划下一次的北伐事宜。

绍兴六年（1136）的两次北伐，在战略上有着空前重要的意义。在第二次北伐中，岳飞发现襄阳府至西京河南府一线，虽然作为南北交通要道，但重峦叠嶂，人烟稀少，后勤供应困难，不利于大兵团作战。故在第三次北伐之时，岳飞选择京西路东部作为新的北伐路线，这里地形平坦，地势开阔，人口密集，交通便利。尝试攻打蔡州，也是岳飞新北伐战略的一次实践。鉴于岳飞功勋卓著，绍兴七年（1137）二月，宋廷擢升岳飞为正二品太尉，军职由荆湖北路、京西南路宣抚副使升为宣抚使。

第八章
绍兴七年，命运拐点

绍兴六年（1136）十二月，宋廷命岳飞赴"行在"奏事。当时对伪齐的战事尚未结束，岳飞没有立即听命前往。绍兴七年（1137）正月，宋廷再次要求岳飞前往高宗"行在"平江府（今江苏苏州），此时战事已经结束，岳飞回到鄂州，带着亲兵乘船顺江东下，于二月中旬抵达平江府。岳飞抵达平江府时，宋高宗前往建康府巡幸，直到三月初，高宗才在建康府召见了岳飞。岳飞万万没有想到，绍兴七年（1137）将成为自己人生的转折点，在不到一年的时间里，自己从高宗倚仗的第一武将转变为忌惮、提防的第一外臣。

一、宣抚诸路，宠荣超躐

绍兴六年（1136）的大胜，是宋朝建基南方以后的一次重要胜利，在这次战斗中南宋已基本消灭了伪齐的军事力量，伪齐的覆亡只是时间问题。在连续的战斗中南宋军队也得到了锻炼，胜利的消息鼓励了南宋军民收复国土、抗击金军的信心，青壮年纷纷参军入伍，意图在北伐的战场上为国建功，南宋军事力量得到迅速加强。军事上的胜利也保证了南宋政权闯过濒于危亡的险境，日渐巩固起来。并且，宋金之间还出现了南北易势的局势，正如金万户都统韩常所言："今昔事异，昔我（金）强彼（宋）弱，今我弱彼强，所幸者，南人未知此国事耳！"在南宋朝廷的这一切变化中，岳飞起到了"扶大厦之将倾，挽狂澜于既倒"的重要作用。此次朝廷召岳飞觐见一是为了给岳飞大加封赏，二是为了让他接管刘光世军队的相关事宜。

刘光世（1089—1142），字平叔，保安军（今陕西延安志丹县）人。北宋徽宗时，刘光世奉命镇压河南叛军，因功授承宣使，充鄜延路马步军副总管。靖康初年，率部戍边，败夏兵于杏子堡。金兵大举南侵，与韩世忠等共守江南，立有战功。领宁武军、宁国军、保静军三镇，为韩世忠之后第二个领有三镇的节度使。刘光世虽号称南宋抗金名将，与张俊、韩世忠、岳飞并列为南宋"中兴四将"，但刘光世与张俊无论是品行还是战功，都远逊于岳飞、韩世忠。刘光世"律身不严，驭军无法"，同时"御军姑息，无克复志"，饱受时人诟病。只是由于刘光世于绍兴七年（1137）便早早被解除兵权，不为秦桧所忌，"故能窃宠荣以终其身"。绍兴十二年（1142），刘光世去世，享年54岁。高宗为其辍朝两日，追赠太师，谥号"武僖"。宋孝宗乾道八年（1172），追封安城郡王。宋宁宗开禧元年（1205）八月，韩侂胄为振奋士气，以配合即将展开的"开禧北伐"，采纳刘光世孙刘伯震的请求，追封刘光世为鄜王，位列七王之首。

刘光世在绍兴六年（1136）的淮西之战中不战而溃，将军队由庐州（今安徽合肥）撤至长江边的当涂（今安徽当涂），把淮西一带拱手让与敌军，受到朝野上下的一致谴责。再加上刘光世治军不严，麾下成为流寇、叛军投附的乐园，刘光世本人沉湎酒色，部下胡作非为。刘光世经常谎报军额，侵占军费，高宗害怕刘光世部属溃散为盗匪或投奔伪齐，只能设法满足其要求，不断对刘光世加官晋爵。更为失职的是，刘光世作战时多不亲临前线，只是坐守后方，万一前线失利，可以伺机逃跑。一旦有人在他面前谈起收复失地一事，刘光世便极度不满。凡此种种，与岳飞率领的岳家军形成强烈反差。有鉴于此，右相张浚坚决要求解除刘光世的兵权，但此事遭到了朝廷中部分大臣的反对，赵鼎认为刘光世家世代将门，南宋军队中有许多将士都出自刘光世家族门下，无故罢免，会使人心不服，引起兵变。参知政事张守也认为，若罢免刘光世，则需要以有纪律且威望比较高的人来接管才行。

在南宋朝廷中虽有此争论，但是支持罢免刘光世的声浪明显要高于反对的声音。宋高宗本人也已经对刘光世失去了信任。宋高宗说，刘光世对军队的训练并不重视，相比而言远远不如韩世忠、张俊等人的部队。他所率领的部队，原本是战斗力极高的骁勇锐士，只是他自己对训练军队太不勤奋，每月耗费了如此之多的钱粮。这些钱粮全是民脂民膏，而不能使军队做到奋战赴功，实在太可惜了！作为军队的将帅不能骄惰，更不能沉湎于酒色之中，不然，就无法率领三军之士。

高宗虽最终同意解除刘光世的兵权，问题在于由谁接管刘光世的军队，宋廷先后两次命岳飞前往"行在"议事，说明高宗此时有意把岳飞作为首要人选。因此当宋高宗召见岳飞时，首先谈到的就是高宗本人对于诸大将的期望：现在处于国家灾祸变故的非常时期，有赖于君臣上下协力才能恢复祖宗大业，不能时时刻刻因为一些蝇头小利，便向朝廷邀功，浪费朝廷的爵赏。每个人都应该对自己的事情认真负责，以早日恢复中原，这样才不辜负朕的委任与托付。显然高宗的这番谈话既是对岳飞为将之道的提醒，也是对岳飞的信任。

由于绍兴七年（1137）正月，金朝向南宋通报了宋徽宗去世的消息，宋高宗便借徽宗去世，表达了在此非常时刻，应时刻将收复失地、洗雪国耻放在首位，不能只考虑个人利益。虽然没有指名道姓，但暗指的应该就是刘光世。

在召见岳飞的过程中，宋高宗无意间问及岳飞有无良马，岳飞灵机一动，借良马比喻自己的志向。岳飞回答道："一匹马是否为良马，最重要的不是它的气力，而是它的品质。我有两匹马，所以经常将它们进行对比。之前的那匹马，吃的草料、喝的水都比较多，同时对草料和水的要求都非常高，宁愿饿死，也不吃不清洁的草料，不喝不洁净的水。披上重甲驰骋，一开始速度并不快，跑了100多里后，才开始加速奔跑，从午时至酉时，可以再跑200里。卸下鞍甲后，一点疲惫的样子都没有。此马吃得多却不随便接受食物，气力充沛却不逞能炫耀，这才是能够抵达遥远目的地的良马啊。可惜的是，克复襄阳，平定杨么叛军后，不幸故去。我现在骑的那匹马就不一样了，每天吃得不多，从不挑拣饲料，也不选择泉水，可以说是饥不择食，渴不择饮。还未戴好马鞍，便急不可待，跃跃欲试，迅速奔跑。跑不到100里地，便气力用尽，大汗淋漓，气喘吁吁，一副将要死去的样子。此马虽需求的少但容易满足，喜爱逞能却容易势穷，是典型的驽劣之马啊。"

岳飞以马喻人，将自己比作"受大而不苟取，力裕而不求逞"的致远之才，希望宋高宗高瞻远瞩，不要计较一城一地的得失，希望高宗大力支持自己，以完成收复中原的重任。

　　岳飞此番慷慨陈词引起高宗皇帝的重视，高宗赞赏岳飞"见识极进，论议皆可取"，心中对将刘光世的军队划归岳飞管辖之事已经有所主张。之后，高宗又单独召见岳飞，说道："中兴之事，朕全权委托给你了，除张俊、韩世忠军团外，其余大宋的军队全部受你节制。"岳飞听到高宗所说内心十分激动，自己多年来收复故土、立马燕山的心愿就要实现了。

　　所谓"节制"，指暂时指挥或间接指挥。据宋史研究专家王曾瑜先生统计，宋高宗此举，几乎是将南宋全国七分之五的兵力，20余万大军，慷慨授予岳飞一人指挥和调动，这在深忌武人的宋朝，可以说是前无古人、后无来者。

　　三月中旬，岳飞收到张浚掌管的诸路军事都督府发来的《令收掌刘少保下官兵札》，刘少保即刘光世。都督府在札子中写道：经过认真核查，刘光世军队共有将士52312人，马3019匹。接下来又列举了刘光世麾下诸统制手下各有多少兵马。同日，宋高宗亲书手诏赐予岳飞，命岳飞前往淮西接管刘光世兵马之时，面授王德、郦琼等统制。宋高宗在手诏中写道："朕知晓用兵之道，合兵则势大，今命岳飞接管原刘光世下属兵马，目的在于一雪靖康国耻，收复中原，还我河山。岳飞的命令，如朕亲临，你们应同心协力，听从岳飞号令，否则军法处置。"

　　岳飞接到高宗的手诏后，心潮澎湃，激动不已。因为把刘光世这支部队合并到岳家军中之后，岳家军的数量达到了近十万之众，远远超过韩世忠或张俊的部队。岳飞深知刘光世军中有很多精兵强将，现在调拨自己指挥，勤加训练，一定能够成为英勇善战的部队，这对北伐将大有裨益。收复中原有望，眼前仿佛已经出现率军全面反攻，直捣金人老巢的场景，岳飞连夜亲手写了一份奏札，感激皇帝恩遇，并提出自己对接下来抗金大业的看法和建议，这便是著名的《乞出师札子》。内容用现代汉语翻译大体如下：

下臣自靖康之变后，虽出身普通百姓，却怀揣着一颗捐躯报国、复仇雪耻之心。有幸凭借社稷威灵，为国家立下些许微薄功劳。然而陛下却将我做的这些点滴小事看在眼里、记在心中，在不到十年的时间里，将我从布衣提拔至太尉。官阶位列三公高位，待遇等同中书省与枢密院。同时授予臣节度使、宣抚使的使职，命臣宣抚诸路。臣原本只是一个地位微贱之人，承蒙皇帝陛下恩宠，屡屡越级擢升，实在令臣诚惶诚恐。现在，又承蒙陛下给臣增添兵马，让我来完成恢复中原的光荣事业，我有何德何能，承蒙陛下的知遇之恩竟到如此地步，怎敢不昼夜思索北伐大计，以报答皇帝陛下对我的大恩大德。

臣观察敌情发现，金人之所以在黄河以南扶植伪齐刘豫，命他管辖山东、陕西等地，是计划荼毒中原百姓，以中国（中原）攻中国（南宋）。伪齐的建立使得粘罕（完颜宗翰）有了休养生息、整军备战的机会，坐观伪齐与我朝交战，伺机南下进犯，这便是金人包藏的祸心。臣以为，如果不充分利用当下的有利时机，依照陛下的睿算妙略进军中原，挫败敌人的阴谋，使刘豫手下将领回归我朝，逐渐收复失地，令刘豫父子无所依靠，一旦金人休兵养马结束，施展更多的阴谋诡计，到那时，北伐收复故土的难度必定大大增加。

臣希望陛下能够给我一些时间，暂不给臣限定收复中原的时日，这样可以令敌人无法预测我的作战计划。一旦时机成熟，臣便会率领大军长驱直入，进攻东京开封府、西京洛阳府，占据河阳、陕州、潼关一带，号令刘豫手下叛将反戈。如此一来，则刘豫只能放弃汴梁而逃亡河北，京畿地区和陕西失地尽可收复。至于京东路下辖州郡，陛下可令韩世忠、张俊两位将军率军收复。然后臣会分遣军队继续进攻澶州、滑州，经略河北、河东地区，一定可以将刘豫父子生擒活捉。按照这个计划北伐，大辽复国有望，金人必将被消灭，四夷也可以被平定。陛下江山社稷的长治久安，在此一举。

如果伪齐勾结金人在汝州、颍州、陈州、蔡州等地实施坚壁清野战术，据险固守商州、虢州等要害之地，使得我军进攻时粮草后勤供应不足，深入敌人占领区后难以运输军粮，则臣需要收兵回师，退回战区内坚守防御，确保长江上游地区安全。敌人见我军撤退势必南下追击，臣等到敌军到来，必当率领众将士或挫其锐气，或以逸待劳，待敌军疲惫再与之交锋。敌人谋求速战速决，持久战对其不利，一旦发现不能短时间解决战斗，必会撤军。这时，我会安排好伏兵，在其撤退途中不断打击敌人。南下敌军势大则我军将大胜，南下敌军势小则我军将小胜。消灭南下之敌后，我军再一步步继续实施北伐战略。假设敌人看到我军由长江上游进军中原，倾巢来侵两淮地区，或分兵进攻四川，如此情况下，臣便会率军长驱直入，直捣敌人老巢，敌军疲于奔命，势穷力竭，主力部队定无法及时回援。即使今年不能将敌人彻底消灭，明年也必将实现我们的军事计划，用不了两三年，一定可以收复全部失地，大获全胜。到那时，陛下您重回开封故都，或是迁都襄阳、关中，完全取决于陛下的选择。

臣听说发兵 10 万，日费千金，需要动用国内百姓 70 万户来养军，这绝对不是小事。然而古代命令大将领兵出征之时，却可以做到不增加百姓劳役，不反复征收粮食，这都是因为考虑周全且物资充足。如今臣的军队远在长江上游驻扎，距离朝廷数千里之遥，平日里经常被粮食供应不足所困扰。去年秋天，臣率军深入陕州、洛阳之时，军营中竟然出现了士兵因挨饿而逃跑的事情，所以我只能立即撤军，导致北伐中途夭折，刚刚收复的失地又被伪齐占领，伪齐在占领区内疯狂报复，屠杀忠义之士，这都是我的罪过。在此，臣恳请陛下严令有关部分，广泛储备粮草，解决我军的后勤补给问题，使得臣能够有充足的时间专心思考北伐方略，不再因忧虑军粮而分心分神、自乱阵脚。臣的计划全仰仗陛下的神机妙算，只有在您的支持下才可以胜利完成北伐大业。

到那时，迎回太上皇帝和宁德皇后的灵柩，将靖康之变中被俘北上的宗室亲属接回朝中，使宗庙安宁，万民欢庆，陛下高枕安睡，再也不用为北方金人入侵所忧虑，至此，臣毕生的志向、心愿便完全实现了。然后，臣会乞求解甲归田，返回故里，这是臣往日所许下的愿望。

岳飞在《乞出师札子》中，句句渗透着爱国之心，字里行间洋溢着壮志豪情。奏札中所提出的收复中原的宏图，并非岳飞临时起意，而是数年来岳飞对金作战的经验总结以及日夜筹划的结果，也是岳飞作为一个军事家的思想体现。这份计划制订之周密，规划之长远，在南宋朝野上下实属罕见，从当时的军事条件来看，其所说准备用两到三年的时间，"尽复故地"，并非虚言。

同时，岳飞作为一名武将，在多年的朝堂争斗经验中培育出极高的政治素养。在《乞出师札子》中的措辞十分准确，岳飞写道，"异时迎还太上皇帝、宁德皇后梓宫，奉邀天眷归国"，仅提到迎回太上皇帝（宋徽宗）和宁德皇后（郑太后）的灵柩，不再提及宋钦宗。在此之前，一度流行着迎还二圣（宋徽宗、宋钦宗）的政治口号，然而由于此时宋徽宗已经去世，金人又放出风声，要以宋钦宗或宋钦宗之子组建傀儡政权，故岳飞舍弃"迎还二圣"这个不合时宜的政治口号，只将宋钦宗包含在"天眷"

（宋朝皇室亲属）之中。

宋高宗阅罢岳飞的奏札，甚感欣慰，当即亲笔批示道："有像卿一样的臣子，我还有什么好忧虑的。进军中原的时间，朕不加干涉，完全由卿定夺。"并且高宗在岳飞所任的湖北京西宣抚使（宋朝制度，太尉为武官最高的品级，而宣抚使虽与招讨使、制置使等实职相同，但级别更高，可与执政平列。此时南宋大将任宣抚使者除岳飞外，仅有韩世忠、刘光世、张俊三人而已）外，加岳飞"宣抚诸路"的权力，除京东东路和京东西路作为韩世忠与张俊的战区，不受岳飞节制外，其余京西、陕西、河北、河东等路，皆交由岳飞收复、管理，岳飞的声望达到巅峰。

二、高宗反悔，岳飞辞官

宋高宗决定重用岳飞，北伐中原，不过是一时冲动。宋高宗自即位以来，无时无刻不想寻求金人认可，只是由于金人始终以灭亡南宋为战略目标，并扶植伪齐刘豫政权，"以僭逆诱叛党"，堵绝了高宗的求和之路，使得高宗有时不得不在表面上赞成抗金。宋高宗虽然畏金如虎，但面对昔日臣仆刘豫的步步进逼，气愤难平，意欲进行报复。正值宋徽宗死讯传来，多重因素影响下，才有高宗授予岳飞绝对权力，令其北伐中原、收复失地之举，这便注定了岳飞的满腔热血终成梦幻泡影的结局。

对岳飞"宣抚诸路"的任命下来没多久，宋高宗就反悔了。

一是高宗受北宋以来传统的重文抑武思想的影响，对岳飞宠信已成宋建国以来的历史之最，虽已进行任命，其实高宗自己心中也难免有所忌惮。二是无论在北宋末期，还是自宋高宗即位以来，宋高宗已经历了多次兵变，在他的内心深处，实际上是深恐武将们事权过高，人马过于雄壮，以致出现尾大不掉的情况。部分大臣在考虑罢免刘光世军职的最初阶段，也表现出了这种倾向，认为：既已罢斥了刘光世，就绝不应使任何其他大将再因这事而反得加强其威势，免得将来又难以制驭。大臣们决定要推翻前议，仍把刘光世军作为一支独立的部队，把王德提升为都统制而归都督府（事实上即由张浚）直接统领。三是因权力之争，此事遭到了右相兼都督张浚的反对，以及内奸秦桧的破坏。

张浚不满高宗对岳飞的任命，一旦岳飞"宣抚诸路"，则都督府的职权很大程度上将被岳飞取代，都督府有名无实，自己将会成为一个空头挂名都督，对权力的分割，是古代任何一个权臣都无法接受的，因为这可能意味着他倒台的开始，这是张浚所不能容忍的。张浚一向自恃清高，在他眼里，统一节制全国军马，指挥北伐，完成收复失地的壮举，必须由自己来完成，岳飞显然是不够资格的。不过，张浚虽不希望岳飞"宣抚诸路"，但至少张浚坚持抗金，只是出于私心才希望由自己来完成抗金大业。秦桧则不同，作为金朝安插在南宋内部的奸细，秦桧的"本职工作"便是鼓吹投降路线，消磨南宋军民的抗金意志，破坏南宋抗金大计。

秦桧（1090—1155），字会之，建康府江宁县（今江苏南京）人，出生于黄州（今湖北黄冈）。南宋初年宰相、奸臣，投降派代表。北宋徽宗政和五年（1115），秦桧进士及第。宋钦宗时，任御史中丞。靖康二年（1127），因上书金人反对立张邦昌为帝，随徽、钦二帝被俘北上。到达燕山府（今北京）后，秦桧立即变节投降，向金人献媚，重金贿赂女真贵族，被金太宗赐给完颜昌，成为完颜昌手下的参谋。从这时起，秦桧开始向金人妥协，并接受了金人的收买。宋高宗建炎四年（1130），完颜昌率军进攻楚州（今江苏淮安）时，秦桧担任随军参谋并负责粮草征集和钱粮转运，不仅为金人出谋划策，还奉完颜昌之命，起草致楚州军民的劝降书，劝降书中甚至使用辱骂宋高宗的语句，可见这一阶段的秦桧已完全被金军收买。但戏剧性的转折是，在楚州城被金军攻破的第三天，秦桧脱离金人，返回南宋。

秦桧南归问题，一直是历史上的谜案。秦桧自称杀死了监视自己的金兵，抢了一条小船逃归，当时便有许多南宋大臣对此提出怀疑。此后始终有人怀疑秦桧是金朝的奸细。其实只需联系秦桧被掳至金境能举家平安返宋，若不是秦桧屈膝投降，金人有意将其放归，充当破坏南宋抗金的奸细，即便秦桧可以只身逃回，绝无举家南归之理。再参照秦桧回到南宋之后的种种行为，秦桧是金朝"以和议佐攻战"的重要棋子，便不证自明。

秦桧成功打入南宋内部后，虽然表面上支持抗金北伐，一旦在北伐中取得小胜秦桧便开始极力言和，或劝阻高宗若战争继续进行，和议之事便再无可成，或限制前线军粮物资的调拨，这导致南宋多次北伐无疾而终。内奸秦桧的"杀手锏"，便是滑天下之大稽的"南自南，北自北"，即"南人归南，北人归北"，"欲以河北人还金国，中原人还刘豫"。这几句话看似简单，南宋若一旦实施，必将陷入万劫不复的境地。这种思想，直接将曾经的祖宗旧土、先朝旧都抛之于敌手，将大宋中原士民弃之不顾，直接破坏整个南宋朝廷的根基。最直接的例子，岳飞是河北西路相州（今河南安阳）人，按照秦桧的计划，岳飞应立即缴械，被遣返至伪齐占领区。秦桧这已不是普通的投降政策，而是计划颠覆南宋，令南宋解除武装，坐以待毙。然而宋高宗却极为赏识秦桧，曾对秦桧说道："我记得你刚从女真人那里逃回来的时候，便对我说'如欲天下无事，须是南自南，北自北'，一语道破与金人讲和的关键。我当时便非常赞赏你的见识，只不过碍于群情激奋，过了很久才实施你的议和方略。"

在高宗的宠信下，绍兴元年（1131），秦桧擢参知政事，随后拜相，次年被弹劾革职。绍兴八年（1138）再次拜相，前后执政 19 年，权倾朝野，把持朝政。秦桧是南宋朝廷内投降派的代表，奉行割地、称臣、纳贡等投降政策，极力贬斥抗金将士，阻止、破坏北伐，同时结党营私，排斥异己，屡兴冤狱。绍兴二十五年（1155），秦桧病死，结束了其罪恶的一生。开禧二年（1206），宋宁宗追夺其王爵，改谥谬丑。

《宋史》的评价：桧两据相位者，凡19年，劫制君父，包藏祸心，倡和误国，忘仇斁伦。一时忠臣良将，诛锄略尽。其顽钝无耻者，率为桧用，争以诬陷善类为功。其矫诬也，无罪可状，不过曰谤讪，曰指斥，曰怨望，曰立党沽名，甚则曰有无君心。凡论人章疏，皆桧自操以授言者，识之者曰："此老秦笔也。"察事之卒，布满京城，小涉讥议，即捕治，中以深文。又阴结内侍及医师王继先，伺上动静。郡国事惟申省，无一至上前者。桧死，帝方与人言之。

桧阴险如崖阱，深阻竟叵测。同列论事上前，未尝力辩，但以一二语倾挤之。李光尝与桧争论，言颇侵桧，桧不答。及光言毕，桧徐曰："李光无人臣礼。"帝始怒之。凡陷忠良，率用此术。晚年残忍尤甚，数兴大狱，而又喜谀佞，不避形迹。

金朝册立伪齐政权和派遣奸细秦桧打入南宋内部，几乎是同时进行的，构成了金人"以和议佐攻战，以僭逆诱叛党"的全部战略计划。金人下决心灭宋之时，并未正式启用秦桧这颗棋子，只是令其散播投降言论，消磨南宋军民的抗金意志。而当金人灭宋已无可能，军事进攻屡战屡败，"以僭逆诱叛党"计划彻底失败之时，内奸秦桧正式开始其"表演"。

秦桧看准如果让岳飞兼有刘光世的军队，那么北伐必成定局。再加上岳飞勇略过人，用兵如神，一旦掌握大军，其北伐未必不能成功，若金朝败降，岳飞收复中原，朝廷返还旧都，到时难免会对自己这个曾经主张议和，且与金朝统治上层有勾连的人进行清算，那时自己恐怕会死无葬身之地，阻止岳飞北伐是最终目标，但现在必须阻止岳飞兼并刘光世军。秦桧看到张浚志大才疏，自命不凡，此时不满于将来做空头都督，因此在背后煽风点火，张浚果然中计。张浚面见宋高宗，搬出了"祖宗之法"。宋太祖以武将身份发动政变，黄袍加身，猜忌和防范武将，成为赵宋王朝的祖宗家法。张浚提醒宋高宗，不要忘记列祖列宗的教诲，不应让岳飞掌握太大的军权，以免功高震主。将全国绝大多数军队交由岳飞统领，一旦岳飞举兵反叛，必将后悔莫及。

宋高宗心中本就担忧岳飞军权过大，被张浚提醒后，立即反悔。但君无戏言，如何收回信誓旦旦的承诺，宋高宗只能委婉地通知岳飞："将淮西刘光世部交由卿统领，颇有些许困难，须由朝廷统一指挥，待可以交付卿节制之时，再行调拨。"

岳飞在得到这一消息后十分着急，因为他打算恢复中原的计划，非有着十万军队不能，并且此前高宗已经答应了他的计划，此时变卦，光复山河的理想可能再无实现的机会。岳飞找到张浚，将刘光世军与他的北伐计划关系再次说明。他说："想讨平刘豫收复中原并不是十分困难的事。如果把刘光世的部队合并过来，我就有足够的兵力，我即当率领这十万人马横截伪齐的北部边境，使金人不能出兵相援。刘豫势单力孤，定然不能抵抗太久，这样则中原即可收复。"对于北伐大业张浚是想自己去完成，因此无论岳飞说什么，张浚都不置可否。

岳飞想再次找宋高宗进奏，但宋高宗为了省去诸多麻烦，选择避而不见。只是让张浚出面，向岳飞传达朝廷的想法。张浚也无法对皇帝出尔反尔的行为作出解释，只能直接装出一副根本没有发生过令岳飞统领淮西刘光世军团的样子，说道："淮西军素服王德，我准备命王德担任都统制，而命吕祉以都督府参谋的身份兼领淮西军，你觉得这样的安排怎么样？"

张浚的提问显然不是征求意见，而是清楚直接地通知岳飞，原刘光世部继续作为一支独立的部队，由王德为都统制，归都督府直接统领，实际上也就是作为张浚的直属兵团，张浚旨在掌握这支部队，但对这支部队的情况及如何驾驭这支骄兵并不知晓。但岳飞以抗金大局为重，还是郑重地回答道："淮西刘光世部将士多由流民、盗匪组成，叛乱只在一念之间。王德与郦琼二人，资历、能力不相上下，之前就经常闹矛盾，一旦任命王德的职务高于郦琼，势必会加剧他们之间的冲突。吕尚书（吕祉以兵部尚书兼都督府参谋军事）虽然是通才，但他是个典型的书生，不熟悉军旅之事，自然难以服众。我认为必须选择德高望重的大将统辖淮西军，否则后果不堪设想。"

张浚听罢，又列举张俊等人，岳飞直言不讳，一一反驳，认为皆不可取。张浚勃然大怒，厉声问道："难道整个大宋非岳太尉不可？"此次谈话不欢而散。从这件事上可以看到岳飞是一个勇敢的将军，也有很高的政治素养，却对政治中的险恶认识不足。岳飞并不知道，他为北伐之事的辩驳，使南宋部分君臣认为他执意扩大自己的军队实力，是因为有不臣之心。

合军北伐终成泡影，已无任何回旋的余地。三月下旬，按照朝廷指令，岳飞返回鄂州。途中，岳飞将整件事的前后反复回顾，仔细思考，认为自己在合军一事上没有半点私心，完全是出于收复失地的想法。岳飞性格直率，按捺不住心中的怒火，宋高宗曾给予他北伐的鼓励，他也曾将一腔热血洒在北伐大计上，现在又突然对他进行无故打压，让他十分难受。思虑良久，岳飞决定退出朝廷。碍于君臣礼法，他不好直谏高宗，便以与张浚观点不合为由，请求解除军务。岳飞生性倔强，此番辞职不等高宗批示，便径直前往江州庐山东林寺，为母守孝，将岳家军一切事务，暂时交由张宪处理。

张浚得知岳飞擅自离职后，多次上奏宋高宗，控告岳飞"处心积虑扩充自己的军事实力，此番擅自离职，意图在于要挟陛下"。高宗接到岳飞要求解除军职的奏疏后，同样怒不可遏，此前对岳飞的好感瞬间烟消云散。高宗将岳飞此举视作对自己权威的挑战，遂同意张浚的提议，委派张浚的亲信张宗元前往鄂州。张浚准备乘机剥夺岳飞兵权，由张宗元直接取代岳飞掌管岳家军，直属都督府。

张宗元的到来，使得岳家军人心惶惶，恰逢张宪也因病请假，不在军中，一时流言纷起，不明真相的将士们，以为朝廷已经同意了岳飞的辞职请求，由张宗元继任统帅，接替岳飞。对于跟随岳飞征战多年的岳家军将士来说，他们绝不能接受这种结果。对岳飞的处置使得岳家军上下不知该往哪儿走，未来胜利还能否再有。时任都督府随军转运副使，专门负责岳家军后勤保障工作的薛弼害怕发生兵变，赶忙请来张宪带病主持军务。张宪命令岳家军将士不得私下讨论，有问题向薛弼咨询。

众将士忙去询问薛弼，薛弼回道："张宗元张大人是朝廷应岳大帅的请求派来的，岳大帅离开军营才几天，你们就败坏军法，不听朝廷调遣，岳大帅知道后，一定不会高兴。况且朝廷已经派遣敕使前往庐山，强令敦促岳大帅起复，相信岳大帅不日即可回到军营。"在张宪和薛弼的劝解下，全军将士的情绪才稳定下来。

与此同时，宋高宗愤怒难平，隐瞒了自己在淮西刘光世军团归属问题上的反复无常，歪曲事实真相，向大臣们指责岳飞骄横跋扈。众人纷纷附和高宗，指出应严惩岳飞，以儆效尤。只有与李纲、岳飞同道，坚持抗金的左司谏陈公辅，仔细思考高宗皇帝话语中的前后矛盾之处，认为岳飞此举完全是为了抗金大业，并不是为了一己私利，于是上奏道："岳飞本是一个粗人，很少委曲求全，而其本意，全在收复失地。岳飞以忠义闻名朝野，此番行为举止异常，应该不是出于私心，还望皇帝明察。"委婉地请求高宗谅解岳飞。宋高宗权衡利害得失，此时北方伪齐刘豫虎视眈眈，金军蠢蠢欲动，为了保住自己的皇位，仍需要岳飞在前线浴血奋战，思前想后，拒绝了张浚收缴岳飞军权的请求，将岳飞的奏札退回，同时下诏不允许岳飞解职守丧，命王贵等人赶赴庐山，勒令岳飞下山回营，与张浚一起前往淮西，检视刘光世的军队。宋高宗最终不得不向岳飞妥协，但这也导致了他对岳飞的猜忌日益加深。此事成为宋高宗与岳飞君臣关系的第一个转折点。

宋高宗的改口让岳飞又陷入沉思。岳飞知道合军北伐既然已成为泡影，再继续拖延下去只会影响抗金大业。迫于各方压力，岳飞于六月回朝，向高宗谢罪，请求"明正典刑，以示天下"。宋高宗回答道："你前些时日擅离职守的行为，朕不怪你。太祖皇帝（指赵匡胤）有言：'触犯我底线的人，等待他的唯有宝剑！'我今日仍令你官复原职，重掌军权，就是为了表示我并没有生你的气。"高宗的回答看似宽慰岳飞，实则警告、训诫，暗含杀意。就在不到三个月前，岳飞还是宋高宗最赏识的大将之一，如今却成为皇帝最猜忌的武将。由于此时高宗尚要利用岳飞，故并未发作，但骨子里却已深怀戒备之心。秦桧看到岳飞被重新起用，心中十分不快，"已有忿忿之意矣"，却又无可奈何。

统率各军，收复失地的豪情壮志破灭，岳飞只能依靠岳家军进讨伪齐刘豫。岳飞回到鄂州后，立即集结军队，并上奏高宗，不劳烦朝廷增添人马，仅请求以本部兵马单独北伐。岳飞直率地批评了朝廷"仅令自守以待敌，不敢远攻而求胜"的消极防御战略，并且提醒宋高宗，不要自食几个月前决定的进军中原之"圣断"，高宗只能勉强同意岳飞率军北伐。然而就在此时，淮西爆发了大规模的兵变。刘光世部在划归张浚都督府直辖的过程中，果真如岳飞所料，出了大乱子。

原来，刘光世被撤职后，王德升任都统制。王德虽然也是抗金名将，屡立战功，但居功自傲，此前就因为擅自杀死韩世忠的属官，一度被贬官。此番获得重用，实际上是朝廷内斗的结果，并非因其功勋或是统帅才能。

王德做了都统制，本应努力改善军队，安抚军心，积极承担国家赋予的重任，做好淮北地区的防御，但他却因自己的提升变得心高气傲，常侮辱下属，贪占军资，正如岳飞对张浚所言，王德不仅没有改正自己的毛病，反而愈加狂傲。

一日，校场阅兵后，郦琼鉴于王德高升，成为自己领导的现状，主动改善与王德的关系，当着众将的面对王德说道："此前我服侍大帅不周，还望大帅海涵。从今以后，我愿意像一床棉被一样，为大帅遮风挡雨，让大帅睡得安稳。"王德本应借坡下驴，趁机安抚人心，尽释前嫌。但是，他却轻蔑地看了一眼郦琼，一句话也不说，骑马扬长而去。

王德骄横的行为很快引发了众怒，激化了军队内部矛盾，郦琼伙同其他将官，联名上告王德贪污军饷，宋廷为息事宁人，任命郦琼为副都统制，以制约王德，调解冲突。但这种各打八十大板的做法对缓解矛盾毫无益处，面对淮西军复杂的形势，张浚不知变通，仍按照既定计划，派遣兵部尚书兼都督府参谋军事吕祉担任监军，前去赴任，而将王德手下8000人马调驻建康府。

吕祉之所以能够获得张浚的信任，是因为他与张浚一样，好大喜功，平素最好大谈恢复中原的事，有时甚至说，如能让他专统一军，他保证能把刘豫父子捉获，并把失地全部收复。实际上他从未经历战阵，对军事指挥一窍不通。当张浚力荐他做淮西宣抚判官时，南宋行朝有很多人都表示反对，张浚却不顾一切地用他担任了这一军职。

到任后，吕祉沿袭宋朝崇文抑武的陋习，妄自尊大，打击武将，傲慢无礼。对淮西军事常常表现出轻鄙。郦琼见时机成熟，拉拢绝大部分淮西军将领，准备叛逃伪齐。吕祉发现异状，急忙上奏，请求派遣大将进驻淮西，并罢免郦琼。不料其奏章内容，竟被身边的书吏泄露给郦琼。宋廷得知后，不仅不派人安抚，反而急令张俊率军前去防范郦琼等人叛逃，这一行为正中叛军下怀，被郦琼利用，成为兵变的导火索。绍兴七年（1137）八月八日，郦琼发动叛乱，杀死吕祉以及不服从号令的将士，裹挟淮西军团4万余人，外加随军家属、当地民众，共计10余万人，投降伪齐，史称"淮西兵变"。

淮西兵变一出，举国震惊。宋朝四大军区之一的淮南西路，更是江南北部唯一的屏障，一时竟处于防卫真空状态，直接暴露于伪齐和金人的兵锋之下。这也使张浚在淮南所作的抗金努力都化为了泡影，南宋朝野上下一时间竟不知道该如何处置。宋高宗慌忙给岳飞下诏，称"素闻卿与郦琼是同乡，郦琼向来佩服卿的威望"，命岳飞写信给郦琼，令其率军还归南宋，"不仅赦免郦琼此前所犯一切罪行，并且授予其更高的官爵"。高宗想召回郦琼谈何容易，郦琼的叛变本就不是偶然事件，完全是朝廷长期举措失当的结果。

郦琼叛变也有对南宋失望至极的因素，郦琼评价南宋"将领贪生怕死，交战之时，身居数百里之外，名为'持重'。调兵遣将，更换将帅，仅仅派遣一个小文官拿着公文前去即可，名为'调发'。每当获取小胜，便到处宣传，虚报战功，将功劳全部揽到自己身上。一旦战败，率先逃走。朝廷毫无公平可言，赏罚不公。有后台的，微功便可获得厚赏，大罪也可免于处罚。没有后台的，即使智勇双全，到头来也只能落得对朝廷失去希望。这样的政权，没有灭亡，已是老天眷顾。妄想中兴，简直是痴人说梦！"相反，郦琼评价金朝"元帅亲临战场督战时，连甲胄都不穿，意气自若，如孙膑、吴起再世一般。领兵冲锋时，身先士卒，一马当先，将士们看到后，安敢不三军用命。所以能够所向披靡，开疆拓土"。郦琼的评价是从一个军人的角度而言的，虽未尽公允，但一语道破南宋军中除岳飞、韩世忠等人外，其他怕死之徒与金军的区别，因此他不仅未能回心转意，反而由于熟知南宋山川形势、布防情况，成为金军南下的先头部队。果然郦琼投伪齐后不久，就力劝刘豫南侵。在突然之间增加了郦琼数万兵力的情况下，刘豫自感实力大增。郦琼之建议，正中下怀。立即向金人提出，请出兵，乘势合力向南宋进攻。

"淮西之变"使岳飞的先见之明完全得到了应验，与此同时，张宗元回朝，经过四个多月与岳家军将士的朝夕相处，张宗元对岳飞及其率领的岳家军有了一个崭新、完整的认识。张宗元就其所看、所感，向高宗上奏道："岳家军军容雄伟，士气高昂，纪律严明，上下一心。每日严格训练，时刻准备深入中原，收复失地，实为一支精锐之师。"他认为在朝廷诸将诸军中岳飞与岳家军堪称楷模。

宋高宗接到张宗元的汇报，又联想到近日的淮西兵变，觉得岳飞虽然性格过于执拗，但对国家的忠诚应无须怀疑，意欲再次重用岳飞。正当高宗对岳飞的不满稍有缓和之时，君臣关系第二个转折点——彻底无法消除的裂痕接踵而至。

三、建议立储，嫌隙倍增

宋高宗做康王时，已经有了五个女儿一个儿子，但儿子早夭。建炎三年（1129），赵构逃跑途中受到金军惊吓，遂丧失生育能力。虽然御医想尽办法为他治疗，但不见任何好转。

一国之君没有子嗣且丧失生育能力，这绝不仅是皇帝的私人问题，而是事关国本的首要大事。围绕子嗣问题，在当时还出现了这样的传言，北宋亡国，金人入寇全因宋太宗不当得位所致，只有重新将皇位归于太祖之裔，才能天下复安。并且，当时被掳的汉人中有的说看见金太宗吴乞买与宋太祖赵匡胤十分相似。这种托生转世之说，在现在看来会觉得荒唐可笑，但在当时有着较为广泛的影响，朝野上下也支持立太祖后裔。宋高宗此时无子也不得不接受隆祐皇后和大臣们的建议，于宋太祖系诸孙中挑选贤德幼童过继为子，作为皇位继承人。绍兴二年（1132），赵伯琮被高宗选中育于宫中，即后来的宋孝宗。

宋孝宗赵昚（1127—1194），初名赵伯琮，后改名赵瑗，赐名赵玮，字元永，宋太祖赵匡胤七世孙，宋朝第十一位皇帝，南宋第二位皇帝（1162—1189年在位）。赵昚于绍兴二年（1132）被选入宫中。绍兴三十年（1160），被立为皇子。绍兴三十二年（1162），被立为皇太子。绍兴三十二年（1162），高宗禅位于赵昚，使宋朝皇位重回太祖一系。淳熙十六年（1189），赵昚禅位于三子赵惇，自称寿皇圣帝。绍熙五年（1194）崩逝，在位27年，寿68岁。赵昚是南宋最有作为的皇帝，被称为"南渡诸帝之称首"。在位期间，平反岳飞冤狱，起用抗金人士，锐意收复中原。整顿吏治，裁汰冗官，惩治贪腐，发展生产，百姓生活安康，史称"乾淳之治"。

绍兴二年（1132），6岁的赵伯琮被选入宫中。绍兴三年（1133）二月，赵伯琮被授予和州防御使，赐名赵瑗。绍兴五年（1135）五月，高宗封赵瑗为建国公，授保庆军节度使，令其读书于资善堂，实际上等同于皇子的待遇。岳飞曾经在入朝的时候，去过赵瑗读书的资善堂，见到这个10岁左右的孩子知书达礼，聪敏可爱，有着不同于同龄儿童的端庄大气。岳飞对赵瑗极有好感，感叹道："国家中兴的希望，寄托在他身上了。"可见，岳飞不仅将收复故土作为自己的志向，也十分关心国家的未来。然而宋高宗却不甘心接受自己不能生子的现实，迟迟不愿意立赵瑗为皇储，他千方百计地求医问药，烧香拜佛，仍然抱有生子的幻想。

时间到了绍兴七年（1137）秋，淮西兵变后，岳飞担心淮西的暴露会影响未来北伐的大计。因此上奏宋高宗，表示江淮地区乃朝廷战略屏障，自己愿意率领岳家军前去戍守，以防金人、伪齐趁机南下进攻。宋高宗没有批准岳家军移驻淮南西路的请求，只是命岳飞率领岳家军水师，进驻江州，强化江防。接着，又命令岳飞和薛弼入朝觐见。

薛弼从鄂州出发，顺江东下，到江州会合岳飞，一同前往"行在"建康府，朝见宋高宗。一路上，秋高气爽，天高云淡，然而岳飞却无心欣赏长江两岸的沿途风景。薛弼见岳飞愁眉不展，心事重重，一路将自己关在船舱中，断定岳飞一定有心事，并且是大事。于是，薛弼前去船舱中拜见岳飞，只见岳飞身旁放着许多写错的奏疏，毛笔也扔在一旁。薛弼急忙问岳飞发生了什么大事，岳飞神情慌乱，连连说没有。薛弼和岳飞素来关系亲近，无话不谈，薛弼担心岳飞又要像前几个月擅离职守一般，做出什么鲁莽之事，遂刨根问底，究诘端倪。岳飞见瞒不过薛弼，只得向薛弼一五一十道来。

原来，在岳飞和薛弼出发之前，岳飞收到潜伏在金朝内部的岳家军谍报人员送来的情报，得知金朝准备废黜伪齐刘豫，改立被俘的宋钦宗的儿子赵谌为傀儡皇帝，图谋制造两个宋朝南北对立的局面。赵谌曾于靖康元年被立为皇太子，继位更具有"合法性"。一旦出现两个宋朝的局面，不仅会影响中原人民的心理认同，甚至会波及南宋控制区，抗金大业将会面临空前复杂的局势，岳飞此前构建的联结河朔、里应外合、收复失地的战略，也可能会满盘皆输。但是，虽形势严峻，破解之策亦十分简单，只需及时确定宋太祖赵匡胤七世孙赵瑗的皇储地位，金人的阴谋便会自动瓦解。岳飞对薛弼说，自己正在就此事写一份密奏，请宋高宗速立皇储，除薛弼外，连岳云都不知道，还望薛弼务必保密。

薛弼听罢，大吃一惊，赶忙劝阻岳飞一定不要对皇帝进言此事，领军大将参与立储大计，严重违背赵宋王朝的祖宗家法。岳飞却坚持认为："不论是文臣还是武将，忧心国事，不应因考虑到可能给自己带来坏处便置身事外，而应知无不言，言无不尽。"薛弼熟知岳飞倔强、耿直的性格，知道劝说也不会有用，只得轻轻关上门离开了。他们并不知道岳飞在政治上的不成熟，完全是因为岳飞觉得自己是一介草民，蒙受皇恩，才能有今天的成就，唯有为这个国家肝脑涂地，死而后已。有利于国家的他都去做，之前为收复故土，现在为朝廷将来。在岳飞心中，没有自己，只有家国天下，他将这个时代最重的担子扛在自己身上，并不是为名为利。

到达建康府后，岳飞趁朝见之机，向宋高宗宣读了这份乞立皇储的密奏，奏札中详尽介绍了金人妄图制造两个宋朝的阴谋，以及尽早确定皇储的重要性。果然如薛弼所料，岳飞的奏疏极大地加重了宋高宗的猜忌和疑心，待岳飞汇报完，宋高宗冷言冷语地说道："你虽然是个忠臣，但是手握重兵于外，这种事不是你应该参与讨论的！"随即让岳飞赶快下殿退朝，命薛弼上殿朝见。

宋高宗见到薛弼，开门见山，直接追问岳飞建议立储一事。薛弼在得知岳飞的想法后便已做好应对之策，于是将船上的见闻讲述一遍，既为岳飞圆场，也为自己开脱。高宗对自己的地位并不自信，他害怕将领结党，了解到这只是岳飞自己的想法，并没有其他将领参与其中后，长出了一口气。再加上正值用人之际，高宗尚需岳飞的辅助，呵斥岳飞之余，也需要适当地进行安抚，于是对薛弼说道："岳飞被我训斥后肯定很苦恼，你下去后，好好安慰一下他。"

宋高宗正求子心切，虽嘴上说宽慰，但内心对岳飞建议立储的行为十分厌恶。宋高宗辗转反侧，彻夜难眠，越想越生气。第二天一早，急招新任左相赵鼎进宫，发泄对岳飞的愤怒："岳飞不守规矩，怎能干涉立储大事呢？必须警告他，下不为例！"赵鼎也附和高宗道："岳飞行事没有分寸，乃至于此。"高宗的怒气全因宋初太祖以武将得国，因此向来疑忌武将，在立国之初就确立的崇文抑武的方针，不准武将干预军事以外的朝政。像立皇太子这样事关国本之大事，"唯腹心大臣得为之，非将帅任也"。

赵鼎退朝后，急忙召见薛弼，怒斥薛弼道："像岳飞这样的大将手握重兵在外，岂可干预此类朝廷大事？一点也不知避嫌。岳飞是个粗人，不懂规矩也就罢了，难道随军幕僚也不懂吗？估计就是幕僚们出的馊主意。你回去告诫他们，做好本职工作，一定不要再乱出这样的馊主意了！"

岳飞的立储建议本是从抗金大业出发，从国家、民族的根本利益出发。但可怜岳飞上奏的结果，不仅未能对问题的解决起到推动作用，相反却进一步加深了与宋高宗之间的裂痕，这是君臣关系的第二个转折点。宋高宗对岳飞的猜忌、防范日甚一日。如果说南宋初年高宗被金军追赶得上天无路、入地无门之时，宋高宗尚需岳飞、韩世忠等人身居高位，职掌重兵，以保护自己的安全，至绍兴七年（1137）时，随着宋军在对抗金人、伪齐的战斗中节节胜利，宋高宗已坚信自己可以偏安东南一隅。而绍兴七年（1137），岳飞先是因并军未成"擅离职守"，又"不安本分"建议立储，宋高宗认为自己的皇位已经受到来自地方统兵大将的干涉与影响，决心效仿先祖，实施二次"杯酒释兵权"。宋高宗计划用一到两年时间，将岳飞、韩世忠等人的兵权收归朝廷，然后对各军团实施分割、缩编。

第九章

力反和议，坚决抗金

　　淮西之变，标志着张浚一手谋划并得到高宗许可的整合刘光世军队的方案彻底破产。右相兼都督张浚成为众矢之的，并因此被罢免了一切职务。毋庸置疑，若真要追责，秦桧乃至宋高宗都有着不可推卸的责任。张浚下台后，对高宗评价秦桧"近与共事，方知其暗"，可惜为时已晚。秦桧伙同新任左相赵鼎，利用张浚的个人失策，对抗金策略落井下石。赵鼎的执政方针介于"抗金"与"苟安"之间，受秦桧蛊惑，建议高宗将"行在"由建康府后撤至临安（今浙江杭州），终止一切北伐部署，以求偏安东南一隅。秦桧的提议正中高宗下怀，双方一拍即合。此时北方发生巨变，伪齐刘豫被废，宋高宗梦寐以求的宋金和议，终于迎来了千载难逢的机遇。

一、刘豫被废，和谈终启

在宋高宗迫切希望能够与金朝议和之时，我们有必要对金朝及其盟友——伪齐的微妙关系进行简单介绍。正是因为金朝与伪齐关系的破裂，及金朝统治阶层内部的一次重新洗牌，为南宋与金的和谈创造了条件，宋高宗梦寐以求的大事终于提上议程。

此时的金朝最高统治者金熙宗正在完颜宗干等人的帮助下，进行中央集权制度改革。在金朝女真贵族各派系的互相倾轧中，先前掌握大权，并支持刘豫的完颜宗翰一派彻底失败，几乎退出中央决策阶层。先是完颜宗翰被金熙宗以相位易兵权，免去都元帅之职，任为太保、领三省事，封晋国王，甚至是位居完颜宗磐、完颜宗干之下。更倒霉的是，宗翰曾极力阻挠宗磐继承皇位，为此，宗磐对宗翰恨之入骨，必欲置之死地而后快。熙宗和宗干也不满宗翰一派专横跋扈，对宗翰始终欲夺取皇位怀恨在心。但是作为曾经的国相完颜撒改长子，宗翰在金朝立国之初就曾活捉辽朝最后一个皇帝——天祚帝，直接导致了辽朝的灭亡；又曾制造靖康之变，灭亡北宋，曾经对峙一个多世纪的两大王朝，相继亡于金朝的金戈铁马，在这个过程中，宗翰立下汗马功劳。正是基于宗翰的宗室子弟身份，又曾立下赫赫战功，因此，即便熙宗、宗磐等人对他再恨之入骨，也只能暂时忍气吞声。只有等待时机，才能置宗翰于永无翻身之地。于是熙宗等一干人便敲山震虎，把矛头指向了宗翰心腹高庆裔。

绍兴七年（1137），熙宗、宗磐等人以高庆裔贪赃枉法为名，将其抓进大理寺，定为死罪。心急如焚的宗翰为了赎出高庆裔，乞求免官为民，以救高庆裔不死。早有预谋的金熙宗心里暗暗高兴，并没有宽宥高庆裔，反而很快将高庆裔处死。接踵而至的是对宗翰一派势力接二连三的打击。曾经驰骋疆场威震北宋、大辽的峥嵘岁月已经成为越来越淡的记忆，昔日的英雄如今在政治上已经穷途末路，就连生活中也是杀机四伏。潦倒失意的宗翰见自己的心腹相继被杀或被黜，对生活失去了最后的信心，开始"绝食纵饮"，不久便"恚闷而死"，也有人说是被缢杀于狱中。

这时期刘豫一方攻宋屡战屡败，又见自己的靠山几近崩塌，自知前景不妙，危机感不断加深，遂于绍兴六年（1136）年底遣使赴金，请求立其子刘麟为皇太子，借以窥探金人是否有废黜自己之意。不久，就收到了金熙宗的回复，熙宗道："先帝之所以立你为帝，是因为你有德于河南人民，朕素未听闻你的儿子对人民还有恩德，过段时间朕会遣专人咨询河南百姓以决定这件事。"三言两语便打发了刘豫。刘豫请立皇太子被拒绝，自知前景不妙，又谋求从进攻南宋中寻找一线政治生机。绍兴七年（1137）七月，刘豫再次遣使赴金请兵，金人对之置之不理。九月，郦琼率淮西军叛降刘豫，刘豫认为千载难逢的机会终于来到，便又开始打起了如意算盘，以此为借口，再次遣使请兵于金朝，希望以郦琼军为向导，由伪齐、金军并力南下，一举击溃南宋江淮防线，彻底灭亡南宋。但此时的金朝完全无意于利用南宋淮西兵变南侵，对郦琼投降的第一个反应是急令解散这支人马，表面上是防止诈降，实际上这不过是为了制止刘豫扩充军力而采取的伎俩。但刘豫仍不死心，坚持请兵，金熙宗等人便决定趁此机会，佯装答应伪齐乞兵的请求，暗中却另有打算。十一月，金熙宗令完颜昌和完颜宗弼等人以攻宋为名，率兵到开封府，令伪齐全军听从金朝节制，先调伪齐军于淮上，等到伪齐军队出发一定里程，开封已无多少守军之时，又令刘豫之子刘麟至濬州、滑州间议事。刘麟前去赴约，刚到就被金军抓获囚禁。宗弼扫除刘豫羽翼后，正式废除伪齐政权，降刘豫为蜀王。一套程序走下来，不费吹灰之力，就废除了伪齐政权。十二月，金人又将刘豫迁往临潢府，绍兴十二年（1142）改封曹王。绍兴十六年（1146），刘豫结束了囚徒般的生活，忧愤离世。

金朝的一系列操作使得整个中国的局势发生巨变。金人废黜伪齐刘豫后，于开封府设置行台尚书省。完颜昌、完颜宗弼为了安抚这一地区人心，随即向中原人宣称："一概免去伪齐自立国以来创立的所有严刑峻法。"并放出风声，准备命宋钦宗回旧都任傀儡皇帝，管理原来刘豫管辖的地区。风声一传出，便起了作用，中原地区人心稍有所定。

在此我们不妨提一下金朝侵略宋朝的爪牙——伪齐刘豫被废的原因。

最初刘豫试图通过贿赂完颜昌而获取金人支持，完颜昌出于将山东地区变为自己势力范围的目的，同样想通过拥立刘豫，进而控制伪齐占领区，但刘豫被宗翰一派抢先册立为傀儡皇帝，使之心愿落空。刘豫"即位"后，全身心侍奉金太宗与宗翰一派，而对其他金朝贵族则敷衍了事。特别是在完颜昌于缩头湖之战大败后，率军北归，路过伪齐控制区，原以为刘豫会将自己奉为座上宾，没想到的是刘豫不仅不出来迎接，反而自视为"大齐"皇帝，对完颜昌要起了皇帝威风。面对昔日在自己面前鞍前马后、摇尾乞怜的刘豫，如今黄袍加身，以居高临下的姿态对自己指手画脚，完颜昌愤愤不平，此后一再利用自己的特殊身份上书金太宗，要求收回伪齐管辖的部分土地，以限制刘豫的权力，甚至要求废弃刘豫。但彼时完颜昌的势力、地位与宗翰差距太大，宗翰一党专擅朝政，控制金朝各要害部门，掌握绝对的话语权。宗翰又竭力保护自己的忠实走狗刘豫，无论如何也不肯答应完颜昌的请求。完颜昌不仅与宗翰的矛盾不断激化，对刘豫更是恨之入骨，欲等待时机废黜刘豫，打击宗翰势力，以解心头之恨。

完颜昌终于在金太宗去世后迎来了转机。继位的熙宗联合完颜宗磐、完颜昌等人，诛杀和罢黜了宗翰及其心腹，彻底清除了宗翰一党，并将刘豫视为宗翰最后的残党余孽。因此，无论刘豫如何死心塌地地为金人效命，如何向金熙宗、完颜昌等人表忠心，政治斗争的残酷性导致其走向覆亡的命运已经是不可避免的结局。

另一方面，刘豫多年来对宋作战节节失利，消耗了大量的人力、物力和财力，亦令金人十分不满，这也是金朝废黜刘豫的官方理由之一。绍兴七年（1137），金朝尚书省上书熙宗，揭露刘豫进不能攻，退不能守，治国无道，不仅不能为金朝开疆辟土、保境安民，反而徒增了许多不必要麻烦的事实，认为刘豫对金朝已经毫无用处。对刘豫怀恨在心的完颜昌甚至对伪齐使者说："金朝以往用兵，攻无不克，战无不胜，自从有了伪齐以后，屡战屡败，有损军威。"金熙宗更是在其下达的废弃伪齐的诏书中称刘豫一无是处，不但不能为金朝尽力，反而成为金朝的累赘、祸患。在废黜刘豫的问题上，金朝君臣在公开场合的说法高度一致，皆认为刘豫已毫无用处。故元人在修《金史》时同样写道："刘豫为帝数年，没有为金人立下尺寸功绩，金人厌其无能，遂废刘豫为蜀王。"可知，刘豫一旦失去被金朝利用的价值，就只能被金朝抛弃。

除了金朝内部废黜刘豫的主观意愿外，岳飞的离间计、反间计也起到了加速金朝废弃刘豫的作用。岳飞深知知己知彼，百战不殆，于是密切关注金朝内部的动态。在得知刘豫由完颜宗翰一党拥立，而其他女真贵族如完颜宗弼等人非常厌恶刘豫，主张早日废除伪齐政权的情报后，便认为可以施展离间计，借金人之手，除掉刘豫。正巧完颜宗弼派来刺探南宋军事情报的间谍被岳家军将士抓获，岳飞巧妙地利用了这次机会，并大做文章。

岳飞命士兵将间谍带入大帐之中，然后屏退左右，惊讶地说道："你不是张斌吗？我派遣你前往伪齐面见刘豫，约定将完颜宗弼引诱出来，趁机杀掉他，你始终没回来复命，我以为你被金人抓住了，只好又派遣其他人前去。目前已经与刘豫商定妥当，约于今年冬天以联合渡江南下进攻南宋为名，将完颜宗弼引诱至清河。现在看来，你竟敢背叛于我，不仅没有将书信交于刘豫，甚至还成为完颜宗弼的间谍，看来金人给你的好处不少啊！你为什么背叛大宋？你难道不知道背叛的下场只有死路一条吗？你对得起大宋，对得起皇上吗？"

间谍吓得面色苍白，急忙叩头谢罪，为了活命承认自己是岳飞口中所说的张斌，乞求岳飞饶命，并保证一定会为宋朝效力。岳飞见状，笑而不语，又写了一份蜡丸书，对间谍说道："去年我以全军猛攻伪齐，金人此时不会怀疑刘豫，正是趁机杀死完颜宗弼的大好时机。你本应该被处死，但是我饶你一命，再令你前去伪齐，面见刘豫约定出兵的准确时间，这次一定要排除万难，完成任务！"

还不待间谍给出一个肯定的答复，岳飞手起刀落之间便已经在其腿上划出了一道伤口，并将蜡丸书放进去，令军医为间谍缝合伤口。间谍痛得惨叫连连，却不敢反抗岳飞的命令。为了把戏演真，岳飞又给予间谍不少的赏赐，交代他务必严守秘密，不得泄露任何风声，随即命卫士护送其离开岳家军防区。自以为逃过大劫的间谍不知是计，回到金朝占领区后，见到完颜宗弼，将蜡丸书呈上，完颜宗弼看后大惊失色，急忙奏告金熙宗，请求立刻逮捕刘豫，废黜伪齐。金熙宗虽然没有立刻废黜伪齐，但是岳飞施行的反间计客观上加速了刘豫被废的进程。

刘豫被废，宋高宗寻求金人承认的阻碍消失，加之此时金朝内部完颜昌、完颜宗磐等主和派把持朝政，宋金议和正式提上日程。恰好宋高宗派出的迎奉宋徽宗和宁德皇后梓宫使王伦抵达金朝境内，完颜昌对王伦说道："转告江南（金人不用南宋国号）赵构，伪齐已废，道途通畅，和议可以开始。"并答应赵构的请求，只要赵构奉表称臣，不仅归还宋徽宗、宁德皇后灵柩及宋高宗母韦氏，同时将此前刘豫管辖的黄河以南地区一并交还南宋。完颜昌以梓宫和土地为诱饵，向南宋发动外交攻势，尽管金朝内部以完颜宗弼为首的主战派坚决反对此举，但主和派的意见还是占据了上风。

而在南宋，绍兴七年（1137）二月，岳飞就曾经觐见过宋高宗，详细地阐明了自己欲北上收复失地的详细计划，但显然，好不容易迎来议和转机的宋高宗，对此并不感兴趣。10个月后，王伦回到南宋，告知高宗金人同意议和的消息。此时的宋高宗喜出望外，自己朝思暮想11年的和谈终于看到眉目，立即对王伦厚加赏赐。但宋高宗表面上仍装作一副愁眉苦脸的样子，对王伦说道：
"因为梓宫及皇太后、渊圣皇帝（宋钦宗）始终未能南归，朕夙夜
忧惧，未尝有一日不把这件事放在心上。只要金人能够答应朕的
请求，归还梓宫与皇太后，其他任何条件朕都可以答应。"归还宋
徽宗的棺椁和母亲韦氏，这是宋高宗每次求和时的首要条件，让
世人知晓，自己是为了尽孝，可以忍受一切奇耻大辱。宋高宗打
着行孝的旗号，正式表态，愿意不惜一切代价，以满足金人的和
谈要求。其实，这只是宋高宗进行和谈的一块遮羞布而已。

二、反对议和，面折廷争

刘豫被废黜的消息传到军中，岳家军将士倍感振奋。毫无疑
问，南宋迎来了抗击金朝的最佳时机。岳飞急忙上奏朝廷，恳请
趁金朝废除伪齐，内部斗争又极其激烈之时，攻其不备，长驱直
入，一举收复中原失地，恢复大宋王朝的江山。然而，宋高宗则
有着与岳飞完全相反的想法。作为一个王朝最高统治者，他不求
收复失地，只求能够避开金朝的兵锋。故而，对于岳飞的建议根
本不予理睬。

事实证明，岳飞对形势的判断十分准确。伪齐被废，金朝少
了一个牵制宋朝的臂膀。伪齐的分化瓦解，使得一批又一批伪齐
官兵纷纷倒戈归宋。可以说正值敌人军心不稳、民心涣散之良
机，只要宋朝稍微采取行动即可获收渔翁之利。但此时的岳家军

却被宋高宗禁锢在防区之内，不允许向北进军一步，只能眼睁睁看着千载难逢的机会消逝。岳飞此时如坐针毡，度日如年。

为强化防区守御，同时为北伐做好准备，绍兴八年（1138）二月，岳飞再次上奏朝廷，请求增加岳家军的兵力。可惜宋金局势已经今非昔比，岳飞提出的增兵请求，只会再一次触犯宋高宗的忌讳。淮阴之战后，宋高宗开始对一直保家护国的将士们充满戒备之心，这大概是北宋历朝皇帝为宋高宗留下的"宝贵政治遗产"，即一方面依赖武将，另一方面又对武将充满猜忌与戒备心理。正因如此，在接到岳飞的奏札后，宋高宗很严肃地对大臣们说道："岳飞负责的长江上游防区虽然十分广阔，但是我宁愿缩小他的防区，也不能再给他增添兵马。当下诸大将统率的兵力，已成尾大不掉之势，古人教训，深以为鉴。因此，即使增益兵马，也不能交予大将指挥，而应别置军队，另立番号，化整为零。"对忠心护国的将领猜忌至此，南宋在与金对峙的过程中始终无法占据优势的部分原因不言而喻。

讽刺的是，同样是宋高宗，几年前还强调："许多人认为不能让大将统辖太多军马，朕以为不然。汉高祖刘邦平定天下之时，各大将领兵十余万，而高祖从未有所怀疑，因此才能取得最终的胜利。"真可谓此一时，彼一时，翻手为云，覆手为雨。绍兴八年（1138）时，面对伪齐被废，宋金议和已成定局，宋高宗心中首要防范对象已不再是北方金人，而是岳飞、韩世忠等忠心护国的领兵大将。

岳飞见宋高宗等坚决不同意增益兵马，丝毫没有北伐中原、收复失地之意，随即向新上任的枢密副使王庶递交公文，义无反顾地表示："今年若不举兵北伐，我便交还两镇节度使的旌节，辞职回乡赋闲！"可惜王庶虽赞赏岳飞的至诚报国，却也无可奈何。实际上，岳飞、王庶等人的志向已严重违背宋高宗的个人意志。

绍兴八年（1138）六月，金朝使者抵达南宋，商议和谈的具体事宜。宋金绍兴八年（1138）议和的主要内容，归纳起来，主要有以下四点：

第一，宋金以黄河为界，金朝将原伪齐刘豫控制的河南、陕西之地交还宋朝。其实在北宋灭亡后，金朝直接管辖黄河以北地区，而将黄河以南地区先后交予张邦昌的伪楚政权和刘豫的伪齐政权管辖，张邦昌伪楚政权心系赵宋，对金朝只是应付了事，但刘豫的伪齐政权却实实在在地成为金朝的帮凶。河南、陕西之地一直是南宋与金朝的缓冲地带。宋高宗多次遣使赴金，请求金人将黄河以南地区交予南宋代管，言下之意希望用南宋取代伪楚、伪齐，成为金人的藩属国。由于金人当时以灭亡赵宋政权为战略目标，所以根本不理会高宗关于划河为界的请求。甚至在绍兴三年（1133）首次遣使南宋时，提出将长江以北地区割让给伪齐刘豫的议和条件。直到绍兴七年（1137）王伦使金时，完颜昌才开始答应归还南宋河南、陕西之地。这在南宋主和派君臣眼中，是极大的外交胜利。

第二，南宋向金称臣，取消帝号和国号，成为金朝的藩属国。南宋政权建立后，宋高宗不断遣使赴金，试图以称臣为条件换取金人对自己的承认。逃亡期间，更是明确地向金人表示，愿意削去尊号，奉金正朔，行藩臣之礼，甚至表达了"天地之间皆大金之国而尊无二上"的意愿。

第三，南宋每年向金朝交纳"岁贡银绢共50万匹两"。早在宋金密谋"海上之盟"期间，北宋便已经答应将宋朝交给辽朝的岁币银绢50万两（匹）转送给金朝。后来，由于军事实力落后的宋人未能按照盟约规定攻取燕京，北宋又在每年缴纳50万两（匹）的基础上，每年再增加100万贯，称燕京代税钱，用以赎回朝思暮想的燕云地区。北宋灭亡后，金人册封张邦昌建立伪楚政权，免去原北宋承诺每年缴纳的100万贯燕京代税钱，又将原北宋每年缴纳的岁币银绢50万两（匹）减少至30万两（匹）。南宋建立后，绍兴四年（1134）九月，宋高宗派遣使者赴金议和，强调无须计较岁币多少，一切以停战和谈为首要目标。至绍兴八年（1138）议和时，又恢复50万两（匹）的岁贡数额，金人对此并未提出异议。饱受战争摧残而满目疮痍的南宋却还要为和谈付出沉重的经济代价。

第四，金人同意归还宋徽宗、宁德皇后梓宫及宋高宗母韦氏。宁德皇后即宋徽宗皇后郑氏，钦宗时迁居宁德宫，称宁德太后，后人也称宁德皇后，死后谥号显肃，也称显肃皇后。宁德皇后与宋徽宗一起被金人俘虏北去，历经重大变故的宁德皇后，在短短几年光景内，便于绍兴二年（1132）逝世于金朝五国城（今黑龙江依兰）。北宋的亡国太上皇宋徽宗于绍兴五年（1135）四月，同样病逝于五国城。而宋高宗在获悉徽宗及宁德太后去世的消息后，派遣王伦等出使金朝，金人答应归还梓宫及皇太后，至绍兴八年（1138）议和时，此条件没有发生变化。原因在于"子为王，母为虏"的宋高宗如何能赢得民心？在南宋的软磨硬泡下，宋高宗生母，徽宗及其皇后梓宫历经波折最终得以顺利还朝。值得一提的是，宋高宗生母仁显皇后在回到南宋后，又过了18年的富贵生活，最终安然离世。不得不说，这是在靖康之难所有被掳北上的宋朝宗室、大臣、后妃、公主之中命运最好的一个。

关于宋金议和，南宋朝臣实际上大多是持否定态度的。由于南宋建立以来，金人一直拒绝和谈，偶尔遣使赴宋，也不是真心议和，只是"以和议佐攻战"计策的一部分。在绝大多数宋人心中，金人不可能同意议和，议和只是个麻痹南宋的幌子，背后一定隐藏着更大的阴谋。因此，面对绍兴八年（1138）金朝抛出的橄榄枝，宋人多坚决反对议和，其理由主要分为以下两个方面：

一方面，对金人同意议和，特别是金人同意归还河南、陕西之地持怀疑态度，认为金朝奸诈狡猾，并不值得信任，相反应该加强防务。枢密副使王庶为岳飞的精忠报国之志所激励，先后七次上疏、六次面见宋高宗，反复陈述金人同意议和及归还河南、陕西之地是一大阴谋。王庶强调，河南、陕西之地由于久经战火，加之刘豫的横征暴敛，早已赤地千里，荒无人烟。如果金人将这一大片荒芜地区交还宋朝，南宋治理恢复，必将背上沉重的包袱，很有可能造成南宋的经济崩溃。而金人完全可以利用南宋经济负担不断增大之时，利用有利时机，将二地一举夺回。这样的观点不无道理。韩世忠同样上疏反对议和，指出金人遣使讲和并许交还河南、陕西之地，目的在于借和谈动摇南宋的民心士气，同时假借还地，使南宋分兵驻守，军事力量不能集中，进而呈现出分散的状态，便于金人各个击破。此后，宝文阁学士连南夫在众人反对意见的基础上，将金人许还河南、陕西之地背后蕴藏的阴谋总结为《老子·三十六章》所言"将欲取之，必固与之"，即先付出些许代价以诱使对方放松警惕，然后伺机夺取更大的利益。认为金人试图以河南、陕西之地为诱饵，消耗南宋国力，分散南宋兵力，动摇南宋军心士气，进而进取江南，吞灭南宋。种种利害关系被南宋爱国大臣一一指出，金朝的野心暴露无遗。

另一方面，也是最根本的原因，即反对向金人称臣。南宋的仁人志士，甚至平民百姓，皆难以理解宋高宗一再向金人称臣乞和的原因。如果说建炎年间，国势危如累卵，高宗流窜逃亡之时，尚可说是迫不得已而为之。可如今南宋兵强马壮，屡败金军，完全具备与之抗衡的实力。即便是议和，至少也不必向金人称臣，宋高宗依然可以稳居帝位，南宋臣民实在无法理解高宗为何非要向杀父仇人屈膝请和。清人王夫之在《宋论》中一语道破宋高宗的真实用意，即"高宗之为计也，以解兵权而急于和"。可知，在高宗心中，获取金人册封，自己的人身安全得到保障后，便可以整顿内部，巩固皇权。祖宗家法，高宗时刻铭记在心。而削夺武将兵权，铲除一切可能对皇权构成威胁势力的前提，便是与金人议和。高宗急于获取金人承认，故而什么屈辱条件都可以接受。

虽然高宗力排众议，不顾众人反对，决意向金称臣讲和，但也不能不考虑岳飞等领兵大将的态度。尽管高宗对岳飞的性格已相当了解，知道岳飞断然不会同意与金人议和，但仍希望做一些说服和笼络工作，以减少宋金和谈时的阻力。于是，高宗命岳飞、韩世忠、张俊三人前往"行在"临安府觐见。

岳飞此时已深知高宗对金乞和的方针绝无更改的可能，心灰意冷之余，不断向朝廷上书，希望解除军务，辞职养病。岳飞只求兑现自己立下的若不北伐，便交纳节度使旌节，回乡赋闲的誓言。接到高宗的命令后，岳飞拖延至九月，方才抵达临安府，与宋高宗等人针对与金朝关系问题进行商讨。

在朝堂上，南宋君臣个个心怀鬼胎，一言不发。岳飞则开门见山，毫无保留地表明自己誓死反对与金人议和的态度："金朝绝不可以相信，和谈绝不可靠。宰执们处理国事如此不慎重，后世必将留下骂名！"岳飞虽然没有点名，但此言一出，满朝文武都心里有数，这是把矛头直指左相赵鼎与右相秦桧等人。宋高宗自知无法改变岳飞的抗金之心，沉默半晌，无奈地摆摆手示意岳飞退下。

朝见结束后，誓死抗金的岳飞并没有停止上奏，为反对南宋的苟且偷安作最后一搏，多次强调"不可忘记与金人的血海深仇"，恳请高宗同意自己带兵收复所有失地，洗雪靖康国耻。可惜岳飞的进言根本无法令宋高宗回心转意。岳飞反对和谈的坚决态度，对秦桧等投降派的抨击，成为秦桧仇恨岳飞的开端。

三、壮怀激烈，矢志燕云

绍兴八年（1138）八月，金熙宗根据宋高宗向金朝称臣的条款，派遣张通古等以"诏谕江南"为名，出使南宋。金使不称宋朝，而称"江南"；不称通问，而称"诏谕"；不称国书，而称"诏书"。所过南宋州县，要求官员行迎天子诏书之礼，显然一副高高在上的样子，极大地伤害了南宋军民的自尊心。

十一月，金使张通古等进入宋境，南宋接伴使范同按照高宗指示，"北向再拜，问金主起居"。金使抵达临安后，宋高宗本想像平时接见大臣一样，南面而坐，但张通古不同意设尊卑之位，说道："大国之卿等同于小国之君，天子（指金熙宗）将河南、陕西之地赐予南宋，宋朝奉表称臣，如果今日要求上国使者面北而坐，蔑视上国，则使者不敢传诏。"说罢，张通古等人便摆出一副即将要北归的架势。求和心切的宋高宗见此情景，害怕和谈破裂，忙不迭地下令设东西位，使者东面，高宗西面，宋高宗与张通古等人平等入座。

在讨论宋人如何接受金朝"诏书"的问题时，张通古坚持按照金宋君臣之国的礼节，宋高宗必须面北跪拜于张通古脚下，接受金熙宗的诏书，奉表称臣。最初，宋高宗准备按照金人要求，跪接金朝诏书，但南宋朝中部分大臣觉得高宗行此大礼，有失国体。面对如此奇耻大辱，一时群情激奋，纷纷上疏反对和议，抗议的风潮一浪高于一浪。然而，作为一国之君的宋高宗却将一腔怒火发泄在了南宋大臣身上。宋高宗十分气愤地说："士大夫只为保全自己，假设现在是朕航海逃难至明州之时，朕即使向金人行礼百次，你们这些做臣子的也不会觉得有失体面。"言外之意，保命要紧的时候，无论多么委曲求全都可以忍受，为什么今日一拜都不可以呢？宋高宗一副奴颜媚骨，求和心切，丧失了国家尊严。不过，无论宋高宗如何声色俱厉，大臣们就是不同意由高宗跪接金朝国书。高宗见此情形，一时也没了主意。他虽试图凭借高压手段迫使大臣们让步，但也不敢冒天下之大不韪。后来，大臣楼炤为高宗想出一个办法，以高宗正在为宋徽宗守丧，难以行此吉礼为由，向金人请求由宋朝宰相代替高宗履行接受金熙宗诏书的跪拜礼。张通古原本气焰万丈，扬言不得亏半点礼节，至此也迫于形势，同意降低礼节规格。得到金使同意后，由右相秦桧欢天喜地地代替高宗向金使行跪拜礼，完成了南宋以向金称臣纳贡为条件的议和手续。通过这样一种自欺欺人的方式，以何种礼仪接受金朝国书的闹剧至此收场。

绍兴九年（1139）正月，宋高宗因乞和成功，立即宣布大赦，粉饰太平。为显示皇恩浩荡，宋高宗竟然将在靖康国难、伪楚、伪齐政权中一切变节官员，包括刘豫等人的投敌卖国行径，全部视作迫不得已的行为，一律加以赦免："张邦昌、刘豫僭号背国，原其本心，实非得已，其子孙亲属，并令依旧参注；无官者仍许应举。军兴以来，州县失守投降之人，不以存亡，并与叙复，子孙依无过人例。靖康围城伪命，及因苗傅、刘正彦名在罪籍，见今拘管编置者，并放逐便；未经叙用者与收叙……"这样的条款，只能让忠诚报国之士心寒。不过，从另一个角度分析，这可能也是缺乏骨气的宋高宗出于对同道中人的理解而采取的动作，毕竟若不是一国之君，他也极有可能这样做。

与此同时，宋高宗对武将一律加官晋爵，以平息众怒："应两淮、荆襄、川陕新旧宣抚使及三衙官兵，并特取旨，优异第赏；统兵官等第推恩；内外诸军，并与犒设。"诏书送到鄂州，岳飞命幕僚张节夫起草一份谢表。张节夫，字子亨，相州安阳县（今河南安阳）人。张节夫将岳飞坚决反对和议的态度，对敌人的仇恨以及对故土的眷恋，全部凝聚于笔端，写成一篇气壮山河的《谢讲和赦表》。

除去必要的套话外，《谢讲和赦表》主要反映了岳飞两方面的态度。其一，指出金人绝不可信，应务必加强防范。"盖夷虏不靖，犬羊无信，莫守金石之约，难充溪壑之求。图暂安而解倒垂，犹之可也；顾长虑而尊家国，岂其然乎！"金人贪得无厌，绝不会遵守盟约，议和最多只能图一时安稳，无法实现国家的长治久安。其二，请求高宗同意自己率军北伐中原："臣愿定谋于全胜，期收地于两河。唾于燕云，终欲复仇而报国；誓心天地，当令稽颡以称藩！"岳飞坚决反对屈辱议和，其《谢讲和赦表》更是气壮山河，他的毕生夙愿不仅要收复靖康国难以来的全部失地，而且要将燕云十六州一并收复。正如邓广铭先生所言，《谢讲和赦表》与其说是"贺表"，不如说是"抗议书"。

这份谢表刚发送临安府，为庆祝和议大功告成，宋高宗又下诏将岳飞的官阶由正二品的太尉晋升为从一品的开府仪同三司，用意自然是笼络岳飞，平复岳飞的情绪。岳飞接连上奏请辞："今天的形势，可危而不可安，可忧而不可贺。可以训兵饬士，谨备不虞；而不可以行赏论功，取笑夷狄。事关国政，不容不陈，初非立异于众人，实欲尽忠于王室。欲望速行追寝，示四夷以不可测之意。万一臣冒昧而受，将来虏寇叛盟，则似伤朝廷之体。"岳飞再三强调，金人不可信，南宋应厉兵秣马，做好战备，而不是弹冠相庆，大肆封赏，沉迷于一时的太平景象，一旦金人撕毁和约，朝廷的所作所为便会滑天下之大稽。

岳飞以身作则，坚决不接受朝廷的赏赐，"听闻朝廷给我加官晋爵的消息后，不仅我本人感到惊恐，三军将士同样感到汗颜"，岳飞一针见血地指出岳家军全体将士对朝廷屈膝投降路线的愤懑之情。这样的表态无疑会让宋高宗等主和派恼羞成怒。其实，此时岳飞的处境已经相当危险，因为主和的秦桧已经采取行动压制抗金言论。凡是有抗金言论，一旦被秦桧得知，都会被惩处，甚至出现打击面过广而产生冤假错狱的情况。但是岳飞却从未屈服于以秦桧为代表的主和派的淫威，高调反对议和，积极主张抗金。此时的秦桧也不能奈何岳飞，岳飞却也不能阻挡宋高宗的议和主张。

绍兴九年（1139）正月，金使张通古等完成使命北归，南宋遣使随同张通古等赴金"谢恩"。同时，宋高宗又命王伦等人出使金朝，负责与金人交割地界，协商迎还宋徽宗、宁德皇后梓宫及韦太后等。随后，高宗任命王伦为东京留守兼权开封府，命其交割完毕后，暂时负责东京开封府等地事务。三月，王伦一行抵达开封，面见完颜宗弼，双方完成交割事务，金朝将原来刘豫管辖的河南、陕西之地正式交还南宋。

河南、陕西之地归宋后，正常情况下，南宋自东至西四大战区长官韩世忠、张俊、岳飞、吴玠，应率军接管、进驻上述地区，沿黄河布防。但是宋高宗为避免一切可能与金人发生的摩擦，强令吴玠、岳飞、韩世忠原地驻防，只派遣少量官员与将士前去驻守，此前伪齐、金朝所置官吏，皆"各安职守，并不易置"。并给出了冠冕堂皇的理由："不可移东南之财力，虚内以事外。"谨防金人将以步兵为主的宋军诱至平原地区，离开长江天险，以便女真骑兵聚歼。秦桧更是企图趁着宋金停战议和的机会，帮助宋高宗"撤武备，尽夺诸将兵权"。在宋高宗君臣的掣肘下，河南、陕西之地虽名义上号称归宋，实际控制权仍在金朝任命的官员手中。南宋新委派的州县官吏，是一批"皆以贿得"的贪官，只会盘剥百姓、鱼肉乡里。金军将船只全部集中在黄河北岸，连通黄河南北的桥梁也全部控制在金军手中，金人随时可以卷土重来。宋高宗、秦桧等人的"议和"并没有真正使南宋拥有和平稳定的外部环境，但这一行人却沉浸在这场虚假的和平梦中难以自拔。

西京河南府是宋朝祖宗陵寝所在地，宋金和议"大功告成"，宋朝收回河南、陕西失地。为了表示自己不忘祖先，宣传自己即位的正当性，宋高宗自然要派人去皇陵祭奠，"告慰"列祖列宗。绍兴九年（1139）二月中旬，宋高宗派遣宗室赵士㒟和兵部侍郎张焘北上，从临安府出发，取道鄂州、信阳军、蔡州、颍昌府等地，前往皇陵所在的永安县（今河南巩义）。由于沿途所经过的地方大多属岳飞的辖区，故朝廷规定，使者祭扫皇陵所需一切费用、物料，护卫军马及修葺陵寝的工匠等，由岳飞拨付。岳飞时

刻牢记12年前守卫西京河南府的日日夜夜，早在朝廷任命赵士
儇、张焘二人之前，岳飞便上奏朝廷，"欲乞量带官兵，躬诣洒
扫"，足见岳飞的忠君报国之心。宋廷批准了岳飞的请求，同意
他带少量亲兵，与赵士儇、张焘同行。

作为大宋臣民的岳飞对宋朝历代皇帝充满敬重，能够亲自去
祭告北宋历代皇帝陵，对这位爱国将领来说不只是一次简单的祭
祀行为，更是宋朝重新崛起的一个象征。除了这一点外，作为时
刻把国家安危放在首位的岳飞，有着更多的打算。

岳飞在另一封奏章中透露了自己此行的真实想法和目的："金
朝自靖康年间以来，以和议欺骗我大宋十余年，因未能看破金人
的阴谋，遭受祸患至此。当下金人再次无故请和，这一定是金朝
内部动荡，政局不稳，自顾不暇。故不敢进攻我国边境。又因伪
齐刘豫刚刚被罢废，金朝自毁藩篱，金与南宋之间不复存在往昔
的缓冲之地。故以和议迷惑我国。名义上将土地还给大宋，实则
包藏祸心。臣请求率领少量轻骑，随同两位使者祭奠皇陵，借此
机会观察敌人的下一步动向。"岳飞坚信，金朝答应与南宋议和，
不过是表面功夫，一定暗藏玄机，切不可相信。岳飞此行一则是
为祭奠北宋历朝先帝，一则是想乘机深入前线，观察敌情，为接
下来的北伐做准备。

宋高宗和秦桧得知岳飞的真实用意后，立刻采取阻挠行动，
唯恐和议大事因为岳飞的"莽撞"而功亏一篑。借口以江防军务

离不开岳飞为由，急令岳飞不准亲自前往，只允许派一员部将，率领少数军士，保护赵士㒟、张焘二人。其目的昭然若揭，害怕岳飞此行再做出破坏"和议"大计之事。

反对议和的建议不被朝廷接受，祭奠皇陵的请求又被拒绝，总之，为维护国家安全而提出的主张全部被视为破坏"和议"的行为。岳飞愤懑、无奈、悲伤的心情再也无法抑制，经过无数个辗转反侧的夜晚后，岳飞决定上书高宗《乞解军务札子》，以疾病缠身为由，请求解除自己的军职。岳飞在奏章中写道：自己起家寒微，被提拔到开府仪同三司的高位，实在是感激朝廷恩典。然而十多年来，自己并未建立什么功勋，加之身患眼疾，最近又新增加脚部疾病，身体每况愈下，已无法处理军务。希望解除自己的一切职务，以便回家养病。紧接着，话锋一转，岳飞写道：现在已经与金人议和，天下太平，海清河晏，不存在任何隐患，根本不用打仗。既然已经放弃收复失地、还我河山，那就让我这个武将退隐山林，加入到歌功颂德的队伍中去吧。什么时候发现金人贪索无尽，再度来侵，自己再效犬马之劳，亦为时未晚。

奏章字里行间的嘲讽与嫌弃溢于言表，面对岳飞名为告老还乡实为嘲讽鄙视的奏章，高宗和秦桧等人恨得咬牙切齿，但鉴于当时的政治和军事形势，南宋仍然需要岳飞这样的虎将保家卫国。虽然解除岳飞等大将的兵权是高宗梦寐以求的夙愿，但他仍不敢同意秦桧的建议，只能继续不予理睬，装作没有收到岳飞的奏章一样。

提出请求不被许可，上奏章又无回复，等待许久的岳飞沉不住气了，又上《乞解军务第二札子》，仍以患病为由，请求辞职。同样，岳飞在奏章中，将高宗、秦桧等人再次讥讽一番。岳飞写道：现在能人辈出，自己解职还乡后，立即会有才能杰出的"腹心之士"替代自己，所以自己这样做并无"邀君之嫌"。同时如今与金人和议已定，偃武休兵，自己这么做也不会有"避事之谤"。请求宋高宗开恩，允许回乡养病。贤能辈出的腹心之士，自然指的是以秦桧为首的投降派。

面对岳飞接连请辞和不断地嘲讽，高宗只以岳飞"体力方刚"为由，简单加以拒绝。对于高宗而言，既需要岳飞为他保境安民，又生怕岳飞得罪金人，影响和议。稳定住岳飞的情绪后，高宗反复叮嘱岳飞，不允许前往河北、河东、燕云地区联络义军；凡是从金朝境内前来的民众军士，必须一律送还金朝；岳飞派遣深入黄河北岸的各类人员，也务必全部撤回。岳飞眼见辞职不成，自然不会虚度光阴，空费时日。事实上，岳飞从未因朝廷的禁令而迟滞抗金的脚步，也绝不会做出出卖北方同胞的事情，坚决将联结河朔的计划执行到底。在岳飞的支持、策应下，北方抗金义军重新开始活跃，掀起新的高潮，时刻准备迎接岳飞的第四次北伐。

第十章
四次北伐，挺进中原

绍兴九年（1139）七八月间，正当南宋主和派君臣沉浸在
"议和"的喜悦，享受"太平盛世"之时，金朝政坛巨变使南宋
的"和平"美梦化为泡影，岳飞的预言最终变成了现实。金朝内
部完颜宗磐、完颜宗隽、完颜昌等人相继被处死，完颜宗弼掌握
金朝军政大权，撕毁了南宋梦寐以求才得来的和约，率军大举南
下。忠君爱国之士岳飞再次担负起扭转南宋命运的重担，为国尽
忠，用鲜血将精忠报国精神书写得淋漓尽致。

一、金人毁约，战火重燃

宋金和谈之际，与宋朝内部争论不休的情况一样，金朝内部

也进行了激烈的争辩。甚至于在和盟进行和达成后，金朝内部依然纷乱不已。

早在金熙宗继位后，有鉴于宋金实力对比的变化，并且在南下灭宋又不断遭遇南宋军民的强烈打击和挫折后，金朝上下皆产生了停止南下，同南宋议和的思想倾向。这种想法和主张在金熙宗清除了嚣张跋扈、专擅朝政的宗翰一党势力后愈发浓烈。金熙宗废黜了依附于宗翰的伪齐政权后，对宋议和的阻力基本不复存在。此后，在与南宋议和的问题上，掌握实权的金朝君臣基本达成了一致，即停止南下，与宋议和。但在如何处理伪齐刘豫管辖的河南、陕西之地的问题上，金朝君臣之间出现严重分歧，久久不能达成共识。

以完颜宗弼为首的强硬派，主张将原伪齐控制区纳入金朝版图之内，由金朝直接控制这一区域。实际上，金朝作为在中国东北部短时间迅速崛起的政权，即便以迅雷不及掩耳之势灭掉了强大的辽与北宋，但立国之初庶事草创的金朝面对新占据的广大区域，并不具备施行有效管理的实力。关于这一点，金朝人自己也心知肚明。因此，那时金人还没有直接管辖黄河以南地区的想法，只想利用"间接统治"的方式实现对这一地区的控制，成为其策划南下攻宋的大本营。所以才有了金朝"以汉治汉"的政策，相继将黄河以南土地交予汉人张邦昌和刘豫管辖。但随着金朝国家管理体制的不断健全与完善，至伪齐刘豫被废前后，金人已经完全具备了直接管辖河南、陕西地区的能力。因此，宗弼认为，毫无利用价值的刘豫被废弃后，金朝应借此时机直接管辖原伪齐占领区。宗弼的观点得到完颜宗干等人的认同。与宗弼的提议不同，金朝大将撒离喝等人主张废黜刘豫后，另立傀儡皇帝帮助金朝管理河南、陕西之地。撒离喝等人未意识到金人在国家管理能力方面的提升，还只是站在金朝内部党派斗争的角度分析问题。

在完颜宗弼、宗干和撒离喝等人之间，尚存在第三种主张，这一主张的代表人物为完颜昌、完颜宗磐等人。他们主张将河南、陕西之地交还南宋。完颜昌作为金朝的知名政客，一直是野心勃勃。在此之前，一直有意通过拥立刘豫将河南、陕西之地变为自己间接控制的势力范围。但事与愿违，完颜昌在与宗翰争立刘豫的斗争中失败。经过这一事件，完颜昌对宗翰和刘豫等人极度愤恨，一直是主张废黜伪齐刘豫的中坚人物。但是，老谋深算的完颜昌深知，即便是刘豫被废黜，河南、陕西之地由金朝直接控制，一直注重加强中央集权和个人专治的金熙宗也不会听从其将河南、陕西之地划为自己势力范围的主张。因此，完颜昌极力反对由金朝直接管辖。完颜昌还意识到，如果另选立傀儡，很可能会重蹈刘豫覆辙，由自己进行间接控制的希望依旧很渺茫，加之拥立汉人为统治者的傀儡政权，势必会遭到南宋的怨恨和报复，即便是不敢直接对金朝用武，也一定会发兵征讨傀儡政权，使金朝背负上沉重的经济和军事负担。而这样一个时刻面对南宋军事威胁，处理不好就会兵灾连年的统治区域并不是完颜昌所向往的。

针对已经存在的两种不同主张，完颜昌思考再三，采取了折中的方式，觉得将河南、陕西地交还南宋是最为理想的选择。不但不会出现类似于之前伪齐刘豫那样的情况，南宋方面也会对自己这样大方的主张感激涕零，"以地与宋，宋必德我"。其实，在南宋建立后，宋高宗一再致书金朝，希望由南宋接管河南、陕西一带土地，但金人始终没有答应。这么一大块肥肉，金朝怎么会拱手相送？绍兴七年（1137）王伦使金时，宋高宗又命其向完颜昌请求归还河南、陕西之地，并重金贿赂完颜昌，乞求完颜昌能够在金朝皇帝面前，提出有利于宋朝的主张，将此二地交还南宋。事实证明，宋高宗的这一投资起到了一定的效果，并且正迎合了这一时期完颜昌的政治需求。

另一方面，南宋奸相秦桧一直是"议和"派的代表人物，完颜昌此时还考虑到若将土地交还南宋，一直主和的秦桧政治地位和政治声誉就会得到极大的提升和改善。这样一来，秦桧在南宋的地位就会不断攀升，更便于和自己里应外合，借控制南宋以达到控制河南、陕西之地的目的。据陆游《老学庵笔记》记载，秦桧由完颜昌纵其南归，是完颜昌安插进南宋的内奸。秦桧在金朝便与完颜昌狼狈为奸，归宋以后，与完颜昌暗中保持联络。而秦桧也并不避讳其与完颜昌通信，这些通信还得到了宋高宗的默许，南宋部分大臣亦知晓此事。可以说，秦桧与完颜昌联系的行径在南宋部分大臣中是一个心照不宣的秘密。在宋高宗赵构眼中，秦桧联络完颜昌不仅不是卖国行为，反而有利于为南宋争取和平。

绍兴七年（1137）十月，完颜昌由元帅左监军升任左副元帅，封鲁国王，政治地位和影响力不断提高。秦桧立即派遣使者致书完颜昌，极尽讨好之能事对完颜昌进行祝贺。秦桧对完颜昌的诉求有着十分准确的把握，向完颜昌表示自己已经打入南宋决策层，在完颜昌扩张自己势力范围的道路上心甘情愿为其倾尽全力。就这样，秦桧的讨好也成为完颜昌对宋态度的重要参考。

另外一点影响完颜昌对宋态度的还有金朝的皇位继承。作为金太宗长子的完颜宗磐，理应为金朝皇位的合法继承人，但皇位却被金熙宗一朝夺去。因此，对金熙宗完颜亶等人一直心怀不满。完颜昌在宗磐争夺皇位的过程中，始终不遗余力地支持宗磐，在合谋打击宗翰一派势力并取得成功后，又密谋篡位。在这样的形势下，完颜昌更希望通过还地于宋，使南宋成为自己的有力外援。毫无疑问，这对于他和宗磐等人正在谋划的篡位夺权斗争必大有帮助。

正是因为打着这样的如意算盘，绍兴七年（1137）十一月，南宋使臣王伦使金请求归还河南、陕西之地时，完颜昌在没有得到金熙宗允许的情况下，迫不及待地擅自做主，答应了南宋的请求。自作主张拍板定夺后，才正式上奏请示。这种僭越行为引起了金熙宗的强烈不满。金熙宗一面大骂完颜昌胡作非为，一面急召大臣对此事讨论。朝堂上，完颜宗干等人皆不同意将好不容易才控制住的河南、陕西之地交还赵宋，就连完颜昌的弟弟完颜勖都表示反对。完颜昌、完颜宗磐、完颜宗隽等人"据理力争"，当宗隽提出："我以地与宋，宋必德我"这样冠冕堂皇的观点时，反对派立刻针锋相对地指出："我朝俘虏宋朝徽、钦二帝，宗室、民众无数，血海深仇，怨非一日。今日将土地还于宋朝，是帮助他们复仇，哪里谈得上感恩戴德？"这样的言论不无道理，二者之间的血海深仇不是一片土地就能消弭的，将土地划给南宋只能助长其势力，加速其报复的步伐。会后，完颜昌余怒未消，怒斥其弟完颜勖："其他人尚与我一条心，你为什么反对我？"完颜勖说道："国家大计，岂敢因私而废公。"虽然金朝绝大多数大臣都反对归地与宋，但由于当时宗磐一人之下、万人之上，控制朝中主要大权，再加上完颜昌由左副元帅升任都元帅，掌握主要军权，是金朝掌握实权的人物，就连金熙宗也无可奈何，最终被迫同意完颜昌关于归宋河南、陕西地的提议。

绍兴九年（1139）正月，金使张通古等与南宋签订完和议北归时，发现刚刚从金朝获取了巨大利益的南宋在黄河以南构建防御工事，派兵驻守，毫无疑问，这主要是针对金朝的。张通古等人对南宋大为不满，谴责南宋送伴使道："我大金天子将土地赠与南宋，实现了南宋朝思暮想的愿望，南宋不思报恩，反而增兵守御，自取嫌疑。若引起大金不满，兴师问罪，江南之地尚且难以保得住，更何况是河南、陕西之地？"南宋送伴使听闻十分惶恐，急忙向宋高宗汇报。宋高宗担心和议破裂，立即下令停止在河南、陕西之地部署军队。张通古本便是极力反对归宋土地之人，回到金朝上京（今黑龙江阿城）后，立马将宋朝"置戍河南"之事添油加醋地向完颜宗干进行汇报，并建议宗干趁着南宋部署尚未完备，寻找借口，立即派兵收复。

绍兴九年（1139）三月，被派去交还河南、陕西之地的完颜宗弼惊讶地发现宋朝发布的诏书和赦文中，根本没有像完颜昌、宗隽所说的那样对金朝感激涕零。完颜宗弼对此大为不满，当即向宋使王伦提出谴责。担心影响大局的王伦一边修改赦文，一边巧言狡辩，将此事敷衍过去。南宋虽然最终如愿以偿，宗弼也没有对此事再深追究。此后，完颜宗弼对完颜昌割地与宋产生怀疑，开始调查完颜昌割地与宋的真相。他认为完颜昌必有逆谋，"恐与南宋别有异图"，主张将河南、陕西之地归还南宋并非是为使南宋"归德于金"，而是"归德于昌"。完颜昌的阴谋彻底被宗弼识破了。为防范完颜昌调动军队，宗弼还未雨绸缪，进行准备工作，提前进行相应牵制性部署和安排。

不久，金朝内部以吴十为代表的一批人意图谋反。谋反之事败露，经审讯，查实吴十等人与宗磐、完颜昌等人联系密切，曾一起密谋过很多事。一直对这些人充满戒备的金熙宗不禁大怒，利用这个机会立即降诏，诛杀完颜宗磐、宗隽等人，解除其对皇位的威胁。但以完颜昌有大功，免其一死，降级留用，命其与南宋降臣杜充一道，赴燕京（今北京）任职。到达燕京后，不甘心失败的完颜昌，继续做谋反的准备。金熙宗得知后，再也不顾及完颜昌开国功臣的身份，立即下令诛杀完颜昌。提前得知消息的完颜昌于八月自燕京南逃，试图逃到南宋境内，继续过自己的高官厚禄生活。没想到他早已被预先做好准备的宗弼抓获，最终被押赴祁州处以死刑。

宗弼破获完颜昌等人的谋反案后，清除了金熙宗的反对势力，立了大功。金熙宗任命其为都元帅、尚书左丞相兼侍中，金朝主要军政大权由完颜昌手中转移到了宗弼手中。宗磐、完颜昌谋反事发，金朝上下皆知其为勾结南宋而割让河南、陕西之地，对南宋勾结奸臣诓骗河南、陕西之地的行为大为不满。宗弼乘机提议收回土地，熙宗深以为然，遂有撕毁和议之意，战火一触即发。

绍兴九年（1139）十月，王伦被押解至金上京，面见金熙宗。王伦仍按照和约约定，请求金人归还宋徽宗和宁德皇后梓宫以及宋高宗生母韦氏等。金熙宗不予理睬，只是谴责南宋暗中与完颜昌勾结，对宋朝表文挑三拣四，提出南宋必须向金称臣，接受金朝册封，使用金朝年号，奉金正朔，每年向金朝交纳岁贡金3000两，遣返投附南宋之人等新条件进行挑衅。金朝知道这样苛刻的条件是南宋绝对不能接受的，金朝这样做无疑是在向南宋宣战。

正如金人所料，南宋获悉金朝新增加的条件后，朝堂一片哗然。如同从前一般，除高宗、秦桧等少数死心塌地的投降派外，其余大臣坚决反对。宋高宗又遣使赴金，仍幻想与金议和，结果使者刚进入河北，就被金人囚禁于涿州（今河北涿州）。

绍兴十年（1140）五月，完颜宗弼将金朝全国的军队集中于祁州元帅府，进行大阅兵，正式宣布金熙宗诏书，明确指出，完颜昌积极主张废弃刘豫，并将河南、陕西地交还南宋，是为了争取南宋对自己的支持，使南宋成为自己的有力外援，进一步保证政变成功。完颜昌与南宋暗通款曲，勾结谋逆，故此前和议无效。如今再次南下攻宋，就是为了纠正完颜昌一党所犯下的罪孽，重新收回河南、陕西之地。这样的诏书一经宣出，即向世人告知南宋背信弃义，金朝出兵是师出有名。

此次出兵，宗弼一改往年秋冬季南下用兵的惯例，在宣读完金熙宗的诏书后，立即兵分四路，声势浩大地杀入宋境。宗弼命聂黎孛堇率军进攻山东，命撒离喝率军主攻陕西，命李成率军夺取西京河南府，宗弼亲率10万精兵与孔彦舟、郦琼等人直取东京开封府。由于宋军并没有仔细戒备，且防守不力，甚至可以说是近乎不设防，金军又有收复故地、一雪前耻作为动力，一路势如破竹，短短一个多月的时间里，便轻而易举地占领河南、陕西之地，南宋派去接收的官员或望风而逃，或不战而降，战局形势再度对南宋不利。

南宋朝廷再次处于被动之中，完全是咎由自取。早在绍兴九年（1139）六月金朝未发动战争以前，南宋使者王伦曾通过宗弼帐下一名小吏，得知宗弼正在部署诛杀完颜昌之事，并急忙上书朝廷，奏告金朝内部政局的动荡，极有可能发生对南宋的不利情况，请朝廷及时做好金人叛盟的准备。可秦桧迷失在议和的美梦中，丝毫不以为意，只敦促王伦尽快赴金，争取早日完成使命，对金人的军事调动却置之不理。若当初得到情报之时就做了准备，现在也不至于如此慌乱。

二、宋军抵抗，岳飞出师

宋高宗得知金人撕毁和约，南下进攻，自知再遣使求和已无济于事，一改昔日里卑躬屈膝溜须讨好的嘴脸，摆出一副"誓死抗金"的架势。宋高宗在诏书中写道："之前金人许诺归还河南、陕西地，并归还徽宗、宁德皇后梓宫，朕生母韦氏及兄弟等人。朕认为当以孝悌为先，救民于水火之中，实属万不得已，故不惜委曲求全，奉表称臣，为的是天下太平。虽尚未完全收复失地，但已岁贡银绢多达 50 万两（匹）。未曾想，和约上墨迹未干，出身蛮夷的金人便撕毁盟约，导致战火重燃。希望诸路大将，竭诚报国，奋勇杀敌，勿令朕与天下百姓失望。"诏书所言未必是宋高宗的真心话，却也使得岳飞等抗金之士为之振奋，似乎看到了收复失地驱赶蛮夷的希望。

高宗在下达迎敌的作战命令后，以节度使的官衔，银5万两，绢5万匹，田100顷，宅第一座为赏赐，号召悬赏擒杀完颜宗弼。又命韩世忠、张俊、岳飞兼河南、北诸路招讨使，张俊率军进取亳州（今安徽亳州市），韩世忠率军进取宿州（今安徽宿县）、淮阳军（今江苏邳州南），岳飞率军出陈（今河南淮阳）、许（今河南许昌）、光（今河南潢川）、蔡（今河南汝南）诸州，准备全面抵抗金军。

面对南宋上下空前高涨的抗金声浪，奸臣秦桧的处境就显得尤为尴尬。由于秦桧以往对内以高压手段镇压主战派的舆论，对外卑躬屈膝阿谀谄媚乞求议和。而此时南宋在对金态度上发生了180度的转弯。毫无疑问，此时的秦桧成了万人唾弃的对象。仓促之间，秦桧一时竟找不到文过饰非维护自己形象的借口。幸好党羽为其找到《尚书·商书·咸有一德》中的一句话，"德无常师，主善为师"，才使秦桧脱离了窘境。《尚书》这句话，字面意思为道德修养没有固定的老师，以善为原则的人都是自己学习的榜样。这段话被别有用心的秦桧引用后，延伸为由于此前见金人有割地讲和的诚意，故赞成陛下与其和谈，以收回黄河以南的故土，现在金人撕毁和约，故又赞成陛下的反击决策。不但为自己的丑陋行径找到了借口，还美化了宋高宗之前的所作所为。众人皆知的投降派代表摇身一变，又以坚决的抗金派自居。秦桧还大言不惭地表示，自己情愿奔赴前线，在疆场上为国家做贡献。其嘴脸之丑陋虚伪，自不待言。

相比之下的岳飞，在南宋享有极高的声誉和号召力。岳飞进兵中原的前一年，在山东境内，曾出现过一支人数众多的民兵组织，以"岳家军"为旗号，进行反金斗争，给予金朝军队重创。足以证明，岳飞不但是抗金战场上不可或缺的优秀将领，更是南宋军民心中打击金朝的精神象征。

宋金战场主要可以分为三个，即西部、东部和中部。西部战场上，金朝方面，撒离喝率军出河中（今山西永济西）直驱陕西，攻取同州（今陕西大荔）、永兴军（陕西西安）等地，所到之处，州县纷纷投降，金军很快逼近凤翔府（今陕西凤翔），占据陕西大部。宋朝方面，此时爱国将领吴玠已经病逝，其弟吴璘继承其遗愿接过抗金大旗，与完颜撒离喝相持，互有胜负，彼此都未能给对手以重大打击。吴璘在一定程度上打击了金朝的嚣张气焰。

东部战场上，金军主将聂黎孛堇对战的是南宋名将韩世忠。韩世忠命部将攻取海州（今江苏连云港西），自己则亲自率军在淮阳军附近多次击败金军。对于金人防御严密的淮阳军城，韩世忠虽有心拿下，却久攻不克，未能进一步扩大战果。

此次宋金战争起决定作用的是中部战场。金朝方面由都元帅完颜宗弼亲率金军主力，以孔彦舟为先锋，自黎阳（今河南浚县东）长驱直入，兵锋直指东京开封府。讽刺的是，面对金朝强势来袭的兵锋，南宋新任东京留守孟庾不战而降，宗弼兵不血刃占领开封。而在东京留守不战而降之时，统领官李宝等人正在带领忠义民兵向仁兴区进军，与孟庾等人形成了鲜明的对比。金朝宗弼又命完颜雍（即后来的金世宗）率军进攻南京应天府（今河南商丘），宋朝新任南京留守路允迪亦不战而降。金朝命李成率军攻取西京河南府（今河南洛阳），宋朝新任西京留守李利用弃城逃遁。一系列轻而易举握在手里的战果进一步提升了完颜宗弼的政治地位和威望。

中部战场的宋朝方面，由刘锜、岳飞、张俊指挥的三路大军迎战，最先北上的是刘锜率领的两万人马。刘锜（1098—1162），字信叔，德顺军（今甘肃静宁）人，南宋初年名将。绍兴十年（1140）二月，高宗任命刘锜为东京副留守，率兵前去驻防，阻挡金军的入侵。这是宋廷为应对突发情况，调遣北上的唯一一支较大规模的军队。南宋宁愿舍近求远，命刘锜率军自临安出发，也不同意岳飞就近率军北上的请求，无时无刻不在防备着岳飞。刘锜四月出发，五月进抵顺昌府时，传来了金军攻陷东京开封府的消息。

顺昌府北濒颍水，南临淮河，东接濠州（今安徽凤阳）、寿州（今安徽寿县），西接蔡州（今河南汝南）、陈州（今河南淮阳），是金军南下必经之地。为保护江淮，刘锜决心以所率"八字军"约两万人与顺昌知府陈规共同坚守顺昌。战前，刘锜下令将所有船只凿沉，向官兵们表示"破釜沉舟"，死战到底，决不后退。又将自己和部将们的家属安置在寺庙中，四周堆满柴草，派兵守护。严令守卫的士兵们："一旦战争失利，就从我家属居住的地方开始放火焚烧，一定不要让任何家属落入金贼之手。"刘锜抗金意志溢于言表，将士们深受感动，纷纷表示愿意以死报效国家，势必要击退金朝的入侵，宋军士气为之大振。

顺昌之战分为两个阶段。第一阶段自绍兴十年（1140）五月二十五日起历时六天，经过三次战斗，南宋击溃金军先锋部队。第二阶段从六月七日起亦历时六天，刘锜率领顺昌全城军民与完颜宗弼亲自指挥的金军主力决战，"男子备战守，女子砺刀剑"，南宋军民众志成城齐上阵，共击毙金军 5000 余人，击伤 10000 余人，完颜宗弼狼狈逃回开封府，南宋取得顺昌保卫战的最后胜利。

刘锜以少胜多，取得顺昌大捷，本应值此士气正旺之时乘胜进军，打击金军。然而苟且偷安的宋高宗、秦桧等人只是在表面上摆出一副抗击金军、收复失地的架势，在他们的内心深处仍极度惧怕金人，并不敢十分惹怒金朝。他们知道金人此次攻宋，目标为收复河南、陕西之地，遂无意进取，只求守住刘豫未废之时南宋的半壁江山。得知刘锜大胜，高宗命刘锜退回镇江府驻守。被扣留在金朝多年的南宋使臣洪皓，在燕山府（今北京）听闻刘锜班师，感到非常可惜，特向宋高宗致密函一封，说明了顺昌之役后金朝内部的实际情况。在洪皓眼中，金人"震惧丧魄"，将燕山府的金银财宝席卷一空，准备放弃燕云以南之地，北归故土。如果此时大宋的军队不主动出击反而选择撤军，失去了一次北伐进取的机会，实在是太可惜了。然而洪皓的进言似乎并没有起到作用。

对于金军的这次南下，岳飞已经有了充分的准备。当时的岳家军主力被禁锢在鄂州已长达三年之久，但岳飞从未放松部队的实战演练，以保持较强的战斗力。在宋金要商议和谈之初，岳飞就坚信金人一定不会信守承诺，一旦找到借口或者机遇就会卷土重来。而金人背信弃义，再度入侵的时候，也就意味着南宋收复失地时机的到来，因此趁着尚未开战之时，岳家军已经整军备战。岳飞亲自教授将士们骑射技艺，令全军将士每日身披重甲，苦练冲陡坡、跳壕沟、爬云梯等战斗动作，采取的完全是"实战"的方式。岳飞治军严格，刚正不阿，得到了全军的拥护，岳飞与战士们同甘共苦，使岳家军成为骁勇善战的军队。龚延明《岳飞评传》认为"岳飞严以治军的经验，对后世影响至深。明代以抗倭闻名的戚家军，就以岳家军为榜样，特别强调学习岳家军两个突出特点：一、部武严正，坚强难犯，上下一致，万众一心；二、秋毫无犯，纪律严明"。

为了反击金军，岳飞制订了详细的作战计划。按照岳飞制订的反攻计划，十万岳家军分为奇兵、正兵和守兵三个部分。

奇兵负责深入金军后方，联合北方抗金义军，发动民众，通过游击战、麻雀战，不断袭扰金军，使其不敢倾全力南下。同时负责搜集情报，侦察敌情。京东路由李宝、孙彦指挥，从海陆、陆路打击金人。河北西路由梁兴、赵云、李进统领，深入太行山区。河东路由董荣、牛显和张峪统领，奔赴太岳山区。

正兵负责在正面与金人展开决战，分为西部和东部两个战场。西部战场，武赳、郝义等将领，率军直取虢州，与陕州"忠义军兵"首领吴琦、商州知州邵隆的军队互相配合，切断完颜宗弼与完颜撒离喝两支金军之间的联系，在岳飞与完颜宗弼决战时，负责保护岳家军后方的安全，以免岳家军腹背受敌。东部战场，岳飞亲自统率岳家军主力，向辽阔的京西路平原地区挺进。最先出发的，依然是一贯负责打头阵的张宪和姚政所部，他们不仅作为岳家军的前锋部队，同时奉命紧急驰援刘锜。

守兵包括岳家军全体水军。面对气势汹汹的金人，岳家军接管了从江南西路江州（今江西九江）至江南东路池州（今安徽池州）的江防，负责湖北、江西以至江东三路的安全。

岳飞甚至猜透了金人的心思，为了以防万一，在出征前，岳飞再次向高宗提议设立皇储，以防止金人利用宋钦宗进行政治讹诈。乱作一团的宋高宗此时正在用人之际，面对岳飞的提议，只得对岳飞的忠君报国行为大加赞赏，为了拉拢岳飞，又赐予岳飞高官厚禄，将岳飞由从一品的开府仪同三司晋升为正一品的少保。太师、太傅、太保合称"三公"，少师、少傅、少保合称"三孤"或"三少"。岳飞此时年仅37岁，岳飞祖上均以务农为生，受此殊荣，可谓荣幸之至。然而岳飞一心报国，满腔热血只为收复失地，抵御外辱，功名利禄、荣华富贵在岳飞眼中如粪土一般，不过是过眼云烟。岳飞向高宗上奏道："微臣只愿保卫国家，抗击金军，待到消灭金人，洗雪国耻之日，再来接受陛下的恩赐。"

岳飞坚信，此次北伐必将成功，还给庐山东林寺的慧海和尚寄诗一首，题为《寄浮图慧海》，表达自己在收复故土后归隐山林的心愿：

> 溢浦庐山几度秋，长江万折向东流。
>
> 男儿立志扶王室，圣主专师灭虏首。
>
> 功业要刊燕石上，归休终伴赤松游。
>
> 丁宁寄语东林老，莲社从此着力修。

庐山东林寺为佛教名寺，东晋时名僧慧远曾在东林寺结社念经，号称"白莲社"。岳飞在诗中表达了自己必胜的信念，请好友东林寺住持慧海为其准备功成身退事宜。

其实，在顺昌之战开始时，一向胆战心惊的宋高宗确实惊恐异常。高宗深知刘锜所部一旦被金军歼灭，金军便会顺势南下，江淮防线能否抵挡金军铁骑，还是个未知数，宋高宗心中也并没有十足的把握。为了避免逃亡海上的厄运再度降临在自己身上，高宗一再催促岳飞，命其派遣最精锐部队，火速增援刘锜，不得有片刻迟缓。而当高宗接到顺昌大捷的消息后，便开始放松警惕，命令岳飞不得乘机北伐，规定光州和蔡州是岳飞进军的极限，此时的岳飞应以"重兵持守，轻兵择利"，即以守御为主，伺机派遣小股部队袭扰金军。按照高宗君臣的计划，不仅黄河以北，就连黄河以南，秦岭、淮河以北，包括东京开封府、西京河南府、南京应天府在内的州县，全部放弃。高宗君臣仍试图以战求和，将秦岭、淮河一线作为与金朝的分界线。

六月下旬，高宗命李若虚前往鄂州，传达朝廷最新的作战计划。此时岳飞已率领大军北上，李若虚一直赶到德安府（今湖北安陆）才与岳飞见面。李若虚向岳飞传达了高宗"兵不可轻动，宜且班师"的旨意，岳飞据理力争，强调北伐的计划已经搁置三年，现在是最佳时机，岂可错过。如若不然，将有何脸面面对大宋历代皇帝和天下臣民？因此，岳飞坚决抵制撤军。令高宗没有想到的是，自己派往鄂州传令禁止岳飞北上的李若虚也是抗金战线一员，李若虚原本就是违心地硬着头皮执行高宗的命令，此番又被岳飞的大义所激励，李若虚毅然承担了"矫诏之罪"，坚决支持岳飞北伐。岳飞与李若虚告别后，率领岳家军将士，坚定地踏上了第四次北伐的征程……

三、孤军北上，郾城大捷

完颜宗弼被刘锜击败于顺昌府后，并没有知难而退、拔营回朝，而是与完颜突合速退守开封府。同时，完颜宗弼又命大将韩常据守颍昌府（今河南许昌），翟将军率军守卫淮宁府（今河南淮阳），完颜阿鲁补驻守应天府（今河南商丘），企图以此三地与开封府互为后盾，负隅顽抗。

面对完颜宗弼的战略部署，岳飞采取了针对性的措施。决定首要作战目标为清除开封府的外围据点，拔除进攻开封府的障碍，再一举攻占开封府。

六月初，应宋高宗紧急救援顺昌府的诏令，张宪和姚政率领岳家军先锋部队向顺昌府进发。但在行军途中，就收到顺昌府已解围的消息，张宪便直接挥师西北，收复了蔡州，此举不但弥补了岳飞第三次北伐时未能攻取蔡州的遗憾，还出其不意地打击得金朝晕头转向。岳家军第四次北伐旗开得胜。与此同时，牛皋率军兵锋直指汝州，收复故乡鲁山等县后，又回军东向，与主力部队会合。

六月下旬，岳家军统领孙显在蔡州和淮宁府之间，击败了金朝千夫长排蛮（裴满）的军队，并以此为契机对淮宁府发起试探性进攻。

经过六月几次试探性的进攻之后，岳家军于闰六月向开封府外围发起猛攻。十九日，岳家军在颍昌府城外与金将韩常率领的金军展开殊死决斗。士气高昂的岳家军奋勇杀敌，把金军杀得落花流水，溃不成军。张宪乘胜追击，于次日夺取颍昌府。

在成功占领颍昌府后，岳家军并没有停止脚步。张宪一面命董先、姚政等人负责守卫颍昌府，一面由自己会同牛皋、徐庆众将，向东进军淮宁府。二十四日，张宪等人在淮宁府城外与金朝骑兵3000余人展开激战。面对淮宁府守军，以及开封府驰援的金军，岳家军没有丝毫退缩，越战越勇。由张宪指挥全军，分进合击，一举粉碎金军的顽抗，最终收复了淮宁府。此次会战，是岳飞第四次北伐以来与金军的第一次大规模交战，岳家军大获全胜。淮宁作为金朝一个南下的重要基地，被南宋收入囊中，无疑是对金朝继续南侵造成了极大的牵制。在收复淮宁的作战过程中，南宋还生擒金朝大将王太保，毫无疑问这是对金朝的极大羞辱。

二十五日，驻守颍昌府的董先得知金军自长葛县（今河南长葛）来犯，金军此次前来的目的是夺回几日前失去的颍昌。董先为先发制人，占据作战优势，便与姚政一道，率军出城迎敌。在颍昌府城北，金朝镇国大王等人率领的六千多名骑兵已摆开阵势，韩常企图凭借开封府增援的金军，趁机夺回颍昌城。董先和姚政率部突入敌阵，双方激战一个时辰，金军惨败而退，岳家军乘胜追击30余里，金军死伤无数。金军本以为能够一举占领颍昌府才主动进攻，没想到却因此吃尽苦头。

挖空心思灭宋的完颜宗弼精心构建的开封府外围三大防御要地，在不到一个月的时间内被岳家军轻而易举地拔除了两个，剩下一个应天府本属张俊的作战区，可惜张俊早已撤军。尽管开封府已门户洞开，但岳飞仍旧坚定不移地实施清除开封府外围防御的计划。完颜宗弼先前的嚣张气焰以及那副不灭南宋誓不回朝的嘴脸已经不复存在，先前的豪言壮语也随着战场上的失利烟消云散。

与张宪率军收复开封府以南地区同时进行的是王贵率军收复开封府以西地区。闰六月二十五日，王贵派遣杨成等人进军郑州（今河南郑州），与漫独化率领的5000骑兵在城外展开激战，岳家军一鼓作气，攻克郑州。二十九日，王贵麾下刘政率军突入开封府中牟县（今河南中牟），夜袭漫独化军营，没有丝毫戒备的金军不可避免地失败了，就连漫独化本人也生死不明。岳家军缴获大量财物和军事物资。

西京河南府由岳家军将领郝晸率部前去收复。此时驻守河南府的是多次败于岳飞手下的李成。李成手下有1万多人马，其中包括7000多女真士兵，另有战马5000余匹。七月一日，为了洗雪从前的失败耻辱，也有鉴于之前几次作战失败的教训，此次李成几乎倾巢而出，率领几千骑兵与岳家军交战，但还是不可避免地遭到郝晸麾下张应、韩清等人率领岳家军骑兵的迎头痛击。张应、韩清等人顺势攻击至西京城下，郝晸迅速率领后续兵马赶到，李成见势不妙，只能连夜弃城逃窜。次日，岳家军收复西京河南府。

在整个闰六月，岳家军控制地区越来越大，并且很多地区接近开封府，对进一步收复开封府有着很大助益。

正当胜利的天平不断向南宋倾斜的时候，宋高宗却下达圣旨，警告岳飞在对金作战的过程中，要掌握好尺度，言外之意即暗示岳飞不要过分打击金朝。这是在极度恐惧的心理下唯恐彻底惹怒金朝的举动。面对一直阻挠自己的宋高宗，此时的岳飞并没有给出正面回复。在岳飞的指导下，其手下的将领们，不断地收复失地，东京附近的广大区域已经落入岳飞囊中。

七月二日，黄河北岸的怀、卫、孟三州也被南宋将领梁兴等人收复，并与河东的曹州连成一片。随后，岳飞又收到了收复赵州的好消息。抗金形势一片大好，南宋军民似乎看到了胜利的曙光，士气高涨，此时黄河以北，自发结成的忠义民兵们都在相互联络，期待岳飞能早日顺利渡河。

随着收复地区范围的不断扩大，岳家军的兵力也日益分散。

宋高宗和秦桧不但不提供支持，反而还不断添乱，命令岳飞接替刘锜全军南撤后的防务，分兵驻守新收复各州县。岳家军的孤军深入不可避免地成为定局，东部战场的韩世忠，西部战场的吴璘等人在与金军的对抗过程中始终处于胶着状态，难分胜负，又无法脱身配合岳家军作战。中部战场的张俊和刘锜两部，早已南撤得无影无踪。完颜宗弼见岳飞的军队兵力分散，没有后援，决定集中兵力，重点打击位于郾城（今河南郾城）的岳家军指挥中心，企图一举消灭岳家军的大本营，然后乘胜发起全面反攻。

七月初，完颜宗弼亲自率领金军精锐倾巢而出，此次出击，完颜宗弼不仅率领金朝龙虎大王完颜突合速、盖天大王完颜宗贤、昭武大将军韩常等大将一同出征，并且将金军中最为精锐的15000名骑兵全部统率出征。七月八日，金朝大军抵达郾城北20里。此时，驻守郾城的岳家军只有极少数岳飞的亲兵背嵬军和游奕马军，敌我力量悬殊。岳飞深知将会有一场空前残酷的恶战，首先命令长子岳云率军出城迎战。为了激励岳云，岳飞说道："必须打胜，否则就杀了你。"岳云领命而去。

当日下午，岳云舞动两杆铁锥枪，杀入金军阵中，在岳云的带领下，岳家军骑兵与金军骑兵展开了史无前例的激烈鏖战。经过多年的发展，岳家军依靠缴获的战马，组建了相当规模的骑兵部队，岳家军的骑兵部队无论是从数量、战斗力还是武器装备上都远远超过了其他各支宋军，堪称精锐。而此前，金军凭借"弓劲马肥"，在平原上驰骋冲杀，屡战屡胜，这本是女真骑兵最引以为豪之处。然而面对岳家军骑兵，金军竟然占不到一丝便宜。这次大战，宗弼也打着洗雪前耻的如意算盘。郾城会战，岳家军在最能发挥金军优势的平原地区与金朝骑兵展开决战，这在宋金战争史上尚属首次，也是郾城之战不同于和尚原、仙人关、顺昌等战役的最大特点。

岳云率领骑兵击退金军第一轮冲锋后，金朝的后续部队随即加入战斗，岳云又立即投入到与金军的第二回合较量中。最终金人15000余名骑兵全部投入战斗，岳家军同样全军出击，双方全面交战。岳家军大将杨再兴单骑杀入敌阵，欲生擒宗弼，直接令金军失去主心骨。杨再兴击杀金军近百名，自己也身中数十枪，血流不止，仍力战不屈。

战况进入白热化阶段，岳飞亲自率领40名骑兵准备投入战斗。负责全军训练的霍坚急忙挽住岳飞的战马，说道："您是国家重臣，不能轻易上战场，一旦出现什么危险，后果不堪设想。"岳飞用马鞭抽了一下霍坚的手背，厉声说道："你懂得什么，还不快快放手！"岳飞跃马扬鞭冲入敌阵，左右开弓，箭无虚发。岳家军将士看到统帅亲自出马，士气倍增，无不以一当十。岳家军经过日常严格的训练与残酷战火的淬炼，在作战的各个方面都已远远超过金军，白刃近战更是远非金军可比。岳家军的意志力、战斗力以及士兵体力，已经冠绝南宋各军团之巅，与金军交战几十回合，丝毫未有倦意与疲惫感，反而士气高涨，令金军深刻地感受到，即便岳家军是孤军深入，但是要想歼灭岳家军实在是困难至极。

完颜宗弼眼见骑兵会战不能取胜，焦躁万分，下令出动重甲骑兵"铁浮图"作正面进攻，另以号称"拐子马"（推测可能是金军惯用的作战方式）的左右翼骑兵配合正面进攻，作垂死挣扎。岳飞指则指挥军队，针对金朝不同的作战方法，进行还击。

重甲骑兵俗称"铁浮图"，即将人和马容易受到攻击的部位都裹上厚厚的铁甲，只露出眼睛、鼻子和嘴巴，进攻时排成一排，犹如一堵墙一样向前攻击。岳珂的《鄂国金佗粹编续编》一书记载，金军重甲骑兵用皮绳将战马连接起来，三匹为一组，号称"铁浮图"。此后的书籍大多沿袭这种错误的记载。及至清朝时期，乾隆皇帝对此提出批驳。他指出三匹连为一组，只要一匹马倒地，另外两匹马就无法移动，这样的方式无异于作茧自缚。

以前南宋步兵见到金军的重甲骑兵，顿时便产生强烈的恐惧情绪，影响作战。而训练有素的岳家军将士在日常训练中早已将对付"铁浮图"的战术训练得炉火纯青。岳飞命令将士各持长柄麻扎刀、提刀和战斧等兵器，迅速冲入敌阵，与金人展开肉搏。岳家军将士几人一组，上砍敌兵，下砍马足。宗弼的重甲骑兵被岳家军将士砍断马腿后，立即失去行动能力，很快被岳家军将士杀得七零八落。双方从下午一直激战至天黑，金军终于因支撑不住而惨败。岳家军不但以少胜多，还夺得 200 余匹战马。眼见着认为万无一失的战争就这样以自己的失败而告终，宗弼禁不住悲叹道："自海上起兵，皆以此胜，今晚矣。"

郾城大战取得胜利的消息在南宋内部不胫而走，宋高宗闻此消息后，不禁龙颜大悦，并下诏嘉奖岳飞。宋高宗嘉奖岳飞不仅是因为其在郾城大战取得了胜利，还因为郾城大捷给宋高宗带来了与金朝议和的筹码和希望。

遭遇挫折的完颜宗弼不甘心失败，于七月十日再犯郾城。十日下午，金军以骑兵 1000 余人为先锋，进犯郾城北五里店。紧随先锋部队之后，完颜宗弼亲统大军出战。岳飞得知后，立即率领骑兵出城，并命令背嵬军将官王刚，率领 50 名精锐骑兵，先行侦察敌情。

王刚抵达五里店时，发现金军已摆出了一个一字长蛇阵，王刚率领岳家军骑兵闪击敌军，大家挥舞兵刃，一拥而上，金军还未反应过来，领头将领已被乱刀砍死。金军刚刚经历了前天的惨败，士气低迷，眼见头领被杀，1000 余名金朝骑兵惊慌失措，纷纷逃散。王刚以 50 名骑兵追杀金军 1000 余骑足足 20 余里，方才收兵回营。

郾城之战是空前的大捷，证明了南宋骑兵在平原地带与金军展开大规模决战亦可以战胜金军。而宋高宗和秦桧等人一味宣传的南宋步兵面对金军重甲骑兵毫无胜算的论调，显然是无稽之谈。郾城之战的胜利，空前激发了所有南宋将士、南宋民众的抗金热情。宋高宗虽十分不情愿，也只能在诏书中对岳家军将士大加褒奖："自从金人南下，至今已过 15 年。我大宋军队与金军交战，已不下上百次。从未听说以孤军深入敌境，独自面对敌人的千军万马，同时面对以骑兵为主的强敌，在平原旷野之上决战，依然能够陷阵摧坚，屡战屡胜，最终战胜敌人，使得敌军望风而逃。这都是卿（指岳飞）忠义达于神明，威严和恩惠施于士卒，怀着必胜的决心，三军用命的结果。"

　　岳飞第四次北伐取得的胜利与经验，使得收复失地、洗雪国耻的曙光已经出现。岳家军连战连胜的战绩依旧在继续。与此同时，宋高宗、秦桧等投降派以战促和、以战苟和的阴谋也即将再次浮出水面。

第十一章
十年之力，废于一旦

绍兴十年（1140）岳家军的第四次北伐历经郾城、颍昌等大小战役，最终将金军的有生力量消灭殆尽，从根本上动摇了金朝军将的士气。金朝的节节败退令岳家军士气大振，岳飞更是准备一鼓作气收复失地，以报靖康之耻。正当一切顺利进行之时，宋高宗的十二道金牌无情地击碎了岳飞北伐的梦想，在议和派或明或暗的阻挠下，岳飞十年抗金付出的努力彻底化为乌有。

一、大捷颍昌，再捷朱仙

绍兴十年（1140）七月，完颜宗弼惨败于郾城之后，并不甘心失败，仍然试图作最后的垂死挣扎。他不相信昔日连皇帝、后妃都被俘虏到金朝内地的宋朝能够阻挡住一向战无不胜的金军。于是，宗弼再次集结兵力，进攻位于郾城和颍昌府之间的临颍（今河南临颍），妄图切断岳飞（驻郾城）和王贵（驻颍昌）两军的联系。

此时岳飞兵力不多，不能立即开赴临颍与宗弼大军决战。岳飞判定完颜宗弼可能会虚晃一枪，调转兵锋攻打颍昌府，针对可能发生的情况，岳飞做了全面详实的部署。遂令岳云率领背嵬军骑兵精锐，急速增援王贵。同时，岳飞命张宪率军前往临颍与金军会战，又给刘锜写信求援，希望刘锜能够率军北上。刘锜响应岳飞的号召，立即派遣雷仲去支援岳飞。这之前，岳飞曾上奏朝廷，希望宋高宗能够"令诸路之兵，火速并进"，一举打败金朝大军。但宋高宗等人已下定决心不命军队北上，遂默许张俊等人所率领的部队一再撤退，使岳家军最终陷入了近乎孤立无援的困境。南宋文人张嵲曾撰写《为张俊乞赏缴奏》和《为王德、田师中除正任承宣使缴奏状》两篇文章，言辞犀利地指出了张俊、王德等人没能驻守亳州、宿州而撤退，致使岳家军孤军深入，陷入危机局面的事实。其实这种局面的出现与宋高宗的意向有着直接关系。

七月十三日，张宪率军从淮宁府进抵临颍，命杨再兴率领300名骑兵作为前哨。杨再兴抵达临颍南小商桥时，与金军主力猝然相遇，二者展开激战。金军很快将杨再兴等300名岳家军将士团团包围。尽管众寡悬殊，杨再兴毫无惧色，身先士卒，率领300名岳家军将士奋不顾身与金军展开殊死搏斗。最后，杨再兴与300名将士全部壮烈牺牲。

战斗结束后，岳家军找到杨再兴的尸体焚化，竟得箭镞两升，足见当日战况之惨烈，在场之人无不动容。前方战士为国杀敌流血牺牲，不知一味苟且偷安的宋高宗等人见此情景会作何感想。在这场战役中，杨再兴等300名岳家军将士虽壮烈殉国，但也让金军付出了惨重的代价。交战中，杨再兴等300名岳家军将士共击杀金军2000余人，其中不乏一些重要人物，如万夫长（忒母孛堇）撒八、千夫长（猛安孛堇）、百夫长（谋克孛堇）、五十夫长（蒲辇孛堇）等在内的金军大小将领百余人。时值大雨滂沱，溪涧里都注满了血水，血流成河，足见二者之间斗争之惨烈。以300杀敌2000，可见岳家军是何等的骁勇善战。

七月十四日天亮以后，张宪指挥大军以摧枯拉朽之势扫荡驻守临颍的金军，金军残兵败将或向颍昌府方向溃逃，或向开封府方向逃散。正如岳飞所料，完颜宗弼声东击西，驻守临颍的只是8000名金兵守备部队，金军主力已在宗弼的亲自率领下转攻颍昌府。七月十八日，又有5000金兵出现在临颍县附近，张宪派遣徐庆等人英勇作战，击退敌军。

与七月十四日张宪率军收复临颍同时，金军在完颜宗弼率领下与岳家军在颍昌府城下展开大会战。完颜宗弼率领韩常等金朝大将，另有 4 名万夫长，以骑兵 3 万余人，在颍昌府城西列阵。
10 万金军步兵在龙虎大王完颜突合速、盖天大王完颜宗贤的率
领下也陆续抵达战场。金军阵势横亘十余里，杀声震天，气势汹
汹。

　　驻守颍昌府的岳家军人数远远低于金军人数，表面看来岳家
军并不占优势，取得胜利的概率也很小。幸而岳云按照岳飞的指
令，进军神速，先于宗弼抵达颍昌，占得先机。王贵与岳云合兵
一处，军威大振。即便如此，这也将是一场岳家军以少击众的硬
仗和恶战。王贵将颍昌城内的所有防务工作全部交托给董先、胡
清等将，自己与岳云率领可以出战的全部人马，出城与金军决
战。

　　面对来势凶猛、穷凶极恶的金军，22 岁的岳云依旧一马当先，
率领岳家军背嵬军骑兵，首先与金军接战，王贵随即将全部兵马
投入战斗。金军想依靠人多势众占取上风，而岳家军则誓死抵
抗，拼命杀敌。两军苦战几十回合，依旧难分胜负。战斗进入白
热化阶段，宋金双方皆杀红了眼，就连多年来征战沙场，见惯了
大风大浪的王贵也不免心生怯意。值此危急时刻，岳云前后数十
次冲入敌阵，身受创伤百余处，仍力战不退。岳云身先士卒，用
坚定的意志激励王贵，阻止其动摇气馁。

　　岳家军与金军的血战一直持续到正午，守城的董先和胡清见
双方难以分出胜负，战局持续僵持下去对人少的岳家军不利。千

钓一发之际，守城的董先和胡清果断下令，集结全部守城的岳家军将士出城投入战斗。董先和胡清的奇兵战术奏效，金军本已是强弩之末，见到宋军还有后援，顿时溃不成军。岳家军取得了最终的胜利。

颖昌的这次战役能够以少胜多，与岳飞在军事上的料事如神有着直接关系。岳飞早就预测到金军会去侵犯颖昌，并早早地命令岳云到颖昌支持孤立无援的王贵。而在颖昌大战中，岳云的战略战术，尤其是以"游弈军"兵分三路攻打敌人的作战方式，也是此次战役取得胜利的关键。当然，此战的胜利与岳家军平时军纪严明、训练有素密不可分。

颖昌大捷战果辉煌，岳家军斩杀包括完颜宗弼的女婿、金军统军使、金吾卫上将军夏姓万夫长在内的金朝将士5000余人，俘虏包括渤海、汉人都提点、千夫长王松寿，女真、汉人都提点、千夫长张来孙，千夫长阿黎不在内的金军将领78名，俘虏士兵2000余人，缴获战马3000余匹，兵器、铠甲等物资不计其数。

完颜宗弼自绍兴元年后，先后经历了和尚原、仙人关、顺昌、郾城和颖昌五次大败。其中，郾城和颖昌两次大败，是在金军完全占据天时、地利、优势兵力的条件下，对阵孤军深入、没有后援的岳家军，仍一败涂地。经过多场战争的失利，完颜宗弼率领残兵败将逃回开封府，已完全丧失了与岳家军决战，甚至抵抗岳家军进军的勇气。金军在绍兴十年（1140）以前，并未与岳家军主力部队进行直接较量，颍昌对战才终于领教了岳家军的战斗力。金人自此对岳家军既佩服又恐惧，他们不得不承认，岳家军攻无不克，战无不胜，已经令金军闻风丧胆。从此，在金军中流传着一句著名的评语："撼山易，撼岳家军难！"

在岳家军主力部队连战连捷的同时，岳飞派遣深入敌后的奇兵，也与当地民众密切配合，建立广泛的统一战线，不断袭击金军，收复了许多州县。南宋距离胜利的曙光越来越近了。

京东路李宝、孙彦指挥的抗金义军，于绍兴十年（1140）五月，奇袭位于宛亭（今山东菏泽西南）的金军军营，击杀金军上千人，斩杀包括金朝宗室完颜鹘旋在内的金军千夫长4人，缴获战马1000匹。六月，大败金朝宗室完颜姓万夫长率领的军队，有力地支援了顺昌之战。

深入太行山区与太岳山区的梁兴、董荣等部，于绍兴十年（1140）七月，先后收复绛州垣曲县和孟州王屋县，活捉金军千夫长刘来孙等14人，杀敌数十人，缴获战马100多匹及其他战利品。七月六日，梁兴、董荣两军与金将高太尉率领的5000余人马于济源县（今河南济源）展开激战，双方血战半日，金军大败，尸横遍野，遗弃刀枪旗鼓无数。高太尉不甘心自己的失败，又率领怀州、孟州、卫州前来支援的金军进行反扑。梁兴、董荣继续率军浴血奋战，再败高太尉，几乎全歼金人步兵，活捉100

余人，极大地鼓舞了南宋军民的抗金士气。

在民众的配合和支援下，梁兴等部的声势日益壮大。在河东路，梁兴、董荣率军攻克绛州翼城县（今山西翼城）、泽州沁水县（今山西沁水）等地，斩杀金朝千夫长阿波那孛堇。在河北路，梁兴等军又深入怀州和卫州地界。岳飞派出深入敌后的奇兵极大地激发了民众的抗金热情，磁州、相州、开德府、冀州、大名府、泽州、隆德府、平阳府、绛州、汾州、隰州等地民众纷纷揭竿而起，梁兴致书岳飞："河北忠义民众40余万人，皆以岳字旗为旗帜，愿公早日渡河，北方民众与抗金义军愿与岳家军一道，协同作战，收复失地。"在岳飞抗金精神的感召下及一系列胜利战争的鼓舞下，南宋军民士气高涨，进一步坚定了打击金朝的信心。

由于岳家军和北方抗金义军的联合打击，金军锐气丧尽，军心涣散。龙虎大王完颜突合速的亲信，一名姓纥石烈的千夫长，改用汉姓高勇，与金将张仔、杨进等主动向岳飞投诚。昭武大将军韩常驻军颍昌府北长葛县（今河南长葛东北），秘密向岳飞请降，岳飞表示允许。面对众叛亲离，都元帅完颜宗弼仍企图在北方强行抓壮丁，却发现再也难以抓到兵夫，只能哀叹道："我自起兵以来，从来没有像今天这样屡战屡败、进退两难！"就连一向以骁勇善战著称的乌陵思谋也十分沮丧，对接下来的军事行动不再抱任何希望，甚至还严令手下不得轻举妄动。因为一旦岳家军来攻，他及他所辖军队只有一个选择，那就是投降。

捷报频传，岳飞也难以掩饰内心的激动之情，对将士们说道："待收复东京之后，渡过黄河，直捣黄龙府，与诸君痛饮耳！"关于岳飞"直捣黄龙府，与诸君痛饮耳"中的黄龙府指的是哪里，学术界存在五种观点：一是认为黄龙府即燕京，二是认为黄龙府即今吉林农安（辽朝的黄龙府即设置在吉林省的农安县），三是认为黄龙府泛指金上京会宁府，四是认为黄龙府泛指金人的发祥地或巢穴，五是认为黄龙府是囚禁徽、钦二帝的五国城。本书赞同第四种说法，岳飞使用的"黄龙府"一词，泛指金人巢穴，即直捣金人巢穴，岳飞憧憬未来能够在彻底消灭敌人后，与大家痛饮庆功酒，分享胜利的喜悦。

经过三日的休整，岳家军开始向开封府进军。七月十八日，驻扎临颍的张宪率领徐庆、李山、傅选、寇成等岳家军将士，向东北方向进发，路上遭遇6000余名金军骑兵，张宪命岳家军马军冲锋，只一个回合便击溃敌军，追杀金军十余里，缴获战马百余匹，金人横尸遍野。王贵、牛皋等亦率军进发，从不同方向击溃金军，兵锋直指东京开封府。

完颜宗弼此时仍试图负隅顽抗，将手下10万兵马驻扎在开封府西南的朱仙镇，妄图作最后一搏。岳家军前锋、五百背嵬军铁骑率先抵达朱仙镇，双方一次交锋，金军便落荒而逃。曾经不可一世的女真骑兵，在岳家军的持续打击下，屡战屡败，终于落到不堪一击的地步。朱仙镇一战，岳家军取得了胜利，使一向叫嚣灭宋的完颜宗弼也失去了最后的希望，至此，留给完颜宗弼的只剩下最后一条路，那就是放弃开封府，北渡黄河逃跑。

自宋金开战以来，以骑兵为主的金军，最喜欢在秋季作战。秋天秋高马肥，天气不冷不热，可以极大地发挥女真骑兵的战斗力。然而，正是在女真骑兵最喜欢的时节，也是金军最熟悉且最能发挥骑兵优势的平原地区，金军被岳家军连连败退。被扣留在金朝的南宋使臣洪皓记载道："岳帅之来，此间震恐。"岳飞的威名，已使得女真统治者惶惶不可终日，而又一筹莫展，丝毫想不出抵挡岳家军的对策。

取得朱仙镇大捷的胜利后，宋朝内部又开始明争暗斗。主战派自不必说，一心收复故土，驱赶金人，迎回徽、钦二帝。而主和派大臣最害怕的就是宋朝取得完全的胜利。因为一旦宋朝不再面临金朝这个劲敌，主战派的功劳和声誉都会使主和派黯然失色。因此，以秦桧为代表的主和派费尽心思要与金朝议和并对岳飞等抗击金朝的武将进行打压。

但对于岳飞来说，曾经被迫随杜充放弃开封府的场景还历历在目，宗泽"过河"的呐喊还萦绕在耳畔。此时的岳家军距离东京开封府已近在咫尺，开封府的城垣、宫殿、街道、一草一木，对于岳家军而言已在眼前，收复旧都，恭迎二圣，血洗国耻也指日可待。

二、功亏一篑，奉诏班师

前面说到，宋高宗命李若虚制止岳飞北伐不成，只能给岳飞设置一个北伐的底线。起初规定光州和蔡州是岳飞进军的极限，后来又命令岳飞在收复蔡州和淮宁府后，于闰六月底必须停止军事行动，然后来临安朝见。岂料岳飞却继续率军北上，兵锋直指开封城下。岳家军即使陷入孤军奋战，也是屡战屡捷，超出了宋高宗君臣的意料。而节节胜利为岳家军赢得了民心，更是让高宗与秦桧感到惶恐不安。

宋高宗对宋金战争的态度始终是"麻秆打狼，两头害怕"，既害怕大获全胜，又害怕一败涂地。如果全胜，则武将居功自傲，且手握重兵，对皇权是严重的威胁。万一再发生一次陈桥兵变，黄袍加身，也不是没有可能。即便不是黄袍加身，宋高宗也担心在宋朝会出现藩镇割据、尾大不掉的情况。尽管岳飞一直强调北伐胜利后，立即交出兵权，归隐山林，可是这显然不能令宋高宗完全相信。绍兴七年（1137）岳飞擅自离职，建议立储等过往种种，在高宗心中留下了阴影，猜忌不断。虽然岳飞完全出于抗金大业，但高宗并不这么想。他认为岳飞屡次挑战他的权威，一定怀有自己的野心，必须时刻保持警惕，绝不能形成拥兵自重的局面。

同时，宋高宗又害怕军队打败仗，每天都能梦到靖康年间金军兵临城下，自己在金军军营做人质，眼见着父亲、兄长、亲戚、朋友全部被金军俘虏北上，相继死去。如果大败，保不住这半壁江山，金军占领临安，自己也会成为阶下之囚。高宗对金人的恐惧已深入骨髓，宋军的节节胜利也根本无法治愈他的"恐金症"，他始终坚信，金军实力高不可及，宋军实力无法与之相比，胜利只是运气好罢了。

在两种心态左右下，宋高宗只希望宋朝军队取得适可而止的胜利，既可震慑金军，又能保住自己的权威。故而，当岳家军不断向北推进的时候，宋高宗不仅没有一丝高兴的感觉，反而愈加惶恐不安。他反复在诏书中叮嘱岳飞，一定要避免与完颜宗弼的主力决战，凡事一定要稳妥起见，不要冒一点风险。

与高宗不同，秦桧本便是金朝派遣打入南宋内部的奸细，其职责自然是破坏抗金大业，维护金朝的利益。宋金战争两个多月以来，各战场的捷报传来的皆是金军败绩，南宋不断取得胜利。对金朝负有高度"责任感"的秦桧开始烦躁不安起来。

到了绍兴十年（1140）七月上旬，宋金各战场的形势已基本明了。宋金东部和西部战场处于拉锯状态，战况胶着。中部战场的张俊由于金朝宿州（今安徽宿州）、亳州（今安徽亳州）守将或兵败投降，或不战而逃，兵不血刃占领二州后，便留下少量军队戍守，张俊则遵照高宗"班师"诏令，引主力部队退守寿春（今安徽寿县）。刘锜在顺昌一战成名后，既不违抗高宗诏令，引军北进，但也未遵照朝廷命令，率军南撤，而是留驻顺昌府。秦桧从岳飞郾城和颍昌大战时，刘锜只是派遣偏师牵制金军，而不是趁着完颜宗弼倾巢而出之机，直捣开封府，判断刘锜已无意再立新功。唯独剩下岳家军长驱直入，攻势凌厉，宋金战局的成败，系于岳飞之进退。

面对岳家军的势不可挡，金人已没有了办法，只能命令潜伏在南宋的谍报人员不断向秦桧施加压力，命其将南宋最新的军事部署提供给金朝。后来发现岳飞并不执行南宋朝廷的作战计划，金朝强令秦桧务必要想方设法使岳飞停止进攻，最好能够说服宋高宗，直接罢免或处决岳飞，一劳永逸。在战场上奋勇杀敌，一心一意为国家效力的岳飞怎么也不会想到，自己已经成为秦桧等人的眼中钉。秦桧在接到金人的命令后，叫苦不迭，杀掉岳飞这样的统兵大将难度极高，风险极大，稍有不慎，满盘皆输。但是当下的形势又必须要思考如何处理岳飞，秦桧深知要是岳飞真的将金人彻底消灭，自己的身份，自己那些见不得人的阴暗面，以及自己投降金朝写下的"保证书"统统都要暴露在世人面前。秦桧唯一庆幸的是，高宗害怕岳飞功高震主，早就想收回岳飞的兵权了，只是苦于外患，时机还不够成熟。宋高宗的这种心理为秦桧提供了最后一丝机会。

由于已经揣摩透了宋高宗的心理，秦桧瞅准时机向高宗建议，应立即命令岳飞撤军，理由是岳飞孤军深入，危险与日俱增，一旦遭到金军合围，落入金军诱敌深入的圈套，则随时会有全军覆没的危险。秦桧还鼓动自己的党羽，一同向高宗进言，反复强调南宋"兵微将少，民困国乏"，若任由岳飞继续深入，则会将国家陷于危险的境地。为了增强说服力，秦桧与其党羽向高宗列举了诸多历史上发生的孤军深入导致惨败的战例，不断危言耸听，全然不顾当下岳家军节节获胜的战况，片面强调一旦出现万一的情况，将会对宋朝产生的不利影响。

这正好符合宋高宗内心关于停止当下交战的后果预设。同时本次出兵，东部战场和西部战场战况胶着，金人并未占到便宜。中部战场则是战果辉煌，岳家军此时班师，可谓凯旋。高宗不仅可以借此遮掩此前的屈辱求和，同时还可以大肆宣传自己的运筹帷幄，完成中兴大业，对朝野上下，都能够有一个圆满的交代。宋高宗对秦桧的提议非常满意，从某种角度说，秦桧的提议也为宋高宗找到了借口。大约与岳家军郾城会战同时，高宗便向岳飞发出了第一道班师诏令。

宋代最快的信息传递是传递皇帝诏令的金字牌，用驿马接力传送，中途不得有任何停留，日行500里。臣下发给朝廷的急件，另用"急递"，日行400里。500里、400里只是纸面规定的理想状态，现实中，受战争、气候、道路等诸多不确定因素影响，根本达不到理想速度。以高宗与岳飞之间的联系为例，岳飞自前线发往"行在"临安府的寄递奏状，行程需要10日以上。临安府用金字牌传递高宗的诏令，行程又需 10 日。一个来回，需要 20 日左右的时间。

在郾城会战开始之前，岳飞曾向朝廷上奏，请求高宗命刘锜、张俊等部火速北上，合力歼灭金人。岳飞指出："近日金军屡战屡败，完颜宗弼已令金军家属渡过黄河，先行撤退，最近又将 8000 金军撤往河北。金人已经意识到他们的失败不可避免，此时正是陛下中兴大宋、收复失地、洗雪国耻的良机，若不乘胜进军，放虎归山，必留后患。恳请陛下火速下令，命诸路大军齐头并进，全力北上，早日完成抗金大计。"岳飞的奏章不但陈述了此时宋金之间的战争局势，也指出了南宋正面临一个前所未有的机遇。

令岳飞没有想到的是，自己没有等来朝廷发兵的消息，等到的却是撤退的命令。岳家军血战郾城、颖昌，换来的却是一道班师诏书。岳飞怎能轻易舍弃三军将士用鲜血换来的近在眼前的胜利果实，立即写了一份反对的奏章，坚决反对撤退："当下金军重兵已全部集结在东京开封府，屡经战败之后，士气低迷，战意全无，上下震惊，内外恐慌。臣派遣打入金军内部的谍报人员告知，金人正准备抛弃辎重物资，渡河北逃。反观我大宋雄师，三军用命，兵强马壮，占据天时地利人和，大功即将告成，机不可失，时不再来。以上所言，皆为臣日夜深思熟虑的结果，恳请陛下务必要抓住这千载难逢的良机，千万不要班师。"

　　远在千里之外的宋高宗接到岳飞的反对意见后，心中甚是不悦，但又无可奈何。宋高宗明白，将在外君命有所不受，遂提出了三个条件对岳飞加以限制。其实质还是在要求岳飞停止对金朝的进一步进攻。

　　岳飞一心乘胜收复失地，因此在奏章发出去后，即刻下令继续向开封府进军。然而当大军进抵朱仙镇后，岳飞在一日之内，接连收到十二道用金字牌传递的班师诏书。十二道诏书措辞严厉，由不得岳飞反对和质疑。高宗命令岳飞立即停止进攻，班师鄂州，岳飞本人前往"行在"临安府觐见。岳飞看着诏书发布的时间，大约正是高宗得到岳家军收复西京河南府的捷报之时，岳飞终于明白，虽然高宗经常高喊收复失地，但维持半壁江山，以战促和，才是其内心最真实的想法。岳飞不由得顿足捶胸道："十年之功，废于一旦。"岳飞清楚地知道，此次退兵与以往不同，标志着收复失地，洗雪国耻，彻底成为梦幻泡影。但是如果违反军令，不立即班师，岳家军将会面临两种结局，一是朝廷会切断岳家军的给养，二是朝廷很可能会给岳家军全体将士扣上一顶"谋反"的罪名。于是，接到诏令的当天，岳飞和岳家军中的主要将领商议后，作出了一生中最痛苦的决定：班师！

　　尽管如此，岳飞还是没有完全放弃希望，仍然愿作最后一搏。他上书称如果此时团结一切力量并乘胜追击的话，宋朝将不会错失千载难逢的好机会，呼吁宋高宗继续北伐。最后的结果可想而知，岳飞的这种呼吁在畏惧战争、急于议和的宋高宗面前是苍白无力的。

　　下令撤军虽然令岳飞心里不痛快，但是真要撤军还是得提前做好准备。岳飞知晓一旦让完颜宗弼得知自己撤军，必将率军追击，使岳家军全军将士陷入被动。岳飞命负责后勤粮草的军官前往集市购买大量物资，营造出即将对东京开封府发起总攻的假象。完颜宗弼得到消息后，果然大惊失色，急忙命金军部队后撤100多里，加固开封城防。趁此机会，岳家军成功撤退至安全地带。

　　岳飞夜宿荒村野寺，夜不能寐，与众将席地而坐，大家久久沉默不语。岳飞突然问道："以后的路要怎么走？"众人都不知道如何回答，低头无言。过了许久，张宪打破了平静，说道："唯大帅马首是瞻。"岳飞虽坚决反对撤军，但是岳飞心里清楚，为了岳家军众将的前途命运，唯有班师这一条路。

　　这次撤军严重影响了岳家军的军心和士气，这支屡抗强敌、百折不挠、纪律严明的雄师，撤军途中一片死气沉沉，行伍也没有之前那么整齐了。作为主帅，岳飞看到自己的军队意志消沉，真是心如刀绞，有口难言。

　　岳家军的突然班师，令中原百姓大失所望。民众扶老携幼，拦在岳飞的战马前，哭诉道："我们箪食壶浆，迎接官军，这些女真人都知道，今日大帅率军离去，金人回来后，我们只能等死啊！"岳飞含泪取出诏书，说道："朝廷有诏，我不敢抗旨，必须班师！"

岳家军撤退至蔡州，成百上千的百姓涌入州衙，哭着喊着要面见岳飞。岳飞闻讯，赶忙出来。一名书生带领众人给岳飞行礼，说道："我们遭受女真人统治至今已快12年，听闻岳家军北上收复故土，我等翘首仰望，度日如年。好不容易熬到现在光复山河有望，庆幸终于摆脱了女真人的统治，却听闻大帅要率军班师，实在是无法接受。纵然大帅不关心中原赤子的命运，难道能接受功败垂成的结果吗？"岳飞只能再次拿出朝廷的班师诏书给众人看，百姓看后无不失声痛哭。岳飞不忍心置抗金民众于不管不顾，决定将岳家军留驻蔡州五日，以掩护当地百姓南迁襄汉。

岳家军由王贵和张宪率领，从蔡州南下，回到鄂州的岳家军大本营。岳飞则于七月末，率领两千骑兵，取道顺昌府，渡过淮河，前往"行在"临安府。带着复杂的心情，岳飞回朝朝见高宗去了。轰轰烈烈的第四次北伐，就这样在宋高宗等人的施压下被迫停止了。

岳飞于八月份抵达临安，见到高宗后，除了礼节性的套话外，岳飞只是上奏请求解除自己的军职，然后自己归隐山林，去庐山东林寺终老此生。尽管高宗对岳飞等大将非常不放心，无数次想收回他们的军权，但因为和金朝的议和始终未能最后完成，思前想后，高宗认为收拾岳飞的时机还不够成熟，拒绝了岳飞的请求。宋高宗就是这样对岳飞既利用又限制，并且对金朝既进行打击又不敢十分过分，这使岳飞已经取得的抗金成果丧失殆尽。

三、成败逆转，三援淮西

完颜宗弼原以为败局已定，已做好北渡黄河，撤退逃窜的准备。但有人提出，金朝完全没有撤离的必要，理由是"自古未有权臣在内，而有大将能立功于外者"，认为此时的岳飞一定会受到南宋权臣的牵制，立不立军功且不说，就连其自身的安危都会受到极大威胁。毫无疑问，这样的分析，与南宋内部的实际情况乃至岳飞的处境是高度吻合的。完颜宗弼听人提醒后，决定暂不撤退，这才有了之前所说的命金朝间谍不断深入南宋内部，督促内奸秦桧想方设法令高宗强令岳飞撤军的办法。

事实证明，内奸秦桧"圆满"地完成了金人安排的任务，岳飞被迫撤兵。完颜宗弼喜出望外，立即卷土重来。由于金军在与岳家军作战的过程中伤亡惨重，完颜宗弼以孔彦舟、李成等南宋降将或原伪齐将领为先锋，重新回军开封府，并对驻守蔡州、郑州、西京河南府、汝州、淮宁府等地的岳家军发起猛攻。

岳飞率主力部队撤离前部署在前沿的少量部队，是为了掩护河南百姓南迁，并接应黄河以北抗金义军撤退。突然放弃近在咫尺的胜利，岳家军将士士气受挫，加之兵力远不及金军人多势众，抵抗金朝大军的进攻显得有些吃力。八月上旬，金朝翟将军率部包围淮宁府。岳家军守军连同岳飞派出的援军与刘锜派遣的援军，内外夹攻。岳家军小军官杨兴率领几十名岳家军骑兵，在淮宁府外围同数百金军骑兵血战，杨兴左臂连中六箭，箭箭入骨，尤且奋勇杀敌，冲锋向前。岳家军从上午苦战到下午，金军死伤无数，岳家军在付出惨重的代价后，终于击溃金军，结束了岳家军第四次北伐的最后一战，随即撤军。

岳家军的班师，使整个战局发生逆转。八月，韩世忠因为久攻淮阳军不克，也只能按照朝廷的命令撤军。张俊收复的宿州也于八月中旬被金军重新占领，因当地百姓曾热烈欢迎过宋军，遭到了金军大肆报复性的杀戮和抢掠。

北方抗金义军在南宋正规军撤退后，孤立无援，渐渐陷入不利境地。李宝指挥的抗金义军在开德府一带被金军击败，被迫向南转移，虽于广济军、徐州、淮阳军等地取得几次小胜，无奈敌我力量差距悬殊，且战且退，最终退至楚州韩世忠辖区。韩世忠盛情挽留李宝，李宝表示一定要还归岳家军。韩世忠写信征求岳飞意见，岳飞回复道："皆是为了抗金报国，何分彼此。"李宝听从岳飞劝诫，这才在韩世忠军中正式任职。梁兴、赵云等部，听闻岳家军班师后，不肯南撤，转战各地，同金人血战，最终于绍兴十二年（1142）初，在无数次出生入死后，杀回鄂州。其他北方抗金义军，或被金军击破，慷慨就义，或历经艰险，终于返回宋地。轰轰烈烈的北方抗金义军，终因缺乏南宋正规军支援，以失败告终。

绍兴十年（1140）秋冬之交，完颜宗弼返回金朝朝见了金熙宗，汇报前线战况。随即，完颜宗弼又策马奔向开封，开始整军备战，妄图趁宋朝撤军之际，以重兵南侵淮西。南宋在淮西部署有三支大军，分别为淮西宣抚使张俊下辖的 8 万人，淮北宣抚副使杨沂中下辖的 3 万人，淮北宣抚判官刘锜下辖的 2 万人。兵力虽众，但战斗力不强。完颜宗弼企图以淮西为突破口，一举突破南宋江淮防线。显然，在对宋的长期作战中，完颜宗弼充分认识到打败岳家军难于登天，倒是负责守卫淮西的张俊庸庸碌碌，不似岳飞一样的铁血人物。完颜宗弼琢磨着把张俊负责的淮西当成突破点，胜算会很大。

金军于绍兴十年（1140）底开始逐步由开封附近州县向南移动。绍兴十一年（1141）春，完颜宗弼率领 13 名万夫长，越过淝水，攻占寿春（今安徽寿县）。金军攻打寿春前，岳飞已经收到谍报消息，对宗弼意欲攻占寿春的作战计划了如指掌，并向宋高宗上奏说明情况，哪知这道奏章竟然被秦桧扣下。到了二月，金军占领庐州。由于以往战事中金军损兵折将，实际参战人员只有 9 万余人，已不复当年之勇。

金军再次南下，宋高宗一面命刘锜援助淮西、张俊奔赴建康、杨沂赶赴淮西，一面又想起了岳飞。高宗急忙用一道道金字牌传递诏令，发往鄂州，命岳飞出兵抵挡金军。宋高宗在手诏中用尽了甜言蜜语，形容岳飞"忠智冠世"，"社稷之计，倚重于卿"，"破敌成功，非卿不可"。岳飞无意于高宗的褒奖，只是看到金军再次南下，又燃起了杀敌报国、收复故土的希望。

绍兴十一年（1141）二月，岳飞针对金军此次攻势，提出了上策与中策。上策为"围魏救赵"之计：岳飞指出，金人既然倾全国之力南下侵宋，中原势必守卫空虚，若举兵直取开封、洛阳，必定能够出奇制胜。虽然金将李成率领 15000 人驻守蔡州，防备岳家军偷袭，但绝非岳飞的对手。攻取开封、洛阳等地后，完颜宗弼必定率军回援，在运动战中寻找战机，歼灭金军主力。中策为"贵得不拘，使敌罔测"之计。岳飞指出，完颜宗弼料定岳家军出兵必由九江进军，如果这次一反常态，改由蕲州、黄州一带渡江，攻敌不备，绕到金军背后，或可收到腹背夹击的效果。

岳飞的上策只是试探性向高宗提出建议，经过这么多年北伐的屡次夭折，岳飞已深知高宗的秉性，高宗绝不会同意岳飞举兵直插中原的计划。果然不出岳飞所料，宋高宗拒绝了岳飞的上策，批准了岳飞的中策。这是岳家军第三次驰援淮西，岳飞亲率 8000 背嵬铁骑，奔赴战场。宋高宗为了拉拢岳飞，在岳飞出征前还曾对岳飞进行褒奖："得卿九日奏，已择定十一日起发，往蕲、黄、舒州界。闻卿见苦寒嗽，乃能勉为朕行，国而忘身，谁如卿者。"表彰此时的岳飞身体虽然出现微恙，但仍能将国家大事放在首位。

绍兴十一年（1141）二月，在岳家军抵达战场前，淮西的宋、金两军在柘皋（今安徽巢湖西北）举行大规模会战。金军占领庐州后，完颜宗弼派遣大将韩常率部继续南进，攻取含山（今安徽含山）、和州（今安徽和县）等地。二月初，张俊、杨沂中部先后渡江，击败金军，会师和州。随后刘锜、杨沂中、张俊三军分路进击，收复清溪（今安徽含山西南）、含山等地，金军败退柘皋。

柘皋，东临石梁河（今柘皋河），地形一马平川，利于骑兵作战。金军将数万骑兵分为左、右两翼以待宋军。宋军最先抵达战场的是刘锜部，接着是王德率领的张俊部，杨沂中部最后到达。柘皋会战的最大特点是两军主将张俊和完颜宗弼皆未亲临战场。张俊只是宋军名义上的主将，其实三军各自为战，并没有统一的号令。金朝方面，柘皋会战的金军统帅为完颜宗敏、韩常等人，完颜宗弼以及副手龙虎大王完颜突合速并未参与指挥。二月十八日，宋金双方展开激战。杨沂中轻敌冒进，首先受挫。王德指挥步兵手持长柄大斧集中力量攻击敌军右翼，并亲自射杀金军骑兵指挥官。在王德的率领下，宋军突入敌阵，与金军短兵相接，经过激烈鏖战，金军溃退。

柘皋会战胜利后，宋军乘胜一鼓作气收复庐州。然而就在此时，张俊临战怯敌，战后贪功的毛病又犯了。张俊根据不准确的情报，以为金军已全部撤军北返，淮西战事以宋军大获全胜宣告结束，便命令刘锜先行渡江撤军，张俊要与旧部属杨沂中"耀兵淮上"，再行班师。其真实意图则是排挤刘锜，独吞击退金军的战功。与此同时，岳家军也进抵庐州，张俊却以敌军已退，我军粮草不济为由，命岳飞停止进军，其实就是变相给远道而来的岳家军下了逐客令。岳飞明白张俊贪功的想法，便退兵舒州，上奏高宗，请高宗定夺是否继续进军。

事实上，柘皋会战中，溃退的并非金军主力，金军大队人马正在完颜宗弼的率领下埋伏在濠州（今安徽凤阳）周围。三月四日，即张俊命令刘锜班师的前一天，完颜宗弼用郦琼计策，以孔彦舟作先锋，急攻濠州。张俊惊慌失色，急命刘锜回军，一同救援濠州。三月九日，张俊、杨沂中和刘锜的13万人马抵达距离濠州城尚有60里地的黄莲埠时，便接到濠州已于前一天被金军攻陷的消息。张俊听说金军掳掠百姓而去，城中已无金人，便准备去空城中耀武扬威一番，以掩盖作战失利之责。于是，命王德和杨沂中率领宋军精锐6万人入城。不料张俊的每一步计划都在完颜宗弼的意料之内，王德和杨沂中部进入金军伏击区内，部众大部被歼灭，杨沂中和王德只身逃归。张俊和刘锜闻讯，急忙撤退，沿途遗弃兵器、甲胄、粮草等物资不计其数。待韩世忠奉命从楚州率部赶到濠州救援之时，败局已无可挽回。完颜宗弼试图对韩世忠部同样围而歼之，韩世忠率军且战且退，又退回楚州。

张俊重新返回建康，刘锜则回到太平州，杨沂中去了杭州。

在舒州待命的岳飞，得知战局变化的消息后，立即星夜兼程，挥师北上。行军途中，岳飞再也忍不住心中的怒火，抨击张俊无能，朝廷胡乱指挥。十二日，岳家军抵达濠州以南的定远县，金军闻讯撤退。

淮西之战，宋军先胜后败，正是宋高宗和秦桧等投降派乞和免战心理的直接结果。同时，张俊指挥不力，盲目争功，消极作战，负有不可推卸的责任。张俊自己不反省错误，回朝后反诬陷刘锜作战不力，岳飞迁延逗留，导致自己的战略部署无法实施，推诿惨败的罪责。宋高宗和秦桧无心查探真相，只一味地偏袒张俊，秦桧的党羽更是一哄而上，对岳飞极尽毁谤。远在战场的岳飞此时还不知道，大难即将来临……

第十二章
惨遭毒手，千古奇冤

完颜宗弼历经绍兴十年（1140）和绍兴十一年（1141）的几次挫败后，深知难以灭宋，转而由主战派完全变为主和派。有了这样的意图，金军在濠州大败宋军以后，完颜宗弼认为金朝已经获取了足够迫使南宋求和的资本，于是下令将军队全部撤回淮河以北，不再乘胜追击。接着，于绍兴十一年（1141）九月，遣返扣留的南宋使者，并由使者带去完颜宗弼致宋高宗的第一封书信，劝降宋高宗。接到书信的宋高宗和秦桧得知金朝议和的意愿，喜不自胜，这下对偏安东南一隅终于有了充足的把握。在此背景下，南宋政局即将迎来一场巨变，宋高宗与秦桧等人开始露出本来面目，对岳飞痛下杀手。

一、明升暗降，削除兵权

相较于"外患"，历代君王大多更在意的是"内忧"。宋高宗也不例外，他一直害怕岳飞等大将手握重兵，跋扈难制，变生于肘腋。再加上秦桧在一旁不失时机地添油加醋，曾经多次密奏高宗，指出宋朝各支大军目前号称"岳家军""张家军""韩家军"等，导致士兵们只知有将军，而不知有天子，提醒高宗不可不防。宋高宗又何尝不想尽收诸将兵权，只是与金朝的战局不定，无法安心实施。

到了绍兴十一年（1141），宋高宗终于迎来了期待已久的"有息戈之期"。年初，宋金双方便已开始在暗中重启和谈。和谈的直接影响就是当年三月，淮西之战结束后，高宗便命岳飞、韩世忠、张俊前往"行在"临安府觐见。四月下旬，三人相继抵达临安府后，宋高宗、秦桧在西湖为其举办盛大的宴会，一面用美酒佳肴稳住三大将，一面连夜起草任命书，授任韩世忠和张俊为枢密使，岳飞为枢密副使，留朝任职。看起来给岳飞等人升了官，实际上是明升暗降，削除兵权，将他们困在朝中。高宗梦寐以求的宋朝历史上第二次"杯酒释兵权"终于实现了。岳飞保留了少保的阶官，其两镇节度使的虚衔和宣抚使、招讨使、营田大使的实职被同时撤销。

紧接着，韩世忠的京东、淮东宣抚处置司，张俊的淮西宣抚司和岳飞的湖北、京西宣抚司也被撤销。三宣抚司原下辖军队的番号也予以撤销，各军一律冠以"御前"二字，就连印牌也重雕印，以示直属皇帝。宋朝自太祖赵匡胤开始，为防止出现唐末五代大将拥兵自重、藩镇割据的现象，军权便一分为三。枢密院掌兵籍、虎符，有发兵权，却无统兵权。负责管理禁军的三衙包括殿前司、侍卫马军司、侍卫步军司，虽有统兵权，却无发兵权。诸大将则只负责统兵打仗。三者相互制约，最终权力集中于皇帝一人手中。南宋初期兵荒马乱，太祖定下的制度遭到严重破坏，高宗此举的目的便是恢复旧有体制，以后再有军事调动，"并三省、枢密院同奉圣旨施行"，将军权牢牢地掌控在皇帝手中。

面对朝廷剥夺军权之举，张俊率先表示拥护。张俊早就察觉到高宗和秦桧要剥夺诸大将的军权，并与秦桧密谋，尽罢诸将兵权后，将军权全部集于张俊一身。张俊也妄图与秦桧联手，待架空岳飞、韩世忠后，自己成为南宋的"大元帅"。所以任命枢密使的诏令刚刚发布，张俊便立即上奏，称"臣已到枢密院办公，下辖兵马全部划归御前调拨"，率先表示拥护高宗削除兵权。此后，张俊与秦桧一干人等沆瀣一气，向金人屈膝乞和，全然不顾国家大义，只知一味讨好宋高宗。宋高宗大喜之余，竟将张俊赞誉为唐朝名将郭子仪。

岳飞对朝廷精心设计的削夺兵权之举并不十分在意。自从北伐的希望破灭后，对于岳飞来说壮志难酬才是心头第一烦心之事，自己空有军队却无法北伐，心中着实烦闷，哪里还会贪恋兵权。所以，朝廷的诏令一下来，岳飞只留下少量自己带来的亲兵，其他皆请求朝廷派遣回鄂州去，为的就是"一旦金军南犯，能够立即投入战争"。为了避免被怀疑，岳飞卸下战甲武服，换上文官的官服用以避嫌。尽管如此，宋高宗和秦桧对岳家军将士仍不放心，在王贵、张宪接替岳飞，负责指挥原岳家军后，秦桧又安插党羽进行监视。

秦桧虽然几次三番想对岳飞下手，但眼下他更想处理的是韩世忠。秦桧对韩世忠的憎恶并不亚于岳飞，原因可能就是在对待金朝的态度上，两个人有着云泥之别。绍兴八年（1138）、九年（1139）宋金第一次议和期间，韩世忠曾命令自己的部属假扮成抗金义军，试图袭杀金朝使者张通古等人，以阻止宋金议和。后因叛徒出卖，未能成功。秦桧知道后，恨得咬牙切齿。因此，此次借削除诸大将军权，秦桧计划先谋害韩世忠，为杀岳飞做好铺垫，顺便也试一试朝野舆论的反应。

秦桧的计划很快便开始实施。五月上旬，三大帅担任枢密使和枢密副使不足半个月，朝廷便任命张俊和岳飞前往淮南东路，名义上的任务是视察战备情况，操练士卒，实际上的任务则是罗织韩世忠的罪状，分解韩家军。与此同时，打算将韩家军的大本营由淮东前沿、控扼运河的重镇楚州，撤往江南的镇江府，并主动放弃淮北的海州，交由金朝占领，强行迁移当地守军与居民至镇江府。韩世忠军中最为精锐的背嵬亲军，则调往临安府屯驻。这是南宋向金朝屈膝求和的又一重要环节，因金人素来反对南宋在淮南屯集重兵，金人曾多次就淮南撤军问题向秦桧施压，秦桧也尽心尽力地帮助金朝运作。

在分解韩家军前，秦桧首先在韩家军中物色到了合适的鹰犬，淮东总领胡纺。胡纺最初因奉承韩世忠的亲信耿著等人而得以步步高升，后来发现秦桧一党权倾朝野，便见风使舵投靠秦桧，成为秦桧安插在韩家军中的耳目。绍兴八年（1138）、九年（1139）间韩世忠袭杀金朝使者的计划，便是由胡纺泄露给秦桧的。韩世忠被解除军权后，胡纺根据秦桧的指示，首先将矛头指向韩世忠的亲信耿著，揭发耿著到处散布流言蜚语，指责朝廷计划瓜分韩家军，蛊惑韩世忠昔日的部将，给朝廷施加压力，企图迫使朝廷归还韩世忠的兵权等。秦桧借机下令逮捕耿著，严刑逼供，企图由此牵连韩世忠。

岳飞了解到耿著的冤情，当即保证道："我与韩世忠一同报效国家，韩世忠无罪而蒙受不白之冤，我要是不为其洗刷冤屈，太对不起韩世忠了！"于是急忙写信给韩世忠，告知耿著事件的原委，提醒他要注意遭人暗害。韩世忠接到岳飞的加急书信后，大惊失色，立即求见宋高宗，以头抢地，连连诉说自己的冤屈。由于韩世忠曾在南宋初年苗傅、刘正彦发动的政变中救驾有功，明目张胆地诛杀救驾功臣，于情于理都说不通，处理不好还会落下个滥杀无辜的恶名。因此，听完韩世忠的辩白，本就无意杀掉韩世忠的宋高宗立即召见秦桧，严令不得株连韩世忠。

宋廷之所以派遣岳飞巡察韩世忠的驻防区，分解韩家军，是有着深远的打算的。岳飞与韩世忠为宋朝抵抗金军的中坚力量，军权颇大，如果两人之间产生嫌隙，主战派的阵营肯定会很快瓦解，对于金朝议和将非常有利。不过，令宋高宗没有想到的是，经过多年的共同抵抗金军和交往，岳飞与韩世忠之间结下了深厚的友谊，两位英雄有着共同收复失地、振兴大宋的理想和奋斗目标，大有"英雄惜英雄，好汉识好汉"之意。派岳飞巡视反倒让韩世忠提前得到情报，免去被诬陷的恶果。

六月，岳飞和张俊抵达楚州。按照军籍记录，岳飞检阅了韩家军的全部人马，这才知道雄踞淮东十余年的韩家军，居然只有3万多人马，不到岳家军的三分之一。正是这3万兵马，在韩世忠的带领下居然进可攻山东，退可守江淮，岳飞心中对韩世忠的敬佩之情油然而起。岳飞从国家利益出发，暗想要坚决反对拆散原属韩世忠的部队，反对将大本营撤至镇江府。检阅完韩世忠所率部队之后，张俊观察到岳飞神情严肃，丝毫不加掩饰地问道："圣上留韩世忠一命，又命你我二人来分解其部下，其中的用意你可知晓？"岳飞当然知道这其中的意思，但是岳飞正气凛然地回答道："我们国家一直以来的心愿就是收复失地，如果今天我们分解韩将军的军队，来日国家再次任命其典军，我们又有何脸面来面对韩将军？"

之后，二人又检查楚州城的城防设施，看到城墙有些地方坍塌，张俊建议将坍塌之处修好，以备防御之用。岳飞反对道："我们承蒙国家厚恩，最应该考虑的是如何收复失地。只想着一味退守，修筑城池，据险固守，如何激励将士们收复失地的决心与勇气？"张俊听后，怫然变色。

宋高宗、秦桧剥夺岳飞和韩世忠的兵权，无异于自毁长城，解除了南宋国防的核心武装力量，彻底宣告放弃收复失地。宋高宗和秦桧一党，将解除大将兵权视作辉煌政绩。秦桧党羽曾惇为此特写作《书事十绝》，以赞扬高宗和秦桧的丰功伟绩：

> 吾君见事若通神，兵柄收还号令新。
>
> 裴度只今真圣相，勒碑十丈可无人。
>
> 淮上州州尽灭烽，今年方喜得和戎。
>
> 问谁整顿乾坤了，学语儿童道相公。
>
> 连营貔虎气如云，听诏人人愿立勋。
>
> 沔鄂蕲黄一千里，更无人说岳家军。

诗中除了拍高宗的马屁外，更是把秦桧比作唐朝的裴度。裴度（765—839），唐朝中期杰出的政治家、文学家。裴度一生最大的贡献，便是为了维护并巩固唐王朝的统治，坚决与割据势力作斗争，并在削平藩镇割据势力中取得巨大功绩，先后平定吴元济、李师道之乱，最终实现了"元和中兴"。曾惇将秦桧比作裴度，而将岳飞、韩世忠等人影射为企图藩镇割据的地方军阀，盛赞秦桧"整顿乾坤"，实现南北和平，消除了岳家军等"隐患"，实现了大宋中兴。秦桧看到后非常满意，又连忙上奏宋高宗，曾惇马上受到了提拔和赏赐。在曾惇这类人的吹捧下，宋高宗和秦桧等人心中以为的岳飞的军阀形象越来越深刻了。

二、岳飞罢官，惨遭陷害

岳飞因巡防的差事发现朝廷对韩世忠动了心思，尽力帮助韩世忠摆脱诬蔑。可惜，岳飞尚不知晓正直的自己才是俎上之肉，比韩世忠的处境更加危险。

早在绍兴十年（1140）秋，完颜宗弼意图谈和之际，就亲自写信给秦桧："你每日都希望停战求和，然而岳飞一直高喊收复失地，公开与你唱反调，甚至还要收复燕云十六州，并且还杀死了我的爱婿，于公于私，此仇不可不报。必须杀掉岳飞，才可以议和。"对于完颜宗弼提出的以杀岳飞作为议和的条件，秦桧自然是唯命是从，关键在于宋高宗本人的态度。因为早在宋太祖赵匡胤时，便立下了"不杀大臣及言事官，违者不详"。尽管岳飞也受到宋太祖誓约的保护，但宋高宗为了对金媾和成功，加之对岳飞的忌恨日甚一日，故在秦桧的怂恿下，慢慢有了杀害岳飞之意，并一步一步实施起来。

据秦桧党羽王次翁的回忆录记载，正是在绍兴十一年（1141）三月淮西会战结束后，高宗"始有诛飞意"。高宗至此下定决心应是基于经过多年来与金朝的军事较量，对苟安东南半壁江山有了十足的把握，不需要岳飞来舍命保卫自己。二是对岳飞力主抗金到底的愤恨愈来愈深，在高宗看来，岳飞强调抗金、扩张军队、建议立储等行为，皆体现出其野心，对皇权构成了威胁，不杀不足以安帝位。淮西会战时，宋高宗一方面褒奖岳飞不顾安危带病出战。另一方面，已开始与秦桧反复谋划，怎样既杀死岳飞，满足金朝要求，又能杀一儆百，让朝野上下无话可说。罢免岳飞兵权，只是这个邪恶计划的第一步。

到了绍兴十一年（1141）七月，岳飞被派去与一直不同道的张俊共事。因无法制止张俊的胡作非为，岳飞返回临安府后，便向高宗递交辞呈，请求高宗罢免自己枢密副使的职务，另选贤能之士与张俊一起措置战守事宜。

虽然高宗和秦桧的计划中，解决掉韩世忠的问题后，便会立即对岳飞下毒手，但宋高宗还是假惺惺地颁布不允许岳飞辞职的诏令："朕因为三大帅各当一隅，职权多有限制，不便于施展雄才大略，所以将你们都提拔到宰执的高位，你们应该理解朕的良苦用心。现在任命才刚刚颁布十多天，你便以才能不足为由提出辞呈，朕实在理解不了其中原因。"从诏书字面意思来看，似乎是宋高宗为了使岳飞能够施展才能，提供了大好环境以及充足的权力，而岳飞却不识抬举，辜负了皇恩，但是即便如此，高宗还是对岳飞宽容有加。其实，这不过是宋高宗的文字游戏而已。就此，宋高宗顺水推舟，再也没有让岳飞处理前沿军务，而是与韩世忠一样，留在临安府，有虚位而无实权。

当无实权的岳飞得知金朝再次向南宋抛来议和的"橄榄枝"后，明知高宗议和的心意，仍以国家大计为出发点，冒死劝谏，根本没有考虑到要明哲保身。岳飞的犯颜直谏令高宗下定决心置岳飞于死地。秦桧揣摩上意，联合返回朝廷的张俊，令党羽右谏议大夫万俟卨、御史中丞何铸、殿中侍御史罗汝楫三名台谏官先后对岳飞进行弹劾，欲加之罪，何患无辞，弹劾岳飞的罪名主要包括以下四条：

第一，"不避嫌疑，而妄贪非常之功；不量彼己，而几败国之大事"。此条弹劾言语含混，主要指岳飞身为领兵大将，却干涉朝政，建议立储之事以及不考虑南宋与金朝的实力对比，反对议和，一味求战，置国家前途命运于不顾。

第二，自从岳飞升为枢密副使后，郁郁不乐，每天把辞职挂在嘴边，只想着归隐山林之乐，面对宋高宗的殷切期盼和委以重任，却不思报君恩。

第三，淮西之战，拒绝服从朝廷出兵援助的命令，军队行至舒州便迁延不进兵，玩忽职守，坐视敌军进犯。

第四，作为枢密副使视察前沿军务，妄执偏见，认为楚州难以守御，欲放弃楚州，沮丧士气，动摇民心。

张俊也在岳飞救援淮西的问题上，到处散播流言蜚语，恶意中伤岳飞。一身正气的岳飞对此不屑一顾，认为清者自清，无须辩解，自己忠心为国，皇帝又怎么会因为小人的诬陷而猜忌自己？然而令岳飞没有想到的是，秦桧、张俊的党羽，甚至宋高宗本人，皆借着淮西之战一事，对岳飞落井下石。高宗将岳飞定性为"沽名钓誉"之人，称岳飞大肆宣扬楚州城难以据守，因此没有必要修筑城池，只是为了附和将士们厌倦戍守楚州，想移驻他处的想法。高宗对岳飞的"定性"，使得秦桧一党终于拿到了期待已久的尚方宝剑，秦桧连连附和道："陛下圣明，岳飞行为的危害，陛下一语道破，必须昭告天下，让世人知晓岳飞之心的险恶。"

按照宋代的惯例，台谏官上奏弹劾之日，便是宰执引咎辞职之时。岳飞本就淡泊名利，胸怀坦荡，在明白北伐无望，朝廷不惜一切代价屈膝求和后，便耻于尸位素餐，立即提出辞职，等候朝廷的调查和处理。八月九日，宋高宗宣布解除岳飞枢密副使的职务，保留了岳飞少保的阶官，又"特授"岳飞原来的武胜、定国军两镇节度使，充万寿观使的闲职。年轻的岳云也保留了左武大夫、忠州防御使的虚衔，改任提举醴泉观，与父亲一同卸任。与此同时，秦桧将岳飞的幕僚全部改任为地方官，并要求马上赴任，不得延误。至此，岳飞无权无势，无军队，无僚佐，对高宗、秦桧等人已彻底没有任何威胁，对朝廷的降金乞和活动也没有任何干预能力。但这只是高宗和秦桧完成了陷害进而杀害岳飞的前奏罢了。

在完成了对岳飞的孤立和打击后，秦桧立即开始制造罪名，物色陷害岳飞的人选。岳家军张宪的副手王俊，是一个反复无常、阴险狡诈之徒，人送绰号"王雕儿"，形容他坑害无辜，无情无义，如同禽兽捕食一般。王俊是济南府（一说东平府）人，北宋末年为驻防东平府的一名禁军，凭借揭发检举他人，得以升任副都头，初步尝到了告密的甜头。王俊于绍兴五年（1135）岳家军平定杨么叛军后，才随其他部队并入岳家军。然而王俊加入岳家军后，一直没有突出的战功，所以一直未能升迁，相反却因克扣、贪污军饷等问题，被张宪按照岳家军军纪予以严惩。王俊对张宪恨之入骨，把自己未能得到升迁的原因，全部算到张宪，甚至是岳飞的头上。因此，当秦桧派人找到王俊，许诺其升官发财，并当场送上丰厚的金银财宝时，王俊二话不说，立即答应罗织岳飞罪状。王俊诬告张宪在得知岳飞罢官赋闲后，召见自己，密谋裹挟鄂州大军前往襄阳府，以逼迫朝廷将军权交还岳飞。状词一派胡言，稍有头脑的人，都能明显看出状词中的破绽。令人哭笑不得的是，王俊在状词的后面，还不打自招，承认自己并未亲眼看到岳飞与张宪之间曾有过密切的人员往来。明眼人一看就知道，张宪曾因王俊克扣军饷等事情，多次责罚王俊，二人关系到了"同军而处，反目如仇"的地步，张宪竟然将自己谋反叛逆的内容告诉王俊，一看便是诬告无疑。

九月初一，张宪前往镇江府参见张俊。抵达后，立即落入秦桧、张俊等人的圈套中，张俊马上逮捕张宪，严刑逼供，将张宪拷打得体无完肤，死去活来。张宪受尽酷刑，拒不承认诬状。张俊丧心病狂，又命人伪造了张宪的供状，声称"张宪承认，收到岳飞的求救信后，开始密谋造反"。秦桧收到张俊的上奏后，欣喜若狂，急忙奏请宋高宗，将张宪和岳云一并押送临安的大理寺审判，并准备将岳飞招至大理寺，一起接受审讯。宋高宗终于拿到了"确凿"的证据，当即予以批准。宋高宗和秦桧企图先从张宪和岳云身上打开突破口，然后逼迫岳飞就范。

一些心怀正义感的官员，通过各种渠道告诉岳飞王俊诬告的事，但耿直倔强的岳飞不愿意效法韩世忠，去求见宋高宗，因为清者自清，宋高宗并不缺乏辨别真伪的能力。岳飞感慨地说道："如果苍天有眼，必定不会使忠臣陷于不义的境地，万一命里终有此一劫，也是命中注定。"岳飞虽知晓大祸将至，却仍保持着一种视死如归、慷慨赴死的浩然正气。

绍兴十一年（1141）十月十三日，秦桧和张俊命杨沂中将岳飞诱骗至大理寺。杨沂中等人曾与岳飞结为兄弟，正是利用了岳飞对他的信任，杨沂中帮助宋高宗将岳飞从庐山骗到了杭州的大理寺。岳飞说道："我一生忠君爱国，为什么把我带到这里？"狱吏没有回答，而是将岳飞带到审讯室，岳飞在审讯室见到了岳云和张宪。岳云和张宪戴着手铐脚镣，脖子上戴着枷锁，浑身上下鲜血淋漓，惨不忍睹。岳飞悲愤不已。

　　负责审讯岳飞的是时任御史中丞的何铸，何铸此前已经看过岳飞案的全部卷宗，觉得岳飞谋反的罪名实在牵强。今日见到岳飞的凛然正气，针对指控的谋反罪名岳飞一条条辩白自己的冤屈，既言之有理，又持之有故。最后，岳飞解开衣服，袒露背部。何铸看到"尽忠报国"四个大字，深入肤理，为之震惊。何铸在两三个月前曾参与弹劾岳飞，至此终于幡然悔悟。何铸不忍心做此伤天害理的勾当，连忙向秦桧汇报岳飞谋反的罪名实在难以成立。秦桧接到何铸的汇报后，恼羞成怒，对何铸说道："这是皇上的意思，你办也得办，不办也得办！"何铸听闻此言十分疑惑，这怎么会是皇上的意思？要知道岳飞在抗金战场上曾立下赫赫战功，这是南宋军民都知道且广为流传的事儿。他不明白，也不能理解，但在醒过神来之后，何铸仍不退让，据理力争："我并不是仅仅为了岳飞，大敌当前，强敌未灭，无故诛杀一员战功赫赫、忠君报国的大将，将士们会非常寒心，从大宋的长远利益着想，不能这样做！"秦桧在何铸的辩驳下，理屈词穷，遂上奏宋高宗，改命心腹万俟卨为御史中丞，全权负责岳飞案，务必要将岳飞置于死地。

　　万俟卨是个阴狠毒辣的小人，担任荆湖北路转运判官和提点湖北刑狱时，岳飞知道他人品很坏，十分看不起他，万俟卨从此怀恨在心，蓄意报复。后来万俟卨投靠秦桧，在高宗面前大肆诋毁岳飞，此次又接替何铸审理岳飞案，万俟卨深知宋高宗与秦桧希望置岳飞于死地的想法，只要按照皇帝和秦桧的意思办理，不仅可以公报私仇，还可以平步青云，可谓是一举两得。

　　岳飞见到主审官换成了万俟卨，自然明白了宋高宗与秦桧的意思。万俟卨首先将王俊的诬告状让岳飞看，训斥道："皇帝对你们天高地厚之恩，你们为什么还要谋反？"岳飞回答道："我没有做任何有负国家的事，你们既然负责法律法规，就应该依法办事，不可陷害忠良。否则的话，我即使是到了阴曹地府，也会与你们辩论！"万俟卨冷笑道："你既然不谋反，还记得你游览天竺寺的题词吗？你写道'寒门何载富贵？'什么意思？你这不是要谋反是要什么？"岳飞见万俟卨如此强词夺理、肆意诬陷，深知没有再去辩解的必要，只是长叹一声。

　　万俟卨于是命令狱卒对岳飞刑讯逼供，百般殴打，用尽各种刑具和手段，妄图逼迫岳飞承认自己谋反的罪名。尽管被打得死去活来，但是岳飞仍然咬牙坚持，凭借顽强的意志，宁愿被打死，也不会玷污自己的清白。最后，岳飞索性绝食，只求速死。秦桧和万俟卨面对岳飞无计可施，丧心病狂的他们竟然使出最阴狠毒辣的一招，以入狱照顾岳飞为名义，将年仅15岁的岳雷也投入大牢。但是即便如此，岳飞仍拒绝自诬，坚决不承认莫须有的罪名。

三、含冤遇害，南北分裂

岳飞入狱后，有个名叫隗顺的狱卒，素闻岳飞的大名，非常敬重岳飞。此番见岳飞蒙受不白之冤，被严刑拷打，非常同情岳飞，竭尽全力给予岳飞可能的关照。一日，岳飞与狱卒闲聊，一名狱卒对岳飞说道："我担任狱卒已经很多年了，见到各种类型犯罪的官员入狱。此前我以岳飞为忠臣，但是到今天我才想明白，岳飞在皇帝心中其实是'逆臣'啊！"

岳飞不解，问其原因。狱卒说道："君臣之间不可以有一点怀疑，怀疑便会出现大问题。故君主怀疑臣下，则会诛杀臣子；臣子怀疑君主，则会起兵造反。如果臣子怀疑君主却没有谋反，则一定会在遭受到君主怀疑后，被君主诛杀；如果君主怀疑臣子却没有立即诛杀，则臣子在得知自己被君主怀疑后一定会起兵谋反。现在皇帝既然已经怀疑你，将你下狱，怎会再放你出狱？少保你必死无疑啊。皇帝坚信如果饶你不死，放你出去，你出去后一定会忌恨怀疑皇帝，必然会谋反。所以在皇帝心中，你是逆臣无疑啊！"岳飞听罢，恍然大悟，没想到自己没有战死在沙场上，却会死于自己誓死效忠的君王手中，不禁感慨万千。最后，岳飞提笔写下八个大字："天日昭昭！天日昭昭！"

由于万俟卨始终未能让岳飞就范，心急如焚，于是他派人再次找到王俊，许以厚利，令其出面提供新的岳飞"谋反"的证据。经过共同策划，一份份新罪状又被"深挖"出来。总结起来，新的谋反罪状大致有四点：

其一，岳飞首次被朝廷授任节度使时，曾说道："32岁建节，自古少有，只有宋太祖，才是在这个年龄担任节度使的。"万俟卨等人指出，岳飞此处将自己与太祖赵匡胤相比，僭越狂妄且胸怀异志。

其二，郾城之战后，岳飞在班师途中，对张宪等人说道："以后的路要怎么走？"张宪回答道："唯大帅马首是瞻。"万俟卨等人据此指出，岳飞和张宪早就有谋反叛逆之心。

第三，淮西之战时，岳飞故意迁延不出兵，当得知张俊和韩世忠的部队打了败仗后，岳飞用讥讽的语气对张宪说道："像张家军这样的军队，你只需要带领一万兵马前去，就可以将他们消灭殆尽。"又对董先说："韩家军的部队，你连一万人都不需要，就可以把他们也收拾掉。"万俟卨等人指出，岳飞不仅不为国出力报效，相反欺压蔑视同僚，同样是胸怀异谋的表现。

第四，岳飞在淮西之战中，辱骂宋高宗"国家形势到了这般地步，皇帝还是不修德行"，辱骂皇帝，大逆不道。

经过秦桧、万俟卨等人绞尽脑汁的编织，终于给岳飞定下了三条"罪名"：其一，岳飞和岳云策动张宪谋反；第二，淮西之战中，岳飞15次接到皇帝出兵的诏书，却引军观望，迁延不出兵；第三，岳飞指斥乘舆，辱骂皇帝。除此之外，再也找不到其他谋反的罪名了。万俟卨召集审讯人员商议最终的量刑定罪，其他人皆认为证据不确凿，谋反的罪名难以成立，对岳飞最多只能判处两年有期徒刑，只有万俟卨极力主张处死岳飞。

从张宪被捕之日算起，岳飞案已经审理了三个多月。朝野上下，不满秦桧一党大兴冤狱的声音日甚一日，一些忠臣义士不顾宋高宗、秦桧等人的专制淫威，纷纷设法营救岳飞。齐安郡王赵士㒟曾因祭扫皇陵，于绍兴九年（1139）与岳飞相处一段时间，对于岳飞精忠报国的精神印象深刻。赵士㒟身为宋高宗的皇叔，德高望重，在得知岳飞入狱后，气愤地对宋高宗说道："中原还没有收复，你却要杀害忠臣良将，你这是忘记二圣北狩的耻辱，不顾失地百姓死活的行为啊！我以身家性命担保，岳飞绝对没有二心。"毫无疑问，这位皇室长辈的话在宋高宗眼中是苍白无力的，宋高宗最后竟然将这位皇叔发配至外地。

韩世忠此时已被罢免枢密使，任醴泉观使的闲职。韩世忠深知岳飞今日的结局很可能就是自己明天所要面对的，因此每日闭门谢客，绝口不言军务，以躲避秦桧的迫害。尽管仍深处危险之中，但是想到一心报效国家又曾保护过自己的岳飞此时正在蒙受不白之冤，韩世忠决定挺身而出，为岳飞澄清一切。于是他鼓起勇气，前去找秦桧理论，质问秦桧给岳飞定谋反罪的依据。秦桧冷冷地回答道："虽然没有明确证明岳飞谋反的证据，但是岳飞谋反这件事，莫须有。"韩世忠气愤地反驳道："'莫须有'三个字，怎么能让天下人信服！"

"莫须有"三个字的含义有很大的争议，总结起来大体有以下几种观点：其一，"或许有"。这是主流观点，《辞源》中即持此种观点。其二，"必须有"。持这种观点的人认为"莫须有"是"必须有"的误写。其三，"莫，须有"。清代学者俞正燮在《癸巳存稿》中，认为"莫须有"应重新句读为"莫，须有"。"莫"表示秦桧的迟疑，"须有"表示必须有。其四，"难道没有"。李敖认为，"莫须"是宋朝的口语，是"难道没有"的意思。其五，"不须有"。直接从字面理解为"不须有"，也就是不需要理由。其六，"莫须，有"，表示"等着瞧，会有的"。总之，无论将"莫须有"解释为什么含义，皆体现秦桧在并没有确凿证据的情况下，无中生有，罗织罪名，必须要置岳飞于死地。

除此之外，上至宗室皇族，下至布衣百姓，皆冒死劝谏，为岳飞鸣冤叫屈。甚至连参加审讯过岳飞案结案的大理寺官员，也力排众议，不顾官位，冒死直谏，希望能够保住岳飞的性命。平民百姓中有个名叫范澄之的人上书斥责宋高宗、秦桧等人诬陷岳飞的行径。但是毫无疑问，这种呼号在铁了心要置岳飞于死地的高宗君臣等人面前是不会发挥太大作用的，只能让他们恼羞成怒，更进一步地加紧对岳飞的迫害。在忠义之士的压力下，秦桧每日忧心忡忡，既害怕落下栽赃忠臣的恶名，又对岳飞恨之入骨，欲杀之而后快。此时，秦桧妻王氏对秦桧说道："擒虎易，放虎难！"枕畔私言进一步坚定了秦桧杀害岳飞的想法。

时间不知不觉到了绍兴十一年（1141）年末，秦桧决定不再拖延，命万俟卨制定了一份关于岳飞案最后量刑的奏状，提出将岳飞处斩，张宪处以绞刑，岳云处以有期徒刑。然而当宋高宗看到量刑的奏状后，考虑了一下，觉得还不够重刑，当场下旨："岳飞赐死，张宪、岳云一并处死，命杨沂中监斩。"可见宋高宗一旦丧心病狂起来，对待忠臣毫无恻隐之心，连时年刚刚23岁的岳云都不放过。

绍兴十一年（1141）十二月二十九日，岳飞惨遭投降派杀害，时年39岁。按照规定，岳飞的尸体被就地草草地埋在大理寺的墙角下，但是狱卒隗顺，怀着悲愤的心情，深夜冒死将岳飞的尸体偷偷挖出来，走出临安城西北的钱塘门，偷偷将岳飞埋葬在九曲丛祠附近山麓的平地上，坟前种了两棵橘子树，作为标记，又在墓碑上诡称"贾宜人坟"。为了方便日后辨认，隗顺在埋葬岳飞时，将岳飞随身戴的一个玉环，放在岳飞身旁。可怜岳飞一生为国尽忠，临死时就连葬身之地也不能用本来名姓标记。

同日，张宪和岳云被绑赴临安城的闹市处斩，行刑由杨沂中监斩。张俊得知后，亲临刑场。临安各城门皆重兵把守，戒备森严，以防民众抗议。两个献身抗金战场，忠诚报国、矢志不渝的岳家军猛将，就这样惨死在投降派的屠刀之下。在场百姓无不动容，对宋高宗等人恨之入骨，而此时恬不知耻的宋高宗、秦桧等人则沉浸在喜悦中不能自拔。

岳飞和张宪的家属被宋高宗下令流放到岭南和福建的荒郊旷野，家产则被没收。岳飞长子岳云和巩氏成婚后，已有三个孩子，长孙岳甫4岁，长孙女岳大娘3岁，次孙岳申1岁。岳飞次子16岁的岳雷也和温氏结婚，温氏生下次孙女岳二娘，已有两岁。岳飞三子岳霖12岁，四子岳震7岁，五子岳霭3岁，还有女儿岳安娘。岳飞之妻李娃带着孩子们开始了漫长的流放生活，途中，素不相识的人在得知是岳飞和张宪二人的家属后，含泪慰问他们，给他们送去一些生存物资。足见当时人民对于岳飞的拥护。

岳飞父子和张宪三人遇害后，高宗和秦桧并没有终结冤狱，而是以各种借口，蔓引株连，大肆打压有关人员。王贵被高宗解除军权，充任闲职，原岳家军由张俊亲信田师中统领。牛皋反对朝廷降金，经常发牢骚，竟被田师中毒杀。徐庆等人受到排挤，从此碌碌无为，抑郁而终。岳飞的幕僚或被革职，或被流放，或被杀害。原岳家军被缩编肢解，再也不复当年之勇。甚至因为岳飞案，齐安郡王赵士㒟都遭到万俟卨等人的弹劾，攻击他身为宗室却结交岳飞等将帅，后被革职逐出临安府，软禁于福建的建州（今福建建瓯）。前宰相赵鼎亦遭到秦桧等人的攻击。宋高宗等人甚至将岳州改名纯州，其节镇名岳阳军改名为华容军，只是因为一个"岳"字。宋高宗、秦桧等人丧心病狂可见一斑。

宋高宗和秦桧一方面大兴冤狱，栽赃杀害岳飞，一方面迫不及待地与金人签订屈辱和议。两件事都自绍兴十一年（1141）九月开始，双管齐下。完颜宗弼一边遣使诱降，一边出兵攻取泗州（今江苏盱眙西北）、楚州（今江苏淮安）等地，进行军事讹诈和示威。枢密使张俊在宋高宗、秦桧等人的授意下，以害怕影响和议达成为由，不发一兵一卒迎战金军。

绍兴十一年（1141）十一月，宋高宗一心一意向金人屈膝求和，全盘接受了金人提出的各项条款，并按照金人的要求撰写了"誓表"，至此，宋金正式达成和议，史称"绍兴和议"。绍兴和议的主要内容包括：第一，南宋向金称臣，南宋皇帝必须由金朝皇帝册封，南宋上自皇帝，下至普通百姓，"世世子孙，谨守臣节"。第二，宋金之间，东以淮水中流、西以大散关（今陕西宝鸡西南）为界。宋朝将唐（今河南唐河）、邓（今河南邓州）、商（今陕西商县）、秦（今甘肃天水）四州的一半割让给金朝。金朝获得了无法通过作战得到的大片土地，包括岳家军曾经攻克的商、虢等州，吴璘等部收复的陕西诸州县，甚至吴玠当年坚守的和尚原，全部落入金军之手。南宋失去抵御金朝南侵的部分重要屏障。第三，南宋每年向金朝进贡银25万两，绢25万匹，于每年春季运送至泗州向金人交纳，称"岁贡"。第四，"每年皇帝生辰并正旦，遣使称贺不绝"，即双方皇帝的生辰及正旦，对方都要遣使祝贺。第五，燕京（今北京）以南、淮水以北流亡南方之人，如果他们愿意北归，南宋不得阻拦。而燕京以北逃亡南方之人，南宋必须遣还。和议签订之后，双方均不得再招纳叛亡。第六，金人同意将宋徽宗、宁德皇后梓宫及宋高宗母韦氏等归还南宋。

"绍兴和议"签订后，宋高宗在全部答应金人的议和条件后，立即遣使出使金朝"谢恩"，并向金熙宗进献"誓表"。宋高宗在"誓表"中写道："既盟之后，必务遵承，有渝此盟，神明是殛，坠命亡氏，踣其国家。"表示会坚决遵守。绍兴十二年（1142）三月，金熙宗遣使"册康王为宋帝"。至此，宋高宗正式办完了向金人称臣的手续。

绍兴十二年（1142）四月，金朝将徽宗、宁德皇后的灵柩和高宗生母韦氏从五国城（今黑龙江依兰）送往南宋。八月，灵柩及韦太后一行先后抵达临安，高宗亲自前去迎接，亲自出演"皇太后回銮"的闹剧，为自己屈膝求和降金的行为遮羞。

韦氏自五国城返回南宋前夕，饱受金人折磨的宋钦宗对韦氏说道："回去告诉九弟，和金人商量一下，也放我回去吧。回去之后，能去道观了却残生，我也就心满意足了。"宋钦宗的意思很明显，宁愿回到祖国了此残生，也不愿再待在金朝，但有一个最重要的前提，那就是他什么都不要，尤其是皇位。但宋高宗又岂能允许自己的卧榻之旁有他人酣睡，为了稳固自己的统治，仅仅有一丝猜忌就可以连为自己在疆场上卖命的忠臣都随意杀戮，更何况是异母所生的哥哥。但韦氏回答道："他大哥（宋钦宗排行老大），我回去一定告诉老九，让他把你也接回去。"可惜作为金朝政治讹诈的资本和筹码，金人是不会将宋钦宗放归南宋的。完颜宗弼在去世前就曾在《临终遗行府四帅书》中提出，一旦将来南宋兵强马壮，再次试图收复失地之时，若金军抵挡不住，便可令宋钦宗坐镇开封，必要时册立为傀儡皇帝，以协助金人稳定中原地区。绍兴二十六年（1156）六月，宋钦宗病逝于金朝，时年57岁。

为了自己的利益，身为君主的宋高宗无所不用其极，通过杀害岳飞等一众抗金之士来换取和平。宋高宗、秦桧等人丧心病狂地杀害岳飞等人，带来了极其恶劣的影响。最严重的莫过于，一方面，使得南宋收复故地彻底成为泡影，由于岳飞含冤遇害时年仅39岁，岳云遇害时年仅23岁，使得南宋抗金将领青黄不接，导致宋孝宗时期锐意收复失地之时，竟无良将可用。出现了宋高宗之时"有恢复之臣而无恢复之君"，而宋孝宗时"有恢复之君而无恢复之臣"的尴尬局面。最终宋金任何一方也无法打破宋金均势局面，只得划定疆界，继续延续中国历史上的第二次南北朝。另一方面，导致有金一代，南宋的政治地位始终低于金朝。虽然此后南宋通过"隆兴和议"和"嘉定和议"，将金宋的"君臣之国"改变为"叔侄之国"或"伯侄之国"，但双方的地位仍然是不平等的。宋朝皇帝不论年龄与辈分大小，都要无条件地向金朝皇帝称"叔"或"伯"，宋朝皇帝仍然要起立接受金朝皇帝的外交"国书"，宋朝每年仍要向金朝交纳大量的"岁币"，等等。宋朝的地位始终低于金朝，这种情况直至金末也没有改变。

宋人刘望之曾作诗《读和议成赦文作》形容"绍兴和议"的情形：

一纸盟书换战尘，万方呼舞却沾巾。

崇陵访沈空遗恨，郢国怜怀若有人。

收拾金缯烦庙算，安排钟眉颂宗臣。

小儒何敢知机事，终望君王赦奉春。

宋高宗、秦桧等人"万方呼舞"，弹冠相庆，庆祝他们投降路线的胜利。但是任何忠义报国的南宋军民，面对失去大片土地，国耻洗雪无望，向金人称臣纳贡，岳飞等忠臣义士惨遭杀戮的情形，怎能有一丝喜悦之情，只会洒下屈辱、痛苦、悲愤的泪水。

以英雄之血换来的苟安，难以平民愤。一代忠臣岳飞在世时，竭力守护南宋百姓平安，立下旷世奇功，使南宋免于生灵涂炭，最终却死于乞和派"莫须有"的罪名，岂不令时人愤懑，令有志之士寒心。痛哉，岳飞！惜哉，岳飞！斯人已逝，忠魂长存，岳飞精神将永垂不朽！

余 话
岳飞精神的永恒意义

12世纪初期，女真族崛兴于我国东北地区，在完颜部酋长阿骨打的领导下，推翻辽王朝的统治，建立了以女真贵族为统治阶层的金朝。随之而来的是宋金双方十余年的战争，宋朝大地狼烟四起，百姓流离失所。作为一个胸怀家国之人，岳飞痛心疾首，投身于军戎，由此开启了跌宕起伏的戎马生涯。

抗金十余年，战场之上的岳飞所向披靡，战无不胜，击退了金军无数次进攻。军营中的岳飞运筹帷幄，御下有方，为大宋朝打造出一支令金人闻风丧胆的常胜劲旅。岳飞对国家的忠诚，誓死效命的决心，天地可鉴。可惜在专制王朝险恶的政治环境下，岳飞最终还是葬送在昏君奸相手中，以至于时人不敢公开为其鸣冤。时光流转，英雄虽逝，英雄的美名千古流芳，英雄的精神世代相承。

绍兴三十二年（1162）宋孝宗继位，正式宣布为岳飞平反昭雪，官复原职，改葬于西湖畔栖霞岭。淳熙五年（1178），追赠谥号"武穆"。宋宁宗嘉泰四年（1204），追封岳飞为鄂王。宋理宗宝庆元年（1225），改谥"忠武"。至明代天顺元年（1457），杭州同知马伟感念岳飞的忠君爱国，对岳飞祠墓进行了重新修缮，奏请朝廷赐额"忠烈"。马伟还取桧树一分为二，意为分尸桧，来表达对秦桧这一乱臣贼子的睥睨。正德八年（1513），杭州都指挥李隆铜铸秦桧、桧妻王氏及万俟卨之像，反剪而跪墓前。三人的铜像遭到百姓唾弃，不久就被击碎。万历二十二年（1594），按察副使范淶又重铸秦桧、王氏、万俟卨像，并增加了张俊的跪像，墓阙后面还刻有一副对联："青山有幸埋忠骨，白铁无辜铸佞臣。"表达了对英雄岳飞的敬仰和对秦桧一伙奸臣的痛恨。清代有人专门编著《说岳全传》广泛流传，以此歌颂岳飞精忠报国的忠义行为。时至今日，对岳飞的怀念与追思仍然在延续。

今天，在实现中华民族伟大复兴的光荣使命下，岳飞精神当之无愧地成为弘扬和培育民族精神的重要源泉和宝贵财富。对岳飞精神内涵的深刻理解以及弘扬岳飞精神在当下具有十分重要而又深刻的意义。

第一，对弘扬爱国主义精神有着重要意义。2016年，习近平总书记在回忆自己的文学情缘时曾说道："我看文学作品大都是在青少年时期，后来看得更多的是政治类书籍。记得我很小的时候，估计也就是五六岁，母亲带我去买书。当时，我母亲在中央党校工作。从中央党校到西苑的路上，有一家新华书店。我偷懒不想走路，母亲就背着我，到那儿买岳飞的小人书。当时有两个版本，一个是《岳飞传》，一套有很多本，里面有一本是《岳母刺字》；还有一个版本是专门讲精忠报国这个故事的，母亲都给我买了。买回来之后，她就给我讲精忠报国、岳母刺字的故事。我说，把字刺上去，多疼啊！我母亲说，是疼，但心里铭记住了。'精忠报国'四个字，我从那个时候一直记到现在，它也是我一生追求的目标。"岳飞精神的核心便是忠于国家，忠于民族。岳飞用自己的一生诠释了真正的爱国主义，那便是使"中国安强"。为收复故土洗雪国耻，岳飞矢志不渝奋斗终生，直到生命的最后一刻，仍践行着自己"精忠报国"的誓言，表现出崇高的爱国主义精神和民族气节。岳飞的爱国主义精神令人钦佩，"精忠报国"四个字也应当成为每一个中华儿女毕生追求的目标，为实现中国梦而不懈奋斗。

第二，对实现祖国统一有着重要意义。当前的中国还不是统一的中国，台湾尚分裂在外，两岸无数的中华儿女时刻盼望着祖国重归统一，民族重现富强。曾几何时，岳飞"收复失地，还我河山"的雄心壮志，始终激励着所有中华儿女。甲午战争后，日本侵占台湾不久，宜兰人民就修建了碧霞宫即岳武穆王庙，以表达故国之思和回归之志。2014年，台湾举办"岳飞文化周"期间，佛光山开山宗长星云大师得知重庆渝中区正在修缮关岳庙，希望能够制作一尊岳飞造像送往佛光山。2015年，重庆关岳庙按照星云大师要求，参照杭州岳庙的造像风格，聘请雕塑大师设计，同时制作两尊岳飞造像，一尊留在新迁建的重庆关岳庙，一尊送往台湾。星云大师表示，岳飞造像安放在佛光山佛陀纪念馆供人参观，希望发扬岳飞的爱国精神，让后世子孙以英雄为荣，以身为中国人、华夏儿女为荣。习近平总书记指出，"民族复兴、国家统一是大势所趋、大义所在、民心所向"。弘扬岳飞精神，有利于增强两岸的文化交流，推动两岸关系的和平发展，强化国家认同与民族认同，促进两岸和平统一。

第三，对提高军队和国防建设有着重要意义。岳飞是中华民族杰出的军事家、战略家。岳飞军纪严明，打造了一支"冻死不拆屋，饿死不掳掠"的岳家铁军，深得军心、民心。岳飞"以德为先、以智取胜、治军以严、临战以勇、用人以信"的军事思想，最终使得作为敌人的金军发出"撼山易，撼岳家军难"的呼声。岳飞以仁为本、珍视生命、英勇善战却从不滥杀无辜，受到后世广泛赞誉。习近平总书记强调，"实现中华民族伟大复兴，是中华民族近代以来最伟大的梦想。可以说，这个梦想是强国梦，对军队来说，也是强军梦"。弘扬岳飞精神，继承岳飞的军事思想，借鉴岳飞的治军经验，对于"强国梦"与"强军梦"的实现，提高国防和军队建设水平，无疑有着重要价值。

第四，对反腐倡廉有着重要意义。腐败是社会发展最大毒瘤，它给民众生活带来深刻痛苦，给社会发展带来巨大损害。古代王朝的覆灭往往都是因政权腐败而起，腐败也严重侵害了人民群众的利益。在金宋战争时期，大发国难财的腐败官员亦不为少，当时南宋诸大将除岳飞外，皆竞相奢侈，购买田产，置办豪宅，妻妾成群。但岳飞从平民百姓官至战区统帅、枢密副使，虽身居高位，却从未忘记民间疾苦，而是保持了清廉节俭的优良美德。除朝廷的赏赐外，坚持不娶姬妾、不经商、不置办产业，平日里饮食不超过两个荤菜，身着布衣。不仅岳飞如此，家人也与岳飞一道同忧乐、共甘苦。岳飞先天下之忧而忧，后天下之乐而乐，坚决以"文官不爱财，武官不惜死，何患天下不太平"，"正己而后可以正物，自治而后可以治人"为自己的行为准则。这种"廉洁奉公，解民之难"的精神，正是实现习近平总书记在十九大报告中指出的"强化不敢腐的震慑，扎牢不能腐的笼子，增强不想腐的自觉，通过不懈努力换来海晏河清、朗朗乾坤"的精神源泉。

第五，对崇尚英雄，学习模范，积极为社会主义建设事业奋斗的重要意义。古言"天地英雄气，千秋尚凛然"。我国自古以来有崇尚英雄的风气，因为对英雄的崇尚，是民族精神的延续，也是激励民族儿女投身国家建设的重要动力。今天习近平总书记也在不断强调："中华民族是崇尚英雄、成就英雄、英雄辈出的民族。""英雄是民族最闪亮的坐标。"

毫无疑问，岳飞就是当世之英雄，大力弘扬岳飞精神既是对岳飞精神的传承，也是对英雄岳飞的崇尚。对中华民族而言，要想将攻无不克战无不胜的英雄精神传承下去，就必须通过倡导崇尚英雄、崇尚模范来作为导引，从英雄、模范身上直接学习其精神，这种没有加工的最真实学习无疑是最直接高效的！今天，历史的时空与环境已经变化，我们崇尚历史英雄并不是要去激励我们的民族主义，而是透过对历史英雄的学习，去了解英雄的事迹，实际上是为了天下苍生计，为国家未来计。

其实在岳飞对金朝作战的十多年间，其战争的出发点，不仅仅是恢复北宋故土，更是要恢复北宋的辉煌。为此他在提出对金朝作战方案的同时，也提出了对未来国家的建设计划。今天在和平年代的我们学习岳飞为家为国的精神，就是要树立对社会主义建设事业奋斗的精神，这是学习岳飞精神的本质所在。

第六，对重视人民群众主体与坚持"以人民为中心"的重要意义。人民是历史的创造者，是一切社会力量的来源。脱离了人民，任何事业、任何活动都不能持久。社会主义国家的根本就在人民，习近平总书记曾说过："我们党要始终与人民同呼吸、共命运、心连心。"

在宋金战争的十余年间，岳飞能够在众多将领中脱颖而出，扛起抗金的大旗，这离不开人民的支持。这份支持的来源也正是岳飞对人民疾苦的关心。无论在何种艰难的战争条件下，岳飞都坚持不打扰人民群众，不麻烦人民群众，"冻死不拆屋，饿死不掳掠"。在他的军事与政治生涯中始终将人民群众放在第一位，他保卫南宋对抗金朝的本质是为了人民。学习岳飞精神，就是坚持为人民服务，以人民为中心思想的体现。

第七，对建设学习型社会具有重要意义。岳飞出身于世代务农、贫苦的佃户之家，从小没有接受系统的文化学习，却熟知《左传》《孙子兵法》，这完全是岳飞通过后天努力习得的。张俊曾询问岳飞"用兵之道"，岳飞答道："仁、信、智、勇、严。"这与《孙子兵法》中"将者，智、信、仁、勇、严"内容完全一致。只是岳飞根据自己的用兵心得，认为用兵之道中，仁心与信义，比智慧、勇敢、严格更加重要，因此进行调整。岳飞通过自身的努力，融会贯通中国古代军事思想，最终真正做到"运用之妙，存乎一心"，成为青史留名的著名军事家。不仅如此，岳飞还兼通文墨，留下《满江红》等脍炙人口、享誉青史的名篇佳作。习近平总书记在《之江新语》中指出："我们一定要强化活到老、学到老的思想，主动来一场'学习的革命'，切实把外在的要求转化为内在的自觉，让学习成为自己的一种兴趣、一种习惯、一种精神需要、一种生活方式。"中华儿女应以岳飞的勤奋好学为榜样，为实现中国梦而发奋学习，储才蓄能，建设学习型社会与创新型国家，不辜负岳飞在千百年前的告诫："莫等闲，白了少年头，空悲切。"

第八，对弘扬优良家风有着重要意义。2016年，习近平总书记在会见第一届全国文明家庭代表时强调："家长特别是父母对子女的影响很大，往往可以影响一个人的一生。中国古代流传下来的孟母三迁、岳母刺字、画荻教子讲的就是这样的故事。"岳飞曾说："若内不克尽事亲之道，外岂复有爱主之忠？"一个人如果不能孝顺自己的父母，又如何能够忠于自己的国家呢？岳飞将事亲与爱国紧密联系在一起，事母至孝，家风优良，成为忠孝两全的典范。岳飞教子严格，治家有方，绝不宠溺孩子，从小培养子女生活上艰苦朴素、热爱劳动的美德，从小在子女心中树立自强不息、发愤图强的目标，成功在后人中培养出如岳云般名垂青史的青年将领，又如岳珂一般著名的文人学者。以此看来，对岳飞精神的学习与传承对于建设家风、弘扬家风都有着参考意义与现代价值，对于新时期的社会主义文明建设也有着极大的促进作用。

抚今追昔，岳飞的一生真正做到了"不忘初心、牢记使命"。岳飞的初心和使命，就是为人民谋幸福，为民族谋复兴。岳飞一生"精忠报国"，矢志不渝，为国家、为人民贡献出毕生心血，为了"收复故土，还我河山"，不惜与包括皇帝在内的投降派进行斗争。岳飞精神具有超越时空、超越民族的永恒价值。

在此引用南宋胡铨的一首诗，缅怀900年前的民族英雄岳飞。

吊岳飞

匹马吴江谁著鞭，惟公攘臂独争先。

张皇貔貅三千士，撑拄乾坤十六年。

堪悯临淄功未就，不知钟室事何缘。

石头城下听舆论，百姓颦眉亦可怜。

后　记

　　我对岳飞的崇拜已有 20 余年。从很小的时候开始，无论是教科书中，还是在阅读历史故事中，岳飞"精忠报国"、抗金杀敌的英雄形象，都给我以极大的触动和震撼，在幼小的心灵中留下了深刻的印象。高中时起，又听了刘兰芳先生的评书《岳飞传》。在系统接受历史学专业教育之前，刘兰芳先生的评书和《说岳全传》小说，几乎构成了我对岳飞认识的全部。

　　2013 年，我考入吉林大学中国史系专门史专业，跟随杨军师接受历史学专业学习。当时，教研室的赵永春教授为我们开设"辽宋金关系史"课程。在赵老师的引导下，我不仅阅读了赵永春教授的《金宋关系史》，同时还阅读了邓广铭先生的《岳飞传》、龚延明先生的《岳飞评传》、王曾瑜先生的《岳飞和南宋前期政治与军事研究》等著作。剔除关于岳飞的传说与演义，开始逐渐试图去认识一个真正的岳飞，一个影响中华民族近千年的民族英雄。

今年，当河南大学耿元骊教授邀请我写作一本《千古忠魂：岳飞》时，我毫不犹豫地接受了。感谢耿元骊教授给我这样一个机会，能够让我通过自己的写作，表达对这位民族英雄的敬意。本书的出版正是为了表达对岳飞"精忠报国"精神的敬仰以及对民族英雄岳飞的追思。

本书在写作过程中，参考的前贤研究成果包括邓广铭先生的《岳飞传》，龚延明先生的《岳飞评传》，王曾瑜先生的《岳飞和南宋前期政治与军事研究》《岳飞新传尽忠报国》《岳飞十讲》（与符海朝先生合著），赵永春先生的《金宋关系史》《金宋关系史研究》，史泠歌先生的《岳家军研究》，以及《天裂：十二世纪宋金和战实录》《中国历代战争史》《南渡君臣》《南宋初期政治史研究》等相关论著。限于本书体例，引用诸位先生观点无法一一标出，在此表示衷心的感谢。

希望这本小书能够表达我对民族英雄岳飞的敬仰与追思之情，表达我对社会上为秦桧翻案、解构岳飞民族英雄地位不正之风斗争的态度。正如习近平总书记指出："我从小就看我妈妈给我买的小人书《岳飞传》，有十几本，其中一本就是讲'岳母刺字'"。"'精忠报国'四个字，我从那个时候一直记到现在，它也是我一生追求的目标"。希望岳飞"精忠报国"的优良品格能够成为每一个中华儿女毕生追求的目标，为实现"两个一百年"奋斗目标而顽强奋斗！

陈俊达

2020 年 10 月 1 日

于吉林大学前卫南区东荣大厦